全国高等教育自学考试指定教材
教育管理专业　独立本科段

学前教育管理

附：学前教育管理自学考试大纲

组编　全国高等教育自学考试指导委员会
主编　虞永平

图书在版编目(CIP)数据

学前教育管理 / 虞永平主编. —北京：北京大学出版社，2019.12
ISBN 978-7-301-30858-5

Ⅰ.①学… Ⅱ.①虞… Ⅲ.①学前教育—教育管理学—高等教育—自学考试—教材 Ⅳ.①G61

中国版本图书馆CIP数据核字（2019）第219354号

书　　　名	学前教育管理 XUEQIAN JIAOYU GUANLI
著作责任者	虞永平　主编
责任编辑	刘清愔　李淑方
标准书号	ISBN 978-7-301-30858-5
出版发行	北京大学出版社
地　　　址	北京市海淀区成府路205号　100871
网　　　址	http://www.pup.cn　　新浪微博：@北京大学出版社
微信公众号	通识书苑（微信号：sartspku）　科学元典（微信号：kexueyuandian）
电子邮箱	编辑部 jyzx@pup.cn　　总编室 zpup@pup.cn
电　　　话	邮购部 010-62752015　发行部 010-62750672　编辑部 010-62707542
印刷者	天津和萱印刷有限公司
经销者	新华书店
	787毫米×1092毫米　16开本　13印张　280千字 2019年12月第1版　2025年1月第3次印刷
定　　　价	26.00元

未经许可，不得以任何方式复制或抄袭本书之部分或全部内容。
版权所有，侵权必究
举报电话：010-62752024　电子邮箱：fd@pup.cn
图书如有印装质量问题，请与出版部联系，电话：010-62756370

组编前言

当您开始阅读本书时,人类已经迈入了21世纪。

这是一个变幻难测的世纪,这是一个催人奋进的时代。科学技术飞速发展,知识更替日新月异。希望、困惑、机遇、挑战,随时随地都有可能出现在每一个社会成员的生活之中。抓住机遇,寻求发展,迎接挑战,适应变化的制胜法宝就是学习——依靠自己学习、终生学习。

作为我国高等教育组成部分的自学考试,其职责就是在高等教育这个水平上倡导自学、鼓励自学、帮助自学、推动自学,为每一个自学者铺就成才之路。组织编写供读者学习的教材就是履行这个职责的重要环节。毫无疑问,这种教材应当适合自学,应当有利于学习者了解、掌握新知识和新信息,有利于学习者增强创新意识、培养实践能力、形成自学能力,也有利于学习者学以致用、解决实际工作中所遇到的问题。具有如此特点的书,虽然沿用了"教材"这个概念,但它与那种仅供教师讲、学生听,教师不讲、学生不懂,以"教"为中心的教科书相比,已经在内容安排、形式体例、行文风格等方面都大不相同了。希望读者对此有所了解,以便从一开始就树立起依靠自己学习的坚定信念,不断探索适合自己的学习方法,充分利用已有的知识基础和实际工作经验,最大限度地发挥自己的潜能以达到学习的目标。

欢迎读者提出意见和建议。

祝每一位读者自学成功。

全国高等教育自学考试指导委员会
1999年10月

目录

第一章 学前教育管理的研究对象和内容 1
 第一节 学前教育管理的研究对象 1
 第二节 学前教育管理的发展 3
 第三节 学前教育管理的内容 7
 第四节 学习学前教育管理的意义 9

第二章 我国的学前教育体制 11
 第一节 学前教育体制的历史考察 11
 第二节 我国学前教育体制的改革 17

第三章 学前教育管理目标与任务 29
 第一节 学前教育管理目标 29
 第二节 学前教育管理的任务 32
 第三节 学前教育目标管理 35

第四章 学前教育管理过程 41
 第一节 学前教育管理过程的特性和环节学说 41
 第二节 学前教育管理的决策计划 45
 第三节 学前教育管理的组织实施 51
 第四节 学前教育管理的检查调整 55
 第五节 学前教育管理的总结评价 58

第五章 学前教育管理方法 62
 第一节 管理方法及其特点 62
 第二节 管理方法的类型 63

第六章 学前教育督导 71
第一节 学前教育督导概述 71
第二节 学前教育督导的性质、职能与原则 74
第三节 学前教育督导的组织 79

第七章 学前教育规划 83
第一节 学前教育发展规划的类型及影响因素 83
第二节 学前教育规划的制订 88
第三节 学前教育规划的实施 95

第八章 学前教育法规与学前教育立法 100
第一节 教育立法概述 100
第二节 我国的学前教育立法 108
第三节 我国学前教育法规的执行 111

第九章 学前教育的人事与经费管理 115
第一节 学前教育人事管理 115
第二节 学前教育经费管理 129

第十章 学前教育评价 140
第一节 学前教育评价及其作用 140
第二节 学前教育评价的理论模式 143
第三节 学前教育评价方法 150
第四节 学前教育评价的内容 154

第十一章 学前教育研究的管理 169
第一节 学前教育研究的范围和意义 169
第二节 学前教育研究的步骤 175

主要参考文献 183
附　　录 184
后　　记 202

第一章 学前教育管理的研究对象和内容

学前教育管理作为一种现象或活动，它是教育管理的一个有机组成部分，也是教育管理的一个分支；学前教育管理作为一个学科、一个研究领域，它是教育管理科学的一个有机组成部分，也是教育管理学的一个分支。本章主要是从学科和研究领域的角度来讨论学前教育管理。

第一节 学前教育管理的研究对象

要明确学前教育管理的研究对象，首先必须了解什么是学前教育，什么是学前教育管理。

一、学前教育

根据联合国《儿童权利公约》（1989）等国际性文件，儿童是指0～18岁的个体。其中，尚在母体中的个体称胎儿，0～3岁的个体称婴儿，3～6岁的个体称为幼儿。学前教育是对0岁至入学前的儿童进行的教育。根据进一步的年龄划分，又可以把学前教育区分为胎儿教育（简称胎教）、婴儿教育、幼儿教育等。早期教育是一个教育对象年龄跨度比学前教育更大的范畴，它是指对0～8岁儿童的教育。学前教育是我国基础教育的有机组成部分，是我国学校教育制度的重要组成部分。学前教育是我国教育事业中不可缺少的部分。学前教育既有一般教育的特性，又具有特殊性。学前教育具有教育性和福利性双重特性，一方面，学前教育能促进学前儿童身心和谐发展；另一方面，学前教育又能解除学前儿童家长的后顾之忧，使他们能安心工作。学前教育还具有双重任务，一方面，学前教育对学前儿童进行身心启蒙，促进学前儿童身心的发展；另一方面，学前教育对幼儿进行保育，确保学前儿童的生命安全，培养学前儿童的社会习惯和能力。由此可见，学前教育是我国教育体系中重要的和不可替代的一个教育阶段。

二、学前教育管理

所谓管理，是指依照一定的理念，对人、财、物、事、时、空等要素进行计划、调整、控制和评价以达成预期目标的过程。学前教育管理，就是根据一定的教育和管理理念，对学前教育运行过程中的各个要素综合地进行决策计划、组织实施、检查调整及总结评价以达成预期目标的过程。学前教育管理是一项十分复杂的工作，是一项对学前教育成效具有直接影响的工作，也是一项值得深入研究的工作。本书所讨论的学前教育管理是指以正规的学前教育机构为核心的或与正规学前教育机构的活动直接有关的管理，主要关注幼儿园教育的管理，其他教育机构的管理不在讨论之列。

三、学前教育管理的对象

从对学前教育管理的界定中可以看出，学前教育管理的对象主要是学前教育运行过程中出现的各种因素。在这些因素中，人是最为核心的因素；财、物是基本的保障因素；时、空也是不可忽略的且是有必要科学地加以处理的因素；事是一个以任务为主线的综合性因素。随着时代的发展，这些因素都被赋予了新的意义。以人的因素为例，以往对参与学前教育过程的人，主要的要求是有责任心，有爱心，工作认真负责，对待学前儿童像亲人。随着时代的发展，这些要求显然已经不够了，现代社会对学前教育工作者的要求首先是专业合格，包括专业素养、工作能力、创新精神等。这样，作为学前教育管理对象的人发生了较为明显的变化。其他的因素同样也在发生变化，学前教育管理的工作就更加广泛和复杂。

从一般意义上说，学前教育管理的对象就是学前教育过程中出现的人、财、物、事、时、空等要素。这些要素又构成了复杂的、多重的关系，因此，学前教育管理的对象较为复杂。学前教育管理涉及的范围广泛，一切直接参与学前教育过程的因素都可以成为学前教育管理的对象。所谓对象往往是在与管理主体相对的管理客体的意义上讨论的。主体不同，对象也就不同。学前教育管理的主体有各级学前教育行政部门和学前教育机构。学前教育行政部门的管理对象主要有三个：一个是众多的学前教育机构，另一个是下级学前教育行政机构，还有就是学前教育行政机构自身。本书主要探讨的是学前教育行政机构的管理，重点是学前教育行政机构对学前教育机构的管理。

四、学前教育管理的特点

学前教育具有特殊性，这种特殊性在一定程度上决定了学前教育管理的特殊性。了解和分析学前教育管理的特点，对于开展学前教育管理实践，以及形成和发展学前教育管理理论都具有一定的意义。学前教育管理的特点主要表现在以下三个方面。

（一）管理对象的特殊性

学前教育管理的对象主要是下级学前教育行政机构和学前教育机构。学前教育管理最终的和最根本的对象还是学前教育机构。学前教育机构主要是指幼儿园。幼儿园是我国学校制度的基础部分，但幼儿园又明显不同于小学、中学，这种不同表现在各个方面。幼儿园的学习是以游戏为主要形式、以日常生活经验为主要线索展开的，系统的、书面的学科知识学习不是幼儿园的任务。以游戏为基本活动，以兴趣为导向，以获得多样化的经验为主要目的的多种多样的活动是对幼儿园学习的最好注解。因而，幼儿不是严格意义上的学生，幼儿园教师的任务不只是上课。幼儿园的房舍、设备都不同于小学、中学，幼儿园的设备设施更适合幼儿的需要，因此，幼儿园作为幼儿的家园、乐园，应充满生命活力和乐趣。这些特殊需求都源于幼儿发展的特殊性。对于特殊的学前教育的管理也必须采取特殊的管理方式、方法，从而使学前教育管理本身具有其特殊性。

（二）管理目标、内容的特殊性

学前教育管理目标的特殊性是由学前教育对象的特殊性决定的。学前教育管理的目标与小学、中学管理的目标相比，其特殊性表现在两个方面。首先需要尽可能地创造学前儿童入园的条件和机会，逐步普及学前教育，让更多的幼儿有入园的机会。因此，学前教育管理主要不是靠行政命令，而是靠公众对学前教育价值的认同，以及学前教育成效的彰显。其次是学前教育管理不以升学率为主要追求目标。学前教育管理关注的是健康、和谐的育人环境的创设，学前儿童身心和谐的发展，学前儿童生命安全的保障，让学前儿童参与自由、愉快及有益的活动。正是由于学前教育管理目标的特殊性，学前教育管理也必然具有特殊的方面。学前教育管理的内容涉及家长工作、社区资源的利用、办园经费的筹措、办园条件的改善、教育活动质量的提升等诸多方面。学前教育管理要从学前教育机构所在社区的发展状况出发、从学前教育的非义务性出发、从家长的特殊需要出发，灵活地进行。

（三）管理方式、方法的特殊性

由于学前教育为非义务教育，学前教育实行由举办者与家长分摊办园成本的机制，通过政府的投入和支持使学前教育真正实现公益和普惠。所以学前教育的管理与小学、中学的管理又有一定的差别。政府的各职能部门共同分担管理学前教育的责任，从不同的角度确保学前教育的安全、普惠和优质。教育行政部门还应重点抓规范性管理。所谓规范性管理，主要是指教育行政部门检查学前教育机构对有关法律和法规的贯彻、执行情况，对学前教育有关重要方针和政策的执行情况。对学前教育机构的业务指导是学前教育管理的一个重要目标，是确保学前教育科学性、有效性的关键措施。学前教育管理涉及大量与家长有关的问题，家长提供的学费是学前教育经费的主要来源，此外，幼儿园应当成立家长委员会，并规定其职责。家长参与管理是学前教育管理的一个重要特点。此外，在学前教育管理中，面广量大的工作是教师管理，教师管理的重点是保障教师的地位和待遇。

第二节 学前教育管理的发展

一、我国学前教育管理的发展

我国的学前教育实践有着悠久而漫长的历史，但正规的学前教育机构出现只是一百多年前的事。要了解正规的学前教育管理，就必须了解正规的学前教育机构的产生。在我国历史上，出现过将幼童集中起来看管和照护的机构，如南宋的"慈幼局"等，但这些机构还不是教育机构。真正的学前教育机构产生于清末。清末，随着西学东渐，西方的教育思想对我国的传统教育思想产生冲击，新的学制、新的课程逐渐形成。学前教育机构也应运而生。1903年清政府制定的《奏定学堂章程》（又称《癸卯学制》）中将教育划分为初等教育、中等教育和高等教育三段，其中，初等教育段的13年又被划分为三级，第一级的4年是蒙养院，第二级的5年是初等小学，第三级的4年是高等小学。《奏定学堂章程》是清末第一个在全国颁行的学制，第一次用国家学制的形式把学前教育机构的名称——蒙养院确定下来，它标志着我国正规的学前教育机构产生，并使学前教育拥有了发展空间。根据《奏定学堂章程》中的蒙养院的指导思想，清政府还于1904年颁布了《奏定蒙养院章程及家庭教育法章程》，对蒙养院的教育宗旨，招生对象，设置范围和办学地点，科目和教学方法，屋场设备，保教人员，行政管理等方面都提出了具体的要求，涉及许多与管理有关的内容。例如，该章程为蒙养院设定了保育和教育的目标："保育教导儿童，专在发育其身体，渐启其心智，使之远于浇薄之恶习，习于善良之轨范。"该章程中还对蒙养院的招生对象、每日在院的时间做出了明确的规定。该章程规定，在育婴堂和敬节堂内附设蒙养院，并规定蒙养院的课程有四项：游戏、歌谣、谈话及手技。此外，该章程还对蒙养院管理人员的配备、管理的职责，以及保教人员的培养和训练作出了明确的规定。从这个意义上说，《奏定蒙养院章程及家庭教育法章程》不但是我国学前教育机构初具规模的标志，还是我国最早的学前教育管理法规出现的标志。事实上，1904年前，由于西方教育思想的影响，已经出现了一些蒙养院，但数量极少，且无相应的规范。自1904年开始，蒙养院在北京、湖北、湖南、上海、江苏、广东等地不断涌现，出现了像湖北武昌蒙养院、湖南蒙养院等一批很有影响的蒙养院。随着蒙养院的发展，学前教育管理作为一种专门的管理实践活动产生了。就如《奏定蒙养院章程及家庭教育法章程》受外国教会和日本学前思想的影响一样，蒙养院及对蒙养院的管理也必然地受到了欧洲列强及日本的影响。对日本学前教育体制、课程及师资的借鉴是学前教育机构实践活动及相应的管理活动发展早期的一个重要特征。

　　20世纪20年代以前，学前教育的发展已有了一定的规模。由于欧美学前教育思想影响的不断增强，五四运动后，西方的教育思想在我国已产生了较大的影响，尤其是在一批留学欧美的学者陆续回国后，他们把西方教育思想及相关的实践系统地传入了我国教育界。1922年，北洋政府颁布了教令第23号《学校系统改革案》，规定幼稚园招收6岁以下的儿童。幼稚园作为学前教育机构逐步替代蒙养院进入教育体系之中。陶行知、陈鹤琴等人在宣传和实践新教育及促进幼稚教育的平民化的过程中起到了十分重要的作用。陶行知积极主张举办平民幼稚园，为工厂、农村的广大平民服务。陶行知对如何办好中国式的、平民的、省钱的幼稚园有很多积极的见解，并对举办乡村幼稚园进行了深入的实践。陶行知对幼稚园的管理也有不少见解，他对如何估计父母送子女入园的需要、如何培养高质量的教师、如何开展幼稚园的活动等提出了非常有见地的观点。

　　陈鹤琴对学前教育事业发展的贡献是巨大的。他于1923年创办了鼓楼幼稚园，开始了对幼稚教育的科学研究和实践。他对幼稚园的课程、设备、教法、玩具、环境等进行了深入系统的研究，形成了至今仍具有很大影响力的"活教育"思想、整体教育课程及家长指导工作方法、师资培养等方面工作的科学理念。由于陈鹤琴是在实践中进行研究的，他对学前教育的实践过程有充分的了解，他的研究成果既具有理论意义，又具有实践价值，对学前教育的推广、普及和科学化起了十分重要的作用。陈鹤琴对学前教育的管理也有很多有益的见解，他对幼稚园的生活卫生，招生及毕业，教师水平的提高，环境创设，课程建设，教学过程的管理等都有较为系统的研究和实践。在20世纪50年代后，他又对已经广泛举办的幼儿园提出了很多管理的建议。

中华人民共和国成立以后，学前教育得到了迅速的发展。广大劳动人民的子女真正享有接受学前教育的机会，广泛的学前教育管理实践在我国真正地开始了。从中央政府到地方各级政府都开始关注学前教育事业的发展，制定了一系列有关学前教育的法规、方针和政策。如1952年教育部《幼儿园暂行规程（草案）》，1954年教育部、出版总署《关于出版中学、小学、师范学校、幼儿园课本、教材、教学参考书和工农兵妇女课本、教材的规定》，1955年国务院《关于工矿、企业自办中学、小学和幼儿园的规定》，1956年教育部、卫生部、内务部《关于托儿所、幼儿园几个问题的联合通知》，1956年教育部《关于组织幼儿教育义务视导员进行视导工作的办法》，1956年教育部《关于幼儿园幼儿的作息制度和各项活动的规定》，等等。国家对学前教育的管理日趋规范化、系统化。"文化大革命"期间，学前教育受到冲击，学前教育管理也出现了空白。20世纪70年代末，随着社会日趋稳定，学前教育和学前教育管理也出现了转机。国家又开始重视对学前教育的管理，相继出台了一系列法规、政策，如1979年中共中央、国务院转发《全国托幼工作会议纪要》的通知，1981年卫生部《三岁前小儿教养大纲（草案）》，1981年教育部《幼儿园教育纲要（试行）》，1985年卫生部《托儿所、幼儿园卫生保健制度》，1987年国家教委《全日制、寄宿制幼儿园编制标准（试行）》，1988年国家教委、国家计委、财政部、人事部、劳动部、建设部、卫生部、物价局《关于加强幼儿教育工作的意见》，1989年国家教委《幼儿园工作规程》和《幼儿园管理条例》，1992年国家教委《幼儿园玩教具配备目录》，等等。这些法规和政策对幼儿教育的恢复、稳定和发展起到了十分重要的作用，也充分体现了管理在学前教育发展中的作用。这些文件涉及了学前教育的诸多方面，从较为宏观的角度，对学前教育进行了规范和指导，使学前教育沿着健康的道路不断前进和发展。

由于我国是一个幅员辽阔的大国，国家不可能包办学前教育事业，地方政府、社会机构、民间团体、工矿企业在学前教育的发展中起着重要的作用。学前教育的管理主要依靠地方的力量。20世纪70年代末以来，各级地方政府为学前教育的发展公布了一系列的法规、政策和措施，进行了卓有成效的学前教育管理的改革，初步探索出了一条适合国情的学前教育管理道路。如江苏省率先通过地方立法颁布了《江苏省幼儿教育暂行条例》（1986），上海市也颁布了《上海市学前教育管理办法》（1992）等。

二、国外学前教育管理的发展

西方正规的学前教育机构是在19世纪三四十年代出现和发展起来的。其中，福禄倍尔的幼儿园是最为经典的。可以说，幼儿园运动是西方学前教育发展的一次重要契机，幼儿园运动成为席卷整个世界的运动，对世界学前教育的发展做出了不可磨灭的贡献。由于社会制度不同，文化背景有别，各国学前教育的发展极不平衡。有些国家由于长期处于战乱和动荡之中，儿童不能获得接受学前教育的机会，在有些地区，儿童的生命甚至还受到威胁。在另一些国家和地区，由于社会的高度发展，学前儿童获得了充分的受教育机会。在一些发达国家，义务教育的年限正在下移，儿童受教育的权利得到充分保障。从世界范围来看，总体上说，各国都在为尽可能多地提供学前教育机会而努力，并尽可能以灵活多样的、适合特定社会要求的且能让家长满意的方式发展学前教育，为学前儿童和家长服务。从学前教育管理上看，由于各国的体制不同，学前教育的管理模式千差万别。

过去英国的学前教育有不少是由社会福利和卫生部门开设和管理的，但现在已归教育与科学部及地方教育行政部门管理。英国的学前教育机构分为保育学校、保育班、游戏班、日托中心和幼儿学校等。保育学校和保育班的开设、经费筹措或教师聘用均由地方行政当局负责。经费的来源主要是教育与科学部的公共教育经费，还有一部分来源于地方税收。另外，政府也对游戏班持同意和积极合作的态度。虽然游戏班的经费主要来自家长的集资，但地方教育行政当局也会给予一定的捐助。幼儿学校是英国义务教育的一个部分。在英国，儿童从5岁开始接受义务教育，进入幼儿学校。幼儿学校的管理是英国国家公共教育管理系统的重要组成部分之一。英国有一个闻名世界的教育督导系统，这一督导系统是教育管理，包括学前教育管理的重要手段。

法国是世界上学前教育最为发达的国家之一。法国政府对学前教育高度重视，尤其值得称道的是他们注重对边缘地区和农村的学前教育投资。20世纪80年代中期，法国学前教育普及率达81.6%，在西方发达国家中居第二位；4岁和5岁儿童入园率均达100%，居西方发达国家之首。法国的学前教育经费由中央、省及乡镇三级政府共同分摊，并通过立法手段明确三级政府对学前教育所承担的责任。其中，中央一级的学前教育经费在国家每年的教育预算经费中占有一定的比例。省及乡镇两级政府也从各自的实际出发，加强对学前教育的投入。法国的学前教育机构主要是幼儿学校。幼儿学校是法国正规国民教育体系的组成部分。法国的教育体制中有学区，学区总长在学前教育管理中起着重要的作用。此外，法国的督学在学前教育管理中也起着很重要的作用。

第二次世界大战后，美国的学前教育得到了迅速的发展。尤其是苏联人造卫星的上天，大大地刺激了美国早期教育的发展。20世纪60年代，美国的学前教育呈现一派繁荣的景象。美国是一个典型的地方分权制国家，学前教育的发展和管理主要是地方的责任，但联邦政府对学前教育的关注并未因此而削弱。尤其是在1964年的《经济机会法》和1965年的《初、中等教育法》中，联邦政府规定用专款补助公共学前教育。令人关注的是20世纪60年代中后期美国开展的"幼儿补偿教育运动"，这场运动旨在通过教育补救方案和特殊活动，使众多贫困、偏远地区和少数族裔家庭的儿童，在受教育不足的方面得到补偿。在这场"幼儿补偿教育运动"中，较为有名的是"开端计划"和"接续方案"。联邦政府在这两个方案中投入了大量的经费，也采取了许多相应的管理措施和办法。如1969年，联邦政府成立的"儿童发展局"，归教育部领导，并把原来受经济机会局管理的"开端计划"，归儿童发展局管理，从而使学前教育补偿教育出现新的发展。虽然，美国联邦政府对各地学前教育的管理起了一定的作用，尤其是在特定的时期，但联邦政府的作用很多都是间接的和扶持性的，地方政府、有关的机构和团体在学前教育的发展中的作用才是举足轻重的。

第三节 学前教育管理的内容

一、确定学前教育管理内容的依据

如何确定学前教育管理的内容？学前教育管理的内容到底是主观认定的、随意而为的，还是依照一定的要求和规律确定的？我们认为，学前教育管理是人们有目的、有计划的活动，管理的范围和内容的确定总是要按照一定的依据。确定学前教育管理内容的主要依据有以下几点。

（一）学前教育的法规与政策

我国的《幼儿园管理条例》(1989)和《幼儿园工作规程》(2016)对学前教育管理的范围和内容有较为明确的规定。如《幼儿园管理条例》(1989)指出：各级教育行政部门应当负责监督、评估和指导幼儿园的保育、教育工作，组织培训幼儿园的师资，审定、考核幼儿园教师的资格，并协助卫生行政部门检查和指导幼儿园的卫生保健工作，会同建设部门制定幼儿园园舍、设施的标准。这样，各级教育行政部门的基本职责和管理内容就从法规的层面上得到了确认。我国的学前教育采用教育行政部门牵头协调，各有关部门相互配合的管理体制。教育行政部门主要进行业务的指导，计划、财政、卫生、安全、土地、建设等相关部门承担相应的管理职责。1987年，原国家教育委员会等国务院下属部委对幼儿教育管理进行了分工，形成了统一管理、分工协作、具有特色的幼儿教育管理体制。这一体制明确了各职能部门的职责，也明确了各职能部门基本的管理内容。

（二）学前教育的现状和规律

学前教育管理还应从学前教育的现状和规律出发。不同的社会经济水平、文化背景，不同的学前教育发展水平，都在一定程度上决定了学前教育管理的范围和内容。我国幅员辽阔，各地的社会经济发展水平很不一致，学前教育发展的水平也有一定的差异。因此，不同地区学前教育管理的任务就有很大的不同。对有些地区而言，学前教育管理的首要任务和中心内容是提高学前一年儿童的入园率；对另一地区来说，学前教育管理的任务可能是巩固学前三年儿童的入园率；还有一些地区学前教育管理的任务可能是提高教师的学历水准，提高教学质量。当然，学前教育管理的内容还受到学前教育管理规律的制约，与学前教育规律不一致的管理活动和管理内容都不是科学意义上认定的管理内容，也是与管理目标相矛盾的内容。

（三）管理者的个人素质

学前教育管理的内容还受到学前教育管理者个人素质的制约。一般而言，管理者个人的素质越高，管理者关注的管理内容就越广。在此，管理者的素质包括专业素质和人格素养等方面。一般来说，管理者各方面的素质都会对管理工作产生影响。良好的专业素质是管理者从容应对各方面管理内容的保证。管理者专业素质的欠缺，会使管理者面对众多的管理内容无所适从，忽视一些较为重要的管理内容。如果管理者有很高的专业素质，但缺乏责任心，不能以身作则，不能团结他人，那也无法扩展自己的管理空间。因此，管理者各方面的素质是管理内容的一个重要制约因素。

二、学前教育管理的内容

学前教育管理是一项复杂的工作，涉及一个国家、一个地区的学前教育事业的发展和巩固，管理工作的内容广泛。我国实行"国务院领导，省市统筹，以县为主"的学前教育管理体制。在此，大致将学前教育管理的内容划分为以下几个主要的方面。

（一）学前教育法规、政策的制定

在我国，从中央政府到最基层的乡镇、街道办事处，有许多行政管理的层次。学前教育的管理也有许多的层次，不同管理层次的管理功能和管理内容不完全相同。制定辖区的学前教育政策是各级学前教育行政部门重要的管理内容和管理职责。学前教育政策的制定和执行是各级学前教育行政部门实施学前教育管理的重要途径。制定学前教育法规或其他具有法律约束力的文件，则是国家有关部门、省级立法机构及有立法权的市级人民代表大会的职能和责任。基层学前教育行政机构往往不具备制定法规或具有法律约束力的文件的权力。但制定法规和具有法律约束力的文件确实是我国部分学前教育行政机构的重要管理内容。

（二）学前教育事业发展的规划

我国的学前教育事业是教育事业的有机组成部分，教育事业又是整个社会事业的有机组成部分。有计划、按步骤地发展是我国社会事业发展的基本方略。因此，对学前教育事业的发展进行规划是我国学前教育行政机构的重要职责。学前教育行政机构应根据本地区社会经济发展的实际状况及趋势，综合考虑地域、人口等因素，对学前教育事业的发展进行规划。将学前教育归入社会事业发展规划，纳入城镇建设发展规划，并通过规划，使学前教育事业走上健康、有序的发展轨道。

（三）学前教育人事、经费、业务等的管理

国家高度重视学前教育的发展，国家通过学前教育行动计划，加大对学前教育的投入。地方政府在学前教育的发展和管理中负有重要的责任。在现实的学前教育管理中，不同层次的行政机构在人事、经费及业务等方面的管理职责有很大差别。一般而言，越是基层的行政机构，对人事、经费及业务等的管理越具体、越深入；越是上层的行政机构，对学前教育的管理越是宏观的和政策性的。学前教育人事、经费及业务的管理主要是中层以下行政机构的职能，尤其是县级行政机构的职能。

（四）对下级学前教育行政机构和所辖的学前教育机构的督导

对下级学前教育行政机构和学前教育机构的督导是学前教育行政机构管理的重要内容之一。由于我国采用地方负责、分级管理的教育体制，学前教育行政机构对下级行政机构和所辖的学前教育机构往往不是采用直接的指令性管理，而是采用监督、指导的方式。通过调查、观察等方式，了解基层的工作状况，进而采取行之有效的管理措施和方法。督导是每一级学前教育行政机构的重要管理职能。

以上四个方面是学前教育行政机构主要的管理内容。由于我国学前教育及学前教育管理的水平不太平衡，不同的地区在学前教育行政管理方面有一定的历史传统，因此，在现实的管理过程中，学前教育管理的内容可能有时代和地区差异，但以上四个方面是最基本的内容。

第四节 学习学前教育管理的意义

学前教育管理是一门科学，是教育管理科学的一个分支，也是管理科学与教育科学的一个交叉性学科。学前教育管理学科，既有事实的和实证的特点，要揭示学前教育管理的特征和规律；又有规范性的特点，要给予学前教育管理实践以明确的指针。学习学前教育管理的规律和特点，了解和掌握学前教育管理的基本原理和方法，掌握学前教育管理的基本技能，对于各级各类学前教育工作者和学习者来说都是十分重要的。概括起来，学习学前教育管理的意义主要有以下几个方面。

一、有利于依法管理

通过学习学前教育管理，懂得依法管理学前教育事业，是世界学前教育发展的一个重要趋势。学前教育法律、法规的建设水平，也是一个国家学前教育发展水平的重要标准之一。通过学习，了解和掌握与学前教育有关的法律、法规及其他政策，增强学习和运用法律、法规及政策的自觉性和主动性，增强依法办园、依法管理的意识，是从事学前教育事业尤其是从事学前教育管理人员的基本职业意识。掌握并自觉运用法律、法规是新世纪对学前教育管理的基本要求，是我国学前教育事业发展水平不断提高的希望所在，也是我国学前教育管理水平不断提高的希望所在。

二、有利于科学管理

学前教育管理是一门科学，是一门与学前教育管理实践紧密相连的科学。学前教育管理，一方面是现代管理科学在学前教育领域的运用和发展，另一方面，它是学前教育管理实践的理论提升和经验总结。学前教育管理揭示了学前教育管理的特点和规律，展现了管理科学在学前教育管理领域的功效。因此，学习学前教育管理，对于科学地进行学前教育管理，把握学前教育管理的基本特点和规律，具有十分重要的意义。学习和运用学前教育管理的理论，能使我们的管理实践摆脱感觉主义、经验主义，使我们的学前教育管理实践更趋理性和科学。当然，科学的管理实践本身也必然会产生更具科学意义和理论意义的经验，有利于学前教育管理理论的发展。

三、有利于高效管理

学前教育管理是一门应用性学科。学会并应用学前教育管理理论，有利于提高学前教育管理的成效。学前教育管理发展的一个重要目标就是提高学前教育管理的成效。要提高学前教育管理的成效，使学前教育管理中的各个因素充分地、最大限度地发挥作用，减少管理过程中的矛盾，使各项管理工作真正指向设定的管理目标，就必须学习现代的学前教育管理理论。从这个意义上说，高效的学前教育管理就是自觉地以管理科学理论武装的管理。

思考题

1. 什么是学前教育管理，学前教育管理的特点是什么？
2. 学前教育管理的主要内容是什么？

第二章 我国的学前教育体制

学前教育体制是随着社会的发展、教育体制的不断完善以及人的发展需要而确立的，并随着学前教育事业的发展而逐步完善。学前教育体制的确立，明确了学前教育在整个国民教育中的地位，也明确了学前教育事业的管理责任。我国已初步建立了具有中国特色的学前教育管理体制，但随着学前教育的发展，这一体制必须不断地修改和完善，以满足学前教育事业发展的需要。因此，必须改革现行的学前教育体制，使学前教育体制适应教育的发展，适应幼儿的发展，适应现代化社会的发展需要。

第一节 学前教育体制的历史考察

一、教育体制

体制是关于国家机关、企业和事业单位的机构设置、管理权限、工作部署的制度。教育体制是教育事业的机构设置和管理权限划分的根本性管理制度，是一个国家在一定政治、经济制度和科技发展水平基础上建立起来的办学体制、财政体制、管理体制等方面相对稳定的教育模式。教育体制主要是教育内部的领导制度、组织机构、职责范围及其相互关系，涉及教育事业管理权限的划分、人员的利用和对教育事业发展的规划和实施，也涉及教育结构各个部分的比例关系和组合方式。

学前教育体制是指国家根据教育的方针、政策对学前教育事业的机构设置和管理权限划分的基本管理制度，包括学制、管理体制、规章制度等。

在世界范围内，从发达资本主义国家日渐形成的较为完备的教育体制的结构来看，学前教育体制大致可以分为以下三种主要类型。

1. 地方分权型

该类型以美国和德国为主要代表。这种类型的主要特征是：（1）由于宪法（或其他法律形式）把管理教育的权力授予地方政府，因而在这些国家中，教育管理的主体是地方政府；（2）中央教育行政机构的主要职能是协调、咨询、服务，而不是行政管理；（3）不存在垂直的全国教育行政体系，具体地说，中央教育行政机构与地方教育行政机构之间不存在上下级关系，两者之间是平等的合作关系。

2. 中央集权型

该类型以法国和苏联为主要代表，我国的教育管理体制也属此类型。这种类型的主要特征是：（1）中央政府和中央教育机构具有管理本国教育事务的权力，教育管理的主权在中央；（2）具有全国性教育行政体系；（3）中央政府的教育行政机构与地方教育行政机构之间存在着上下级关系，地方政府及其教育行政机构执行中央政府及其教育行政机构的指示、命令。

3. 混合型

该类型以英国和日本为主要代表。这种类型的教育管理体制兼具中央集权和地方分权两种体制类型的特点，具体表现为：（1）在法律上，中央政府是教育管理的主体，中央政府及其教育行政机构具有管理全国教育事务的权力，对全国教育实行统一管理；（2）有全国性的统一的教育行政体系；（3）地方各级教育行政机构具有相当大的自主权；（4）地方教育行政机构虽有义务执行中央教育行政机构的规定、指示，但不接受其直接的行政管理。前两点是混合型教育管理体制中央集权型的特点，后两点是这种体制中地方分权型的特点。

对于上述三种类型的教育体制，不能笼统地评价其优劣长短，也不能简单地照抄照搬。因为首先，这三种类型的教育管理体制是各个国家长时期发展形成的结果，具有一定的客观必然性；其次，它们在各自的国家中，都曾经发挥过重要的作用，也都存在着种种问题；最后，不同国家、不同类型的教育管理体制，是由其特定的经济、政治、历史、文化等方面的条件所决定的，并不是人为选择的结果。

二、我国学前教育体制的发展

（一）20世纪20至30年代的学前教育体制

20世纪20至30年代，中国已沦为一个半殖民地半封建的社会，外国教会势力在中国兴办了许多幼稚教育机构。1922年11月2日，北洋政府教育部公布了《学校系统改革案》，又称《壬戌学制》，在初等教育阶段，规定"幼稚园收受六岁以下之儿童"，至此，幼儿教育在学制上才确定了独立的地位。1931年，国民政府颁布关于幼稚教育的法规，其中规定幼稚教育总目标为："注重伦理知识及实践，以助长儿童忠孝仁爱信义和平之德性。"其具体目标：（1）使儿童的整个身心融于三民主义教育中；（2）使儿童个性、群性在三民主义的教育指导下平均发展；（3）使儿童于三民主义教导下，具有适合于实际生活之初步的智能。

1936年，中华民国教育部颁发了《修正幼稚园课程标准》的文件，对幼稚教育总目标、课程范围和教育方法都做了详细规定。教育目的为增进幼稚儿童身心的健康，力谋幼稚儿童应有的快乐和幸福，培养人生基本的优良习惯，协助家庭教养幼稚儿童，并谋家庭教育之改进。课程范围包括音乐、故事和儿歌、游戏、社会和常识、工作、静息、餐点等七项。教学方法：主要采用设计教学法，打破科目界限，在一定中心范围内，从儿童自由活动中发现设计题材，进行设计教学。1932年5月7日湘鄂赣省苏维埃政府发布了《颁布学制与实施目前最低限度的普通教育的训令》，其中包括兴办幼稚园（3～7岁）和保育院（3岁以前）。1934年2月，中国苏区中央内务人民委员部发布了《托儿所组织条例》（以下简称《条例》），提出建所的目的是改善家庭生活，使托儿所来代替妇女负担婴儿的一部分教养责任，使每个劳动妇女可以尽可能地参加苏维埃各方面的工作，并使小孩能够得到更好的教育与照顾，在集体中使儿童养成良好的生活习惯。入托条件："凡是有选举权的人生下来，1个月至5岁的小孩都可以进托儿所。"在《条例》指导下，寄宿制保育院、托儿所、日间托儿所、变工托儿所、哺乳室、小学附设幼稚班以及游击式托儿班等托幼机构，应革命战争的需要因地制宜地发展起来。

（二）20世纪40年代的学前教育体制

1943年12月，中华民国政府颁布了《幼稚园设置办法》共三十二条。该文件对幼稚园体制，如开办方法、招生条件、人员编制、园主任和教师资格等都做了规定。中华人民共和国成立后，1949年12月，第一次全国教育工作会议在北京召开，会议指出，教育必须为国家建设服务，教育必须向工农开门；以老解放区新教育经验为基础，吸收旧教育的有用经验，借助苏联经验，建设新民主主义教育。会议还提出对幼儿园进行一系列的改革。

（三）20世纪50至70年代的学前教育体制

1949年中华人民共和国成立后，中央人民政府成立了教育部，教育部在教育司设置第二处主管幼儿教育，后改为独立的幼儿教育处，归教育部直接管理与领导。1958年，高等教育部与教育部合并，幼儿教育处改属普通教育司。

1951年10月1日发布的《政务院关于改革学制的决定》明确规定：幼儿教育由幼儿园实施，收足三岁到七足岁的幼儿，使他们的身心在入小学前获得健全发育；幼儿园应在有条件的城市中首先设立，然后逐步推广。

1952年3月18日，中央政府颁发试行的《幼儿园暂行规程（草案）》明文规定幼儿园的任务是：（1）根据新民主主义教育方针教养幼儿，使他们的身心在入小学前获得健全的发育；（2）减轻母亲养育幼儿的负担，使母亲有时间参加政治生活、生产劳动、文化教育活动等。该规程明确了中华人民共和国幼儿园教育儿童、服务家长的双重任务。

1964年，机构调整，幼儿教育处被撤销，幼儿教育工作由普通教育司综合教育处兼管。1978年，普通教育司设幼教特教处，主管幼儿教育和特殊教育工作。

（四）20世纪80年代以来的学前教育体制

1979年，为了加强对全国幼儿教育工作的统一领导，国务院成立了全国托幼工作领导小组，承担全国幼儿教育的综合管理工作。1982年，机构改革时，该领导小组及其办事机构撤销。但这个机构的工作任务一直未明确由哪个部门承担，因此造成各部门对幼儿教育工作的管理分工不清、职责不明，影响了幼儿教育事业的进一步发展。现在全国幼儿教育的领导管理归教育部基础教育司下设的幼儿教育处统一负责。

1989年6月5日，国家教委颁布了《幼儿园工作规程（试行）》，明确规定幼儿园是对三周岁以上学龄前幼儿实施保育和教育的机构，属学校教育的预备阶段。幼儿园应当实行保育与教育相结合的原则，对幼儿实施德、智、体、美全面发展的教育，促进其身心和谐发展。1996年6月1日，由国家教委发布的《幼儿园工作规程》正式施行，其中明确提出幼儿园是对三周岁以上学龄前幼儿实施保育和教育的机构，是基础教育的重要组成部分，是学校教育制度的基础阶段。该文件明确了幼儿教育在整个国民教育中的地位。

三、西方的学前教育体制

（一）北美的学前教育体制

1. 美国的学前教育体制

美国的教育行政体制属于"地方分权型"。美国联邦会议强调"关于教育的权限和责任，保留给州和地方学区及州所规定的其他机关"。因此，联邦教育部对教育事业的实施和管理没有实权，其职能是服务性质的，如交流教育信息资料、管理分配联邦给各州的补助金等。美国的教育实权在州。各州对实施和管理教育事业负有主要责任，地方承担具体的责任，而联邦则施以广泛的影响。

美国学前教育机构种类繁多，依其目标导向和组织分为日托中心、保育学校、幼儿园、学前班、儿童保育中心、后院小组、游戏小组等。但以公立和私立的保育学校和幼儿园为主。保育学校招收3~4岁的儿童，教育的主要目的，是增进儿童身心健康，培养儿童养成基本的优良习惯，通过游戏、操作、音乐、律动、绘画等活动促进儿童整体发展。强调通过游戏学习，在游戏中发展儿童的创造性和思维能力，增加儿童的社会交往，发展他们的语言，为入小学做准备。幼儿园招收5岁的儿童，以半日制为主，重点是培养儿童全面和谐发展，使他们的身体、智力和品德健全发展，培养儿童诚实、尊重他人、负责任、同情、自律、坚韧、奉献等良好的品质，获得基本的生活能力和良好的生活习惯，顺利地向初级学校过渡。

美国学前教育机构的设立主体种类繁多，其经费的来源也有多种渠道。但主要包括：政府拨款、私人或民间机构赞助、家长缴纳的教育费用等。

2. 加拿大的学前教育体制

加拿大属英联邦国家，人口多为英法及其他欧洲移民后裔，印第安人和因纽特人占25%，其余为后来的亚裔和其他民族。官方语言为英语和法语。加拿大的教育制度与它的居民来源有着密不可分的关系。19世纪，随着大量英、法移民的到来，英国和法国的教育思想和教育制度也被带到了加拿大。可以说，加拿大的教育制度来源于欧洲，早期主要受英国和法国的影响，第二次世界大战后，又进一步受到美国的影响，有的学校就是仿照某个国家的某一种模式创办的。

自1867年实行联邦制起，加拿大的10个省都获得了独立进行教育立法的权力，联邦政府不干预各省的教育，教育是各省的责任。从此各省独立的教育制度开始形成。

由于实行地方分权的教育行政管理体制，所以加拿大没有全国统一的教育行政管理机构。各省有关教育的组织、方针与措施很不相同。一般每省设一个教育部统管全省的教育事业，但各省教育部下设管理部门的名称和数量有较大的差异。另外，每省还设有当地学校委员会，该委员会有相对独立的自治权。联邦政府只负责组织、管理印第安人、因纽特人和其他海外留学生的教育。

由于实行了地方分权制的管理，加拿大没有全国统一的学制，加之各省在政治、经济、文化、地理位置、传统习惯、居民来源、语言和人口等因素上的差异，加拿大各省的教育制度也存在较大的差别。

加拿大的学前教育有三种基本模式：（1）全日制的日托中心；（2）保育学校；（3）幼儿园。

多数全日制的日托中心都是私立的，当然这些日托中心都是得到教育和社会服务部特许的。保育学校一般只接收5岁以下幼儿，一些保育学校还为3~4岁的孩子提供正式教育。除了爱德华王子岛省、诺瓦斯科舍省、新不伦瑞克省和阿尔伯塔省以外，其他各省均要求5岁幼儿必须入幼儿园学习一年正规的学前课程。学前教育的主旨是要向儿童提供使其全面发展的教育，保护并增进他们的身心健康，培养他们基本的公民意识，让他们学会尊重、诚实，具有责任心，达成适合现代生活的行为规范。

幼儿园的课程内容主要是唱歌、游戏、跳舞、绘画，以及协作、社会技能和独立性的训练。幼儿园的教育通常有开放式的方法和"综合日"方案（即每天进行不同的活动），一般要求每班不超过15个幼儿。

（二）西欧的学前教育体制

1.英国的学前教育体制

英国学前教育的历史悠久，1816年，空想社会主义者欧文在纽兰纳克的纺织工厂中创立了世界上第一所托幼机构，名为幼儿学校。在学前教育的宏观管理体制上，英国实行国家、地方、学校三级管理。国家负责制定幼教的方针、政策、法规、制度，地方负责国家政策法规的贯彻执行，学校负责日常事务的具体操作。

在英国，由于学前教育举办部门的不同，托幼机构可以分为以下几种类型：（1）由社会福利部门举办的，如日托中心、托儿所、社区中心婴儿室等；（2）由教育部门举办的，如托儿所、幼儿学校、幼儿班（学前班、4岁年龄班）、小学附设托儿所等；（3）由卫生保健部门举办的，如日托中心、游戏小组等；（4）由私人或团体举办的，如托儿所、幼儿学校、教会托儿所、游戏小组、亲子小组、儿童保育中心等。

幼儿一般在2岁或3岁入托。托儿所、幼儿学校、幼儿班有全日制的，也有半日制的。由于英国义务教育的年龄范围是5~16岁，因此在英国，学前教育以小学附设托儿所、小学附设幼儿班为主要形式。学前教育的课程目标是为全体儿童提供能发挥他们最大潜能的环境，培养儿童的语言能力、独立性及社会技能，发展幼儿聆听、观察、讨论、实验的能力，为全体儿童提供广泛、平衡、连贯的相关课程，以使每个儿童得到发展。由于英国的义务教育起始于5岁，因此许多5~7岁的儿童已是小学一、二年级的学生了。对于这部分孩子，教育的基本内容必须遵循英国《1988年教育改革法》的规定，即实施国家课程。它包括三门核心课程：英语、数学、科学，以及七门基础课程：信息科学、设计与技术、体育、音乐、美术与手工、历史、地理。另外许多学校还设宗教教育课程。对5岁以下的儿童，虽然没有要求实施国家课程，但考虑到幼儿园和小学衔接的问题及教育的一致性、一贯性，托幼机构主要参考国家课程，在此基础上有相应的灵活性，一般都设有九方面的学习内容：英语与文学、数学、科学、美育与创造、体育、信息技术、精神、道德、人类与社会。教学方法形式多样，主要考虑儿童的需要，但多以个别教育和小组教育为主，教育内容与活动相结合，理论与实践联系密切。比如教孩子数概念，通过建筑游戏、儿歌、歌曲、折纸、剪贴、绘画、收集废旧物品、烤制点心等活动，使孩子掌握知识，锻炼能力。

2. 德国的学前教育体制

德国目前的教育行政制度实行各州自治，即联邦分权、州集权。各州有自己的宪法和政府，教育的基本权限为州所有，各州独立实施教育行政，有绝对的自主权。州的教育行政系统，以教育部为顶点、形成集权化系统。目前大多数州法定的普通义务教育为9年，从儿童六足岁开始至十五足岁为止。少数州已实行10年普通义务教育。

目前联邦德国的学前教育并没有列入学校教育系统，绝大部分幼儿园是教会、普通慈善机构开办的。

幼儿园分普通幼儿园、特殊幼儿园和学校附设幼儿园（或学前班）三种。普通幼儿园和特殊幼儿园招收3～5岁儿童入园，儿童入园全凭自愿，国家不做强制规定。因学前教育不属于义务教育范围，儿童入园需交入园费。学校附设幼儿园不收入园费，招收六足岁的儿童或少数体格与智力未达入学标准的六足岁儿童，使他们做好进入基础学校学习的准备。

普通幼儿园一部分按年龄编班，一部分混合编班。后者被认为有这样的一些优点：促进新入园的年龄小的儿童尽快合群，有利于不同年龄的儿童相互学习，年龄小的学会跟年龄大的儿童交往，年龄大的学会与年龄小的儿童交往，有利于避免同年龄分班可能造成的相互竞争，乃至学习压力等。

德国的学前教育机构无课程设置，主要按孩子的兴趣来进行培养，教育的目的不在于给孩子灌输知识，而在于锻炼孩子与他人相处的能力；教育儿童守纪律、讲秩序，既强调培养儿童个人的独立性，又教育儿童在追求个人民主与独立的同时，要尊重他人的选择。幼儿园不进行读、写、算等基础知识教学，而是以游戏、自由活动、手工活动为主，通常每个班设一个活动室，室内布置各式各样的兴趣活动角，儿童可以自己选择活动的内容。

3. 法国的学前教育

法国是一个中央集权的国家，其教育管理体制实行中央集权与地方分权结合，以中央集权为主的教育管理体制。第二次世界大战后，为了使其教育不断适应社会、政治、经济与科技发展的需要，法国先后颁布了若干重要的教育法，对教育制度进行改革，其学制系统也一直随着社会的发展和思想的变化不断调整。直到20世纪80年代初，法国的学制才基本稳定下来。

教育体系分学前、初等、中等和高等教育四级。6～16岁为义务教育期。

在法国，学前教育是初等教育的一个组成部分，在人口超过2000人的市镇，由幼儿学校实施；在人口不足2000人的市镇，则由附设在小学的幼儿班负责。

随着社会的发展、经济条件的好转和整个教育事业的发展，特别是随着人们对早期发展的重视，法国的学前教育进入20世纪70年代后，得到了空前的发展，取得了令人瞩目的成绩。1976年关于初等教育的法令指出，幼儿学校有助于儿童在身体、智力和情感诸方面的发展。它引导儿童利用各种表达方式，为他以后接受小学教育做准备。它可以促使儿童早期发展并从教育方面处理可能存在的障碍。因此，它有助于在以后的学习过程中实现机会均等。学前教育的主旨在于启发儿童个性发展，预防未来学习中的困难，早期发现学习障碍，消除教育的不平等现象。法国的学前教育承担着教育、诊断、治疗三大任务。法国学前教育属非强制性教育，但免费实施，入学率较高。

幼儿学校一般按年龄分成三个班：4岁以下为小班、4~5岁为中班、5~6岁为大班。也有的幼儿学校分大、小两个班。小班主要进行个人活动和游戏，同时逐步建立儿童之间的和谐关系；中班以语言性、运动性和创造性的活动为主；大班一方面发展和深入已经开始的各种活动，另一方面根据每个人的特点，开始接触和熟悉最初步的读、写、算，做好上小学的准备。

幼儿学校的活动组织灵活，方法多样，主要以儿童兴趣为中心，通过运动、情感、智力和社会教育，来促进儿童生理和心理的发展。教师为儿童创设丰富多彩的活动情景，尽可能多地提供各种操作的材料，通过直接与间接的指导，引导幼儿去探索、思考、表达和处理。

第二节 我国学前教育体制的改革

一、学前教育体制改革的必要性

（一）学前教育体制不能满足社会发展的要求

20世纪90年代初以来，我国经历了从计划经济体制向社会主义市场经济体制转轨的时期。过去长期在计划经济体制下形成的以行政手段为主的学前教育行政管理，在改革开放的新形势下，越发显示出局限性，亟须改革。学前教育体制改革的一个很重要的方面就是充分调动社会力量办园，以法规为指导，将多种办园模式结合，切实加强对幼儿园的管理，依靠多种管理手段，特别是法律和经济等手段，提高办园的成效。经国务院批准，由教育部颁发的《幼儿园管理条例》(1989)《幼儿园工作规程》(2016)，在新的形势下为我国幼儿教育提出了管理体制、行业发展、师资培训、资金的筹措、教育改革等诸方面的根本性的指导意见，使幼儿教育管理初步走上了规范化和法制化的轨道。

（二）学前教育体制不能满足教育发展的要求

在21世纪初，人们越来越深刻地认识到早期教育对人终身发展的重要影响。尤其是广大农村地区和一些老、少、边、贫地区的人民，在改革开放、脱贫致富的过程中强烈地感受到文化知识的重要，送子女接受学前教育的需求不断扩大。但是，我国学前教育事业的发展规模还不能满足城乡群众需要；幼儿园师资力量不足，专业素质亟待提高，教师的聘用制度也有待进一步完善，稳定教师队伍的制度和措施还有待落实。因此，发展我国的学前教育事业必须因地制宜，尽可能地创造条件，以条件定发展，坚持在保证一定质量前提下的数量提升，必须动员和依靠社会各方面力量，通过多种渠道、多种形式发展学前教育事业。采取有效措施，培养和提高幼教工作者的政治、业务素质，加强幼教师资队伍的建设，而这一切均有待学前教育体制的完善和发展。

（三）学前教育体制不能满足儿童发展的要求

幼儿园教育的任务是贯彻保教结合的原则，对幼儿进行德、智、体、美、劳全面发展的教育，使其身心和谐发展，为入小学做好准备，为培养造就一代新人打好基础。这是幼儿园教育改革的根本目的。但是，目前幼儿园保育、教育和管理工作中却较普遍存在忽视儿童身心发展特点和教育规律的现象。有的幼儿园办园的指导思想不够端正，以片面的智力开发来代替全面发展，重教学轻活动、操作，重作业轻游戏和自主探索；以教师为中心，忽视和否认儿童在选择学习内容、学习方法、学习进度、学习环境等方面的主动地位。因此，必须从端正教育思想入手，使广大幼教工作者、幼儿家长以及社会人士明确幼儿园保育和教育的指导思想、培养目标和应该遵循的基本原则，建立正确的儿童观和教育观。这就要求我们在学前教育体制的完善和优化上下功夫。当前的关键工作是，既要让全社会认识到学前教育在整个国民教育中不可动摇的基础地位，同时又要充分认识到学前教育和学前教育管理的特殊性。这种特殊性源于幼儿发展的特殊性，从这些特殊性出发，科学地进行教育和管理，就能最大程度上促进幼儿的发展。因此，学前教育体制的建设和完善必须考虑幼儿的发展。

（四）学前教育体制不能满足教育现代化建设的要求

学前教育要能适应现代社会的发展，反映并满足现代生产、科学文化发展的需要，达到现代社会发展所要求的先进水平。目前学前教育在管理科学化、民主化、法制化方面，离现代化的理想目标还存在一定的距离，因此要提高各级学前教育行政与管理者的工作积极性，促进整个学前教育事业的发展，保证学前教育管理的科学性、高效性。学前教育体制必须实现现代化，建立多类型、多层次、多规格的学前教育机构，不断完善学前教育的法规和政策体系，充分遵循学前教育管理的客观规律，以满足社会各方面对学前教育的要求；充分发挥现代教育的社会功能；充分利用现代信息技术，提高学前教育管理的效率，使学前教育管理方法与手段逐步实现现代化。

二、学前教育体制改革的内容

（一）学前教育的学制改革

"学制"即"学校教育制度"，是指一个国家各级各类学校的体系。它规定各级各类学校的性质、任务、入学条件、学习年限以及它们之间的衔接和关系。根据我国社会主义现代化建设对未来人才素质的要求，结合学前教育工作的成功经验和国外学前教育体制建设的有益经验，我国学前教育学制在以往学制的基础上做了适当的修改。1996年6月1日，由原国家教委发布的《幼儿园工作规程》正式施行，其从法律上给予了学前教育学制进一步的确认。2016年教育部又对其进行了修订。

《幼儿园工作规程》（2016）明确指出：幼儿园是对3周岁以上学龄前幼儿实施保育和

教育的机构，是基础教育的重要组成部分，是学校教育制度的基础阶段。幼儿园的任务是：贯彻国家的教育方针，按照保育与教育相结合的原则，遵循幼儿身心发展特点和规律，实施德、智、体、美等方面全面发展的教育，促进幼儿身心和谐发展。幼儿园适龄幼儿为3周岁至6周岁，幼儿园一般为三年制。幼儿园可分为全日制、半日制、定时制、季节制和寄宿制等。上述形式可分别设置，也可混合设置。

（二）学前教育的办学形式改革

学前教育是我国社会主义教育事业的一个重要组成部分，它作为学校教育的基础阶段，对幼儿有目的地施加教育影响，有利于促进幼儿身心健康发展，对提高民族素质具有深远意义。同时，举办幼儿园有利于解决父母的后顾之忧，为他们安心参加社会主义建设提供便利条件，也是一项具有社会公共福利性质的工作。因此，发展幼教事业应是全社会的一种责任和义务，应坚持政府主导，大力发展公办幼儿园，同时必须动员和依靠社会各方面力量，多渠道、多形式地来发展，鼓励集体经济组织、企业事业单位及个人，依照法律规定举办各种类型的幼儿园。随着办学体制的改革，非政府组织和公民个人依法办园将是不可或缺的形式。政府有关部门应予以扶持并加强指导、管理，应建立起公益、普惠、安全、优质的学前教育公共服务体系。

（三）学前教育的课程改革

课程改革是一项有目的、有计划地按照某种观点对课程进行创新和改造的活动。我国幼儿园课程的改革涉及课程的决策、课程的理念、课程的结构、课程的设置方式及课程评价等方面。以往的幼儿园课程有全国统一化的倾向，不能充分地从地方及幼儿园自身的特点出发建构课程，幼儿园课程的决策权高度集中。在以往的幼儿园课程中，过多地强调系统知识的传授，强调知识的学习，忽视知识之间的联系，忽视幼儿个性、情感的发展。幼儿园课程改革首先是增强地方和幼儿园的课程决策权；其次是改变对幼儿园课程定位的认识，由过去认为"课程是科目"初步转变为"课程是学习经验、有益的活动"。幼儿园课程不再只是传授静态的知识，还是对幼儿进行一日生活各个环节的各种活动、各类经验的培养。幼儿园课程也不只是一个计划、一个方案，而是一个幼儿活动的进程。这一定位，充分体现了幼儿园课程的特质。此外，幼儿园课程强调课程与幼儿生活的联系，并以此选择课程内容。幼儿园课程强调课程内容组织的综合性和整体性，强调注重课程内容之间的联系，强调幼儿园课程的整体性，充分发掘课程中的内在联系，有效地促进幼儿的学习迁移。幼儿园课程的改革，不是简单的教学内容的改革，它涉及教师的素质、教师的教育观念、幼儿的活动形式等，还涉及幼儿园课程评价的问题。因此，幼儿园课程改革是一项系统工程。

（四）学前教育管理体制的改革

1.突出地方在学前教育管理中的作用。

由于我国幅员辽阔，社会经济发展不平衡，国家对教育事业无法全部包揽，地方政府在教育管理方面负有重要的职责。地方负责、分级管理是教育管理的基本方针。学前教育的管理不可缺少地方政府的扶持。1985年《中共中央关于教育体制改革的决定》进一步明确了"把发展基础教育的责任交给地方",实行基础教育由地方负责、分级管理的原则。而学前教育属于基础教育的一部分,因此这也是学前教育事业管理的基本原则,同时还是贯彻学前教育事业发展方针并与方针一致的领导与管理原则。

采用这一管理体制对我国学前教育实施领导管理具有重要作用,它适合我国当时经济文化发展不平衡的国情,使学前教育事业的发展既有统一方针政策等规范性的要求,又能发挥灵活性,避免一刀切、整齐划一;强调调动地方和各有关部门建设和管理幼儿园的积极性。总之,这一管理体制可加强领导和推动学前教育事业的发展。其实质就是充分调动各方面积极性,大力发展学前教育事业。学前教育"地方负责、分级管理和有关部门分工负责"的管理体制主要含义如下。

(1)地方负责,是为基础。教育部主管全国的学前教育管理工作;教育部为执政层,主要职责是决策,确定国家关于幼教的大政方针;教育部的有关司、处,按照"统一领导,分级负责"的原则统一管理全国学前教育事业。地方负责即强调地方各级人民政府的责任,为贯彻中央有关学前教育大政方针政策,依当地实际,制定地方具体政策、规章制度,对地方幼教事业发展做出规划和布局方案,管理当地各类幼儿园。把学前教育事业的管理权交给地方,以充分调动地方的积极性,使学前教育事业的发展能因地制宜,讲究实效。

教育行政部门发挥主管作用,实行分级管理。教育行政部门作为政府管理教育的职能部门,担负着当地政府有关学前教育决策的参谋者以及贯彻执行的组织者角色,其职能是:综合管理、社会协调和业务指导。《幼儿园管理条例》(1989)第六条明确规定:地方各级人民政府的教育行政部门,主管本行政辖区内的幼儿园管理工作。

"分级管理"即中央、省(自治区/直辖市)、地市及县乡的各级政府教育职能部门对学前教育实施分级负责管理。地方各级人民政府的教育行政部门,主管本行政辖区内的学前教育管理工作。其中,地方省(自治区/直辖市)、地市教委或教育行政部门为行政层,其职责是承上启下,贯彻中央决策,同时强化对地方幼教事业的宏观管理,加强地方法规建设和规章制定,使学前教育管理法规化、地方化。

县(区)、乡(街)为基层学前教育行政部门,属管理层。其职责一般为依上级方针政策指示,制订发展本县、乡托幼机构的具体计划及实施的措施方案,直接负责本辖区内各类园所的管理、领导,起着实施学前教育管理的关键作用。

(2)分工负责,协同管理。学前教育事业涉及政府的卫生、福利、文化、劳动人事、经济等各个部门,必须得到全社会的广泛支持、关心和参与。例如,幼儿园的人事编制、房舍设备、幼儿园设施、卫生保健、教育和生活用品等各个方面的建设均需得到各有关部门领导的支持。因此,除地方各级政府及其教育职能部门负责管理外,还需"有关部门分工负责"。

政府的卫生、计划等各有关职能部门需担负起各自的职责,包括发挥各级妇联、工会及全国儿童少年协调委员会的作用。

幼儿园与妇女工作密切相关,全国各级妇联及工会在以往领导、发动及直接组织各部门自主办园和街道、乡村集体办园中起着重要作用。妇联、工会等群众组织还应继续参与学前教育的领导、管理和协调等工作，形成发展幼教事业的合力。

目前在我国，由于受经济及生产力发展水平等因素的制约，幼儿园需要由社会各方面力量共同举办。国家教育行政管理部门要求各举办单位如厂矿、机关、事业部门及街道乡村集体等参与管理，部门办园也要坚持"谁办谁管"，与上级学前教育管理部门的领导管理及业务指导相结合，使学前教育事业既依照教育规律发展，同时又能充分调动社会办园的积极性。在我国，无论城市还是乡村，幼儿园主要依靠社会力量举办。据1989年统计，在全国现有的17万幼儿园中，地方政府举办的仅占6.5%，城市街道和乡村集体举办的占77.2%。此外，还有一部分幼儿园是由公民个人举办的。举办单位在幼儿园的人事、经费、园所、设备以及日常行政管理方面负有责任，应依据《幼儿园工作规程》（2016）和《幼儿园管理条例》（1989）中的有关条文做好园所管理，使学前教育工作有章可循、有法可依，不断提高学前教育的质量和效益。

2. 加强政府各职能部门之间的联系与协作

1987年10月，国务院办公厅转发国家教委等有关部门《关于明确幼儿教育事业领导管理职责分工的请示》，其中对幼教事业的领导管理职责分工问题做出了明确的指示。1989年，经国务院批准，由国家教委颁布的《幼儿园管理条例》又以法规的形式，将这一体制确立下来。如前所述，幼儿教育既是教育事业的一个重要组成部分，又具有福利事业的性质，因此，必须在政府统一领导下，除地方政府举办幼儿园外，主要依靠部门、单位、集体、个人等方面的力量发展幼儿教育事业，实行"地方负责，分级管理"和有关部门分工负责的原则。

完善部门协调机制。教育部门要完善政策，制定标准，充实管理、教研力量，加强学前教育的科学指导和监督管理。编制部门要结合实际，合理核定公办园教职工编制。发展改革部门要把学前教育纳入当地经济社会发展规划，支持幼儿园建设发展。财政部门要完善财政支持政策，支持扩大普惠性学前教育资源。自然资源部门和住房城乡建设部门要将城镇小区和新农村配套幼儿园必要建设用地及时纳入相关规划，会同教育部门加强对配套幼儿园的建设、验收、移交等环节的监管落实。人力资源社会保障部门要制定完善的幼儿园教职工人事（劳动）、工资待遇、社会保障和职称评聘政策。价格、财政、教育相关部门要根据职责分工，加强幼儿园收费管理。卫生健康部门要监督指导幼儿园卫生保健工作。民政、市场监管部门要分别对取得办学许可证的非营利性幼儿园和营利性幼儿园依法办理法人登记手续。金融监管部门要对民办园并购、融资上市等行为进行规范监管。党委政法委组织协调公安、司法等政法机关和有关部门进一步加强幼儿园安全保卫工作的指导，依法严厉打击侵害幼儿人身安全的违法犯罪行为，推动幼儿园及周边社会治安综合治理。

做好学前教育工作需要动员全社会各有关部门、有关方面相互配合、密切合作。国家有关部门的协调工作，按以下办法进行：（1）有关学前教育工作中的重大政策问题，由国家教委牵头，有关部门参加，共同研究；（2）属于各主管部门分工负责的工作，又需同其他部门共同研究的重要问题，由主管部门牵头，有关部门参加；（3）学前教育事业主要由地方负责,各级地方人民政府应切实加强学前教育工作的领导,制订规划并认真实施,积极推进学前教育事业的发展。

3. 实行园长负责制

强调园长在学前教育管理中负有全部的和最后的责任,强调园长在学前教育管理事务中的决定性作用。

(五) 学前教育管理体制的层次

我国学前教育管理实施"地方负责、分级管理和有关部门分工负责"的体制,主要有以下两个层次。

1. 中央政府

教育部的主要职责如下。(1)贯彻执行党和国家的方针、政策,研究教育理论,总结实践经验,制定教育工作的具体政策、法令和学制等重要制度,制订教育事业的长远规划和年度计划,并督促、检查和组织实施。(2)制定普通教育(包括幼儿教育、小学教育、中学教育、中等师范教育、特殊教育等)的具体方针、政策、法令和重要规章制度,制订指导性的全国普通教育事业发展规划,制订教学计划、教学大纲等教学基本文件,组织编审教材和教学参考书,确定学校配备实验仪器、教学设备、图书资料等的基本要求,完善普通教育师资管理的原则、办法和培训规划,督促、检查普通教育工作,加强调查研究,组织经验交流。

教育部基础教育司主要的职能为:综合管理全国基础教育工作,指导、推动九年义务教育的实施,指导基础教育结构及教育教学改革,参与研究基础教育体制的综合改革;制定基础教育评估标准和有关教学、教材建设的基本文件,规划、组织中小学统编教材的审定工作;参与中小学师资和校长队伍的建设与培训工作;指导中小学生德育工作和教师的思想政治工作;协助教育督导团组织开展教育督导工作。

教育部基础教育司的主要职责为:(1)综合管理全国的基础教育(高中教育、义务教育、幼儿教育、特殊教育);(2)贯彻落实党和国家关于基础教育的法规、方针和政策,主持或参与制定基础教育的政策法规及行政规范性文件;(3)指导、协调和推动全国九年义务教育的实施;(4)指导和推动基础教育管理体制的改革;(5)拟写基础教育的评估标准,对各地基础教育情况实施行政检查;(6)指导基础教育结构和教育、教学改革,以及指导对学生进行的职业预备教育;(7)组织制定中小学课程标准和教材建设规划,组织中小学教材的审定,对中小学教材的编写和使用进行宏观管理;(8)指导中小学德育工作和教师思想政治工作;(9)指导全国的幼儿教育工作。

幼儿教育处隶属于教育部基础教育司,是中国幼儿教育工作最高行政领导机关,其主要职责为:(1)拟定全国幼儿教育事业发展规划,制定幼儿园课程标准并指导贯彻实施;(2)拟定幼儿教育工作的方针政策和幼儿教育有关法规文件;(3)宏观指导地方教育行政部门对各类幼儿园的管理工作;指导地方教研部门的幼儿教育业务工作,总结推广经验;(4)组织和指导幼儿教育的改革、科研和幼儿教育质量评估工作;(5)参与指导幼教行政管理、教研人员和园长、教师的培养和培训工作；（6）会同有关部门协调幼儿教育事业发展、保护儿童权利等工作；（7）参与指导残疾幼儿教育。

2. 地方政府

教育事业是国家的事业，我国地方教育行政是统一的国家行政的组成部分。地方各级教育行政组织在各级地方人民政府的统一领导下，行使国家管理教育的权力。党和国家颁布的教育方针、政策、法令、法规，所采取的重大决策和措施，地方政府和教育行政部门都要遵守和执行。地方政府和教育部门只有在与国家宪法、法律、政令、法令不相抵触的前提下，才能规定行政措施，发布决议和命令。地方各级教育行政机构都要接受人民政府的统一领导，并接受上级人民政府主管部门的领导或者业务指导。地方所有的国家教育部门、企业部门、事业部门或集体企业、事业部门以及私人资助的教育事业单位，无例外地遵守国家统一的教育方针、政策与法规。

省（自治区、直辖市）教委（教育厅）职权如下：（1）贯彻执行党和国家教育方针、政策、法令和规章制度，拟订执行计划、具体实施办法和适合地方情况的补充规定；（2）依据中央和省（市）人民政府的要求，编制本省（市）教育事业发展规划，协助所辖地区、市、县做好教育事业发展计划的综合平衡工作；（3）协同有关部门管理本省（市）普通教育、成人教育、高等教育、职业教育的财务、基建和教职员工编制和劳动工资计划及其分配工作；（4）统一规划在职教师进修和地区（市）、县教育行政干部的训练工作；（5）协同各级政府检查、督促地区（市）、县教育行政工作；（6）组织教育科学研究和教学研究，编写必要的补充教材和教学参考资料；（7）调查研究，总结推广所辖各级各类教育事业的工作经验；（8）抓好教育改革和教育普及工作；（9）主管本省（市）的普通教育，并协同有关部门管理学前教育、高等教育、中等职业教育、成人教育和上级指示代管的其他教育事业或单位。

省、自治区和自治州人民政府、行政公署，按照授予的管理权限和业务范围，领导或指导所辖市、县的教育行政机构，其具体职能如下：（1）监督检查所辖市、县贯彻执行教育方针、政策、法令和上级各项决定的情况；（2）检查所辖市、县执行教育事业、财务、基建的情况；（3）检查市县教育行政工作；（4）领导、检查所辖市、县的师范、高中、完全中学的全面工作，成人教育工作和全区小学教育、幼儿教育的普及情况；（5）组织全区教师和所辖教育行政干部的学习、进修、培训工作和教学研究工作，并组织全区性的经验交流活动。

直辖市、区、县教育局在区、县人民政府和市教育局双重领导下开展工作，其职能如下：（1）贯彻执行党和国家的教育方针政策、法令、法规和规章制度，按市、区要求，拟定执行计划、具体实施办法和适合本区、县情况的补充规定；（2）制订全区、县教育事业发展规划并检查实施情况，向区、县人民政府及上级教育部门汇报；（3）贯彻执行上级规定的教学计划，制订学年和学期的工作计划，管理所辖中小学、学前教育机构、校外教育机构，推广有关经验；（4）提高中小学教师、职业学校教师的政治、文化、业务水平，组织教学研究活动，推广有关经验。

县（市）教育局在县（市）人民政府和省、自治区、行政公署、自治州教育厅（局）双重领导下进行工作，其职责如下：（1）贯彻执行党和国家的教育方针、政策、法令和规章制度，拟定执行计划、具体实施办法和适合本地区情况的补充规定；（2）推行与实现普及小学教育；（3）管理本县所辖普通中小学、职业中学、职业技术学校和学前教育机构、校外教育机构；管理与领导所辖区、乡镇教育行政组织和管理机构；（4）组织、协同本县各部门、企业、群众团体等共同参与本地区的教育建设；（5）管理教育经费，对本地区教育机构、学校进行财务监督；（6）制订事业发展规划，财务计划，基建计划，抓每学期、学年的学校工作安排和总结情况。

乡镇应根据自身教育规模及财政情况，合理规定在学前教育事业发展和管理中的责任。

三、学前教育体制改革中应处理好的几个关系及几项重点工作

（一）应处理好几个关系

1. 学前教育体制与学前教育管理体制的关系

学前教育体制与学前教育管理体制的关系十分密切。科学的学前教育体制，有利于各级各类学前教育行政机构管理职能的发挥。学前教育行政机构的合理设置，学前教育行政职权的科学划分，对于防止各种官僚主义，调动行政管理人员的工作积极性，保证管理信息的畅通和政策的正确制定与实施，以及科学管理目标的实现，都具有直接的促进作用。所以，科学化的学前教育体制是实现学前教育管理科学化的首要前提。

2. 学前教育质量与学前教育管理体制的关系

科学的学前教育管理体制对于学前教育事业的健康稳步发展，具有直接的保证作用。这是因为，科学的学前教育管理体制保证了教育规划、政策的顺利实施，使学前教育事业的发展能与整个社会的发展协调起来。同时，其还能保证信息的畅通，使政策实施效果得以迅速反馈，使教育问题能及时上传，有助于教育行政部门及早修订规划、制定新的政策，避免教育发展中的失误，杜绝教育发展中的不良现象。科学的学前教育管理体制通过提高教育行政机关的工作效率，调动管理人员的积极性，也间接地调动了实际教育工作者的积极性，从而促进学前教育事业的发展。

3. 学前教育需求与学前教育管理体制的关系

科学的学前教育管理体制是随着学前教育社会需求的变化而不断调整的。它能保证教育行政部门及时把握社会对学前教育发展的要求，使教育行政部门能制订科学的学前教育发展规划，最终通过学前教育发展来促进社会的发展。

（二）应处理好几项重点工作

1. 权力的再分配

学前教育管理体制改革的核心是政府部门之间和各级教育行政机关之间职权的重新分配或相互关系的再协调，包括教育行政机关内部横向与纵向的职权合理划分，以及教

育行政机关与办学机构之间的权限划分。由于以前各级教育行政机关之间，以及教育行政机关内部各部门之间的职责分工不够合理，国家教育行政机关对教育的管理权限过宽，管理事务过细，因而机构庞大，造成了内部职权重叠、相互扯皮等工作效率低的现象。地方教育行政机关也存在类似问题，这影响了整个行政工作的效率，更大的影响是挫伤了基层，特别是学前教育管理者办学的主动性和积极性，最终束缚了学前教育事业的发展。因此，学前教育管理体制改革的目的，就是要给地方，特别是幼儿园更多的主动权，把有关办学的权力、学科建设与发展的权力统统下放，调动基层与各级各类幼儿园发展教育和依法办学的积极性。

一些地方已进行了有益探索，如辽宁省在理顺体制的基础上，从省到市、区、县建立和完善了一套管理体系，且各层幼教行政职责分工明确、管理权限恰当，该体系加强了对幼教工作的领导，从而推动了地方幼教事业的发展。

2. 管理责任的确认

职、权、责相统一，是发挥管理效能的关键。"责"是管理人员对完成管理任务的效果负责，是管理人员的动力、压力和使命所在，如果责任不明，既会造成管理人员缺乏应有的压力和动力，"当一天和尚撞一天钟"，也易使职权相互牵制，影响宏观决策与管理的水平。如前所述，1987年10月，国务院办公厅转发国家教委等有关部门《关于明确幼儿教育事业领导管理职责分工的请示》明确了国家教委对幼儿教育的领导管理职责，确立了国家教委对幼儿教育事业进行综合管理的地位。1989年，经国务院批准国家教委颁发的《幼儿园管理条例》明确了政府、社会及有关部门对幼儿教育承担的义务和责任，为保障幼儿园的合法权益提供了法律依据，同时还要充分发挥基层幼教行政职能，面向各类园所，加强管理和业务指导。

以往由于结构不健全、体制不顺畅，致使大部分部门办或民众集体办、个人办的幼儿园缺乏管理和指导，处于放任自流的状态。随着学前教育管理体制的改革，区、县、乡、街道幼教行政管理机构逐步建立起来，并配备幼教研究专业人员，给予明确的分工，职责到位，才有可能按教育规律对各类园所实施有效管理，提高教育质量。

基层幼教行政管理机构承担的主要管理责任如下。（1）面向各类托幼园所实行统一管理。包括注册登记、教师资格审查、保教工作质量控制等；为贯彻、落实国家教育方针和上级教育行政法规，制定具体的适合本地方的规章制度并逐步完善；应在全面分析本地区各类园所状况的基础上，统一规划或计划本地区幼教事业发展的数量、质量要求，并分类、分层指导，分阶段达标。（2）视导工作规范化。基层幼教组织应设有一定数量的视导点，负责对所辖区域幼儿园的视察和指导，了解幼儿园执行教育政策法规的情况，辅导和帮助园所分析问题、改进工作，促进教育质量的提高。同时，向幼教行政机关提供报告，使其掌握所属地区幼教事业情况，作为制订幼教发展计划和规划、改进工作的基础。通过多种方式对幼儿园做全面视导和专题视导，以全面深入掌握情况，评价现状。近年来，一些地方的幼教行政还注意结合视导评价，确立园所的质量标准，抓验收工作，并做到规范化，该举措收到了良好效果，促进了园所的教育与管理工作。（3）有计划地开展教研活动和培训工作。基层幼教行政管理组织的教研人员，负责协助配合各个时期行政工作的重点，开展多种形式的教研活动。教研活动一般可按专题或地区进行组织，将有关人员和园所划分为专题教研组或地区（片）教研组，组织交流、研讨、相互观摩，或有针对性地组织讲座，或有目的地开展教师和园长及其他人员的培训活动等。（4）抓好示范园、中心园，以点带面建立业务网络。对示范园的质量评判要客观公正，使其办出特色并在保教工作上起示范作用。基层幼教行政管理通过加强示范园建设，在幼儿园领导班子和师资素质、园所管理制度和教学科研方面给予指导，并提出具体落实措施，从而促进其质量的提高，使其真正成为典范。基层行政管理也可以将示范园建设与所属地区幼教业务网络结合起来，按街区或分片，在各类园所之间建立固定、经常化的联系，以点带面，推动所属地区幼教工作的开展，带动各类园所提高办学质量。

3. 经费的筹措

目前教育经费相当紧张，不仅不能适应加快改革和现代化人才建设的需求，而且也难以满足现有教育事业发展的基本需要。增加教育投资是落实教育战略地位的根本措施。各级政府、社会各方面和个人都在积极努力增加经费的投入，以确保教育事业优先发展。

我国的幼儿教育是基础教育的组成部分，是学校教育和终身教育的起始阶段，但又不属于义务教育，具有福利性的特点。在过去的若干年中，我国的幼儿园基本由政府举办，其财务收支、教育质量等，也都由所属单位负责。这种体制不利于幼教事业的发展和保教工作质量的提高。1988年《国务院办公厅转发国家教委等部门关于加强幼儿教育工作的意见》的通知明确指出，幼儿教育事业具有地方性和群众性。发展这项事业不可能也不应该由国家包办，要依靠国家、集体和公民个人的力量一起来办。在地方人民政府举办幼儿园的同时，主要依靠各部门、各单位和社会各方面的力量来办。幼儿园不仅有全民性质的，还有大量应属集体性质的，以及由公民个人依照国家法律及有关规定举办的。

1993年中共中央、国务院颁布的《中国教育改革和发展纲要》明确指出，要改革和完善教育投资体制，增加教育经费；要迈步建立以国家财政拨款为主、辅之以征收用于教育的税费，收取非义务教育阶段杂费，校办产业收入、社会捐资集资和设立教育基金等多种渠道筹措教育经费的体制；要通过立法，保证教育经费的稳定来源和增长。文件指出，提高非义务教育阶段学生收费标准，要按不同情况确定非义务教育阶段学校杂费和学费收取标准，具体收取标准和办法由省、自治区、直辖市政府和直接管理学校的中央部门根据群众承受能力确定；要加强收费管理，严禁乱收费。目前许多地方已经针对不同类型的幼儿园制定不同的收费标准，实行"优质优价"制度，教育经费的短缺情况得以缓解，办学条件得到改善，从而提高了办学质量，也调动了广大学前教育工作者的积极性。

4. 检查与监督机制的建立

检查与监督是学前教育管理全过程中的重要环节。《幼儿园工作规程》（2016）第六十一条明确指出：幼儿园应当接受上级教育、卫生、公安、消防等部门的检查、监督和指导，如实报告工作和反映情况。

检查与督促是为了促进工作计划的执行,掌握工作进程,增强园长和教职工的责任感,及时发现和解决问题,总结、推广经验,促进各项工作有效地进行。检查与督促对于管理者和决策者具有检验决策、获取信息的作用,是推动园所工作的重要措施。

教育行政部门应负责指导、检查和督促幼儿园的教育业务工作,制订并实施幼儿教师培训规划,组织幼儿教师进修、考试和考核;办好幼儿师范院校(班)和职业中学师范班;办好实验、示范幼儿园;组织幼儿教育科学研究工作。

检查与督促的方式是多种多样的。依时间划分,可以有定期检查、督促和经常性检查、督促。前者一般为阶段性检查,如期中或期末工作检查、督促。定期检查、督促可以为后期工作提供指导和资料;后者为平时进行的检查、督促,具有灵活、及时的特点。如果以检查、督促的内容来划分,可以有全面检查、督促和单项或专题性检查、督促。前者有益于全面掌握情况;后者则较深入细致,可以了解某些较突出的重点问题。

四、学前教育体制改革的策略

(一)观念的先导

学前教育体制改革的策略,首先应集中关注观念转变的问题,用科学管理和有效管理来代替传统的行政管理及经验管理。没有观念的转变,就不可能有内容、方法与行为的转变。学前管理体制的改革,就其实质而言,是学前教育行政职能的转变,只有抓住了职能转变这个主要矛盾,学前教育体制的改革才能顺利地开展并取得成效。

(二)实验性探索

近几年来,随着改革开放和社会主义市场经济体制的建立,幼儿教育出现了新的问题,幼儿教育的发展面临着新的挑战。如企业在转换经营机制、建立现代企业制度的过程中,一些企业办幼儿园出现被撤并的现象。1995年,《国家教育委员会、国家计划委员会、民政部、建设部、国家经济贸易委员会、全国总工会、全国妇联关于企业办幼儿园的若干意见》(后简称《意见》)提出:在企业转换经营机制的过程中,应在政府统筹下,因地制宜地采取积极、稳妥的措施,多种形式办园,探索在新形势下发展幼儿教育的有效途径。有条件的企业应继续办好幼儿园……对于部分不具备独立办园条件和具备了分离幼儿园条件的企业,本着平衡过渡的原则,可在政府统筹下,将所办的幼儿园交给当地教育行政部门规划,以多种形式继续办好,或由社区办,或由具备条件的团体、个人承办。各地结合实际,认真贯彻《意见》精神,进行了有益的尝试,有效地缓解了企业幼儿园被撤并的风险。为了更好地深化改革,落实素质教育,各地还进行了加强素质教育的实验探索,有力地推动了全国幼儿园教育质量的提高。

(三)多层次参与

幼儿教育是全社会的事业,需动员全社会和各有关部门配合协作。教育行政部门为主管职能部门,非唯一的职能部门,应主动争取政府其他部门和社会力量的支持,从而为学前教育事业的发展创造良好的外部环境和条件。各有关方面都要认真贯彻1987年国务院办公厅转发国家教委等部门《关于明确幼儿教育事业领导管理职责分工请示的通知》的精神，发展幼儿教育必须依靠全社会，特别是各有关部门和单位的力量，实行政府统一领导下的"地方负责，分级管理"和有关部门分工负责的原则。

各级教育部门在履行有关管理职责的过程中，要注意从本地的实际出发，对各类幼儿园实行分类指导；要同妇联、工会等有关部门密切配合，协调一致；要加强各幼儿园与各主办单位的联系，共同努力，积极推动幼儿教育事业的健康发展。

幼儿教育事业是全社会的事业，全社会都要关心儿童的健康成长，多为儿童办好事，办实事，齐心协力，开创我国幼儿教育工作的新局面。

思考题

1. 我国学前教育体制是如何发展的？
2. 为什么要进行学前教育体制的改革，改革的内容有哪些？

第三章　学前教育管理目标与任务

学前教育管理目标是围绕教育目标而制定的，是管理工作应达到的标准。管理目标是明确管理任务的依据，管理任务是具体化了的管理目标。只有具备明确的管理目标和任务，才能确保管理过程有的放矢，防止管理工作的盲目性，促使管理工作达到预期的结果。

第一节　学前教育管理目标

一、学前教育管理目标

目标，通常是指个体及群体或组织的某一行动所要达到的预期目的，或预期结果的状态和标准。

学前教育的管理目标是指围绕教育目标制定的学前教育工作所要达到的标准或预期结果，即为达到教育目标应做哪些管理工作。制定学前教育管理目标是实现教育目标的保证与前提。管理目标关系到整个学前教育或幼儿园办成什么规模、样式和水准，涉及教育目标能否达成，还涉及教职工队伍的建设和各项工作的质量标准等问题。学前教育管理的目标包括许多内容，如师资队伍建设、学前儿童入园情况、园所争创类别情况、园所经费来源、教学科研情况等。良好的管理目标是学前教育事业健康发展的动力，不切实际的管理目标是学前教育事业健康发展的阻碍。

二、确定学前教育管理目标的依据

确定学前教育管理目标的依据有许多，主要有以下几条。

（一）法规

近年来，我国将学前教育事业发展纳入社会经济发展规划，逐步建立并完善了有关的法律法规，对学前教育进行正确引导，加强了对学前教育的管理。如《幼儿园管理条例》（1989）《中华人民共和国教师法》（2009）《中华人民共和国未成年人保护法》（2020）《中华人民共和国教育法》（2015）《幼儿园工作规程》（2016）等法律法规，以及一些地方法规，如江苏、浙江、北京等省市颁布了地方性学前教育法规。这些法律法规的制定和实施，使学前教育有法可依，逐步实现规范化管理。如《幼儿园管理条例》（1989）第六条明确规定了：幼儿园的管理实行地方负责、分级管理和各有关部门分工负责的原则。国家教育委员会主管全国的幼儿园管理工作；地方各级人民政府的教育行政部门，主管本行政辖区内的幼儿园管理工作。

（二）政策

政策是国家、政党为实现一定历史时期的路线和任务而规定的行动准则。政策具有鲜明的阶级性。政策的表现形式多为党的领导机关、国家权力机关、国家行政机关发布的决议、决定、命令、通知、意见，以及党和国家领导人的报告、谈话、讲话等。在我国，国家制定了众多的发展学前教育事业的政策，2010年以来就出台了一系列发展学前教育的政策，如《国务院关于当前发展学前教育的若干意见》（2010）《中共中央、国务院关于学前教育深化改革规范发展的若干意见》（2018）等，地方人民政府也都相继出台了一系列地方性政策。

（三）社会发展现状

我国实行"以经济建设为中心，坚持四项基本原则，坚持改革开放"和社会主义现代化建设分"三步走"的战略目标，政治、经济、文化各个领域都在不断地深化改革。学前教育事业就是在这样一个社会现实下发展起来的，在确定学前教育管理目标时，必须充分考虑这个现实。

（四）学前教育需求

为了适应社会的需要、满足幼儿接受学前教育的需求，国家应努力发展公益普惠的学前教育。不断扩大学前教育资源，让学前教育资源能充分满足家庭的需要，真正建立起公益普惠、就近方便入园的学前教育供给体系。

（五）学前教育管理现状

我国的学前教育管理在政府统一领导下，实行地方负责，分级管理，教育部主管，各有关部门分工合作。教育行政部门作为政府的职能管理部门，统一管理全国的学前教育工作。但从管理内容来看，各级教育行政部门对绝大部分幼儿园只是进行业务管理，幼儿园的人、财、物都由办园单位自行管理，教育行政部门协调社会有关部门共同管理学前教育；从管理机构的设置来看，全国各省（市、区）基本上理顺了学前教育管理体制，建立健全了省（市、区）、市（地）、县（区）、乡（镇）的四级管理网络，但学前教育管理机构的模式却呈现出多样化的状况。这也是在确定学前教育管理目标时应加以考虑的因素。

三、学前教育管理的一般目标

（一）总体目标、部门目标和个体目标

学前教育管理的目标可以分为多种类型，如按层次分，可以分为总体目标、部门目标和个体目标三种。其中，学前教育管理总体目标是指在一定的阶段，特定的机构、地区学前教育管理所追求的总体结果，涉及学前教育管理的各个方面，各个领域。总体目标的制定应考虑学前教育机构的内外环境，处理好上级指示、社会环境和幼儿园实际三方面的相互关系，具体应考虑以下因素：(1)国家政策、法令和上级的指导要求；(2)社会需要与家长要求；(3)学前教育理论、研究动向及改革信息；(4)学前教育师资队伍基本状况、

师德素质；(5)学前教育机构的经济实力与物质条件；(6)幼儿园原有经验和传统特色。

我们应在综合考虑以上各方面因素的基础上，提出学前教育管理的各类部门目标。学前教育管理总体目标通常是一种具有方向性、起鼓舞斗志作用的奋斗口号，也可称作观念性目标，带有原则性，不能具体指导、管理工作。

为了使目标得到贯彻执行，还需进一步将目标层层分解，使之具体化，提出学前教育管理的部门目标，以及更为深入的目标，建立目标体系，如某一部门在领导班子建设上应达到的目标、在教养业务管理方面的内容要求、在改善办园条件方面的任务和提高师资队伍培养方面的要求等。另外，还需使目标落实到组织中每个成员的身上，形成个人目标，如园长工作目标、教师个人工作目标等。将目标从上到下层层分解，逐级确认相应的目标，从而使总体目标转化为各个具体的、可操作和便于检验的部门目标和个体目标，通过部门目标、个体目标的实现，最终达成学前教育管理的总体目标。

(二)远期目标、中期目标和近期目标

学前教育管理目标按时段分，可以分为远期目标、中期目标和近期目标。学前教育管理的决策部门和领导者要对组织的发展做出远景规划，提出起激励作用的学前教育发展战略目标，同时要把长远发展目标与中期目标、近期安排、当前工作紧密结合，这种化整为零的目标分解可以使组织内的全体成员及时看到学前教育管理所带来的反馈与激励效应，从而对具体工作进行诊断，使其增效。

(三)教育、保育和后勤工作目标

教育、保育和后勤是幼儿园的三大工作内容，学前教育管理的所有目标最终都是要通过这三大工作来实现的。从具体工作上来划分管理目标，即可将其分为教育工作目标、保育工作目标和后勤工作目标。

教育和保育工作有联系，也有区别，它们共同实现幼儿园保育和教育目标，合称为"保教工作"。保教工作是实现幼儿园保教目标的重要途径。保教工作的管理目标对教育和保育工作要达成的状态和结果进行规划和确认，确保多项工作既符合保教目标的要求，又有现实的工作指向，以提高工作的成效，促进各类管理要素发挥最大的功效。

后勤工作是学前教育工作的一个重要组成部分。后勤工作管理的目标在于全心全意地保障保育教育等工作的顺利实施，做好后勤服务工作，提高幼儿园服务质量，如建立健全岗位责任制、加强后勤员工技术培训、严格实行制度化的考核，使后勤服务设备精良化、现代化，使后勤工作无论从硬件配备还是职工素质各方面素质都能跟上学前教育迅猛发展的步伐。

此外，调动广大学前教育工作者的积极性、提高工作的成效也是学前教育管理的重要目标。学前教育管理目标对人员的行动具有激励作用。管理目标起着调动组织内全体成员积极性的重要作用。合适的目标能激发人们的积极性，对组织内的成员进行激励，从而发动全体人员参加管理，调动人们的积极性。行为科学提出一种"期望理论"，认为目标是一种刺激因素，人们对目标的价值看得越高，估计实现的概率越高，这个目标所激发出来的力量也就越大。有一个明确合理的目标体系，且目标能落实到人，在大家充分确认其价值和可行性的基础上，目标就会成为一种总动员令，成为激发人们积极行动的动力，并调节和控制人们的行为，使学前教育工作和管理工作有目的、有计划地开展，并最终收到预期的结果。

目标是整个管理工作的出发点，指导工作的发展方向。任何管理活动都是指向一定目标的，不管是正确的目标，还是错误的目标。目标具有导向作用，但只有正确的目标才能把管理活动引向正确的方向，从而获得良好的管理效果和工作成效。至于正确的目标是否有利于工作成效的提高，我们不妨借助"目标方向 × 工作效率 = 管理目标"的公式来说明：如果目标正确（正向），工作效率就会提高，管理效果就好。反之，如果目标不正确（负向），则工作效率就低，管理效果就不理想。因此，离开目标单纯谈效率是没有意义的。

四、学前教育管理的特殊目标

学前教育管理的特殊目标可以从两个方面加以考察。一方面，学前教育本身的特殊性决定了学前教育管理目标的特殊性。首先，学前教育作为基础教育的有机组成部分，是学校教育制度的基础阶段，从幼儿施加有目的的教育影响，有利于促进他们身心健康发展，为提高全民族素质奠定良好的基础。其次，学前教育具有社会福利性和公益性的特点，承担着为当地，即所在社区服务的任务，满足家长送子女接受学前教育的需要，并为家长能安心参加工作、学习提供便利。由于学前教育具有以上性质，发展学前教育事业不能完全由国家包下来，并且这也并不是教育部门一家的事，需要社会各方面力量的关心、支持和参与。国家和地方政府、社会各单位和集体，以及公民个人均应承担一定的责任。在当前的社会经济体制下，在教育体制改革的大背景下，学前教育管理部门要研究、探索适宜的办园体制，采用适当的措施，鼓励单位提供一些必要的设备，广泛引进人才，实行自主办园；也可以社区为依托，鼓励有条件的团体、个人承办幼儿园。另一方面，学前教育管理特殊性目标的含义也包括：真正付诸实施的学前教育管理目标必须是从特定的地区，尤其是特定的机构出发的，它应该充分反映这一地区和机构的社会现实，与这一地区或机构的发展相适应，具有一定的特殊性。

第二节 学前教育管理的任务

一、学前教育管理目标与管理任务的关系

学前教育管理是遵照一定的教育方针和保教工作的客观规律，采用科学的工作方式和管理手段，将人、财、物等各因素合理组织起来，调动各方面的积极性，优质高效地实现国家规定的培养目标和根据学前教育工作任务所进行的各种职能活动。学前教育管理的任务是通过组织、指挥、协调、控制等管理职能，合理地利用各种有利于学前教育事业发展的资源，提高学前教育事业的保教质量，为社会主义现代化建设服务。

学前教育管理的目标与任务既有联系，又有区别。一方面，学前教育管理任务是学前教育管理目标的延伸。将学前教育管理目标分解成不同的管理任务，学前教育管理任务就是具体化了的、具有一定操作性的管理目标，只有把学前教育管理目标转化为具体的管理任务，学前教育管理目标才能实现。另一方面，学前教育管理目标是明确管理任务的依据。确定学前教育管理任务并不是漫无目的或随心所欲的，它必须围绕学前教育管理目标，应该以目标定任务。

二、学前教育管理任务的特点

（一）学前教育管理任务的可行性

确定学前教育管理的任务要以原有工作为基础，全面地估计已有的人力、物力、财力以及周围环境等因素，根据这些主客观条件和对有利、不利的各种因素的具体分析，实事求是地提出各种切实可行的具体任务。这种管理任务经过大家的努力，是可能或完全可以实现的。

（二）学前教育管理任务的具体性

学前教育管理的任务要尽量细化，使其具有可操作性，使具体执行任务的单位和个人有章可循，不至于走弯路。

（三）学前教育管理任务的发展性

确定学前教育管理的任务应用发展的眼光，从长计议。学前教育不是一成不变的，学前教育管理也是不断发展的，应该随着时代的发展和社会的进步，结合自身的现实问题，进行整体设计和全面规划，从而确定不同时期的学前教育管理任务。

三、学前教育管理任务的范围

学前教育管理任务的范围较广，可以说是包罗万象，主要涉及对人、事、财、物、时空、政策等几个主要要素的管理。在围绕实施学前教育管理目标这个中心任务时，要调动各方面的积极因素，挖掘一切潜力，做到人尽其才，物尽其用，财尽其力，事事讲效率、处处讲结果。若学前教育管理组织安排得好，各种因素的积极作用可以得到充分的发挥，产生"1+1>2"的效果。若组织安排不当，就会产生浪费、窝工、消极怠工等现象，干扰和妨碍管理目标的实现。管理的实质即最大限度地发挥各要素的作用，产生最佳效益。在学前教育管理的过程中，管理的任务主要涉及以下几个方面。

（一）人事管理

人事是用人治事的意思。人事管理就是对一个组织内工作人员的管理，包括对学前教育机构教职员工的录用、考核、培训、奖惩、工资、福利、退休、调动等基本内容的管理。人事管理是学前教育管理工作中的一个重要组成部分。人是一切组织中的最宝贵的要素。离开了人，组织便不复存在。只有当人们有序地和能动地组合到一起时，才能顺利实现教育管理的任务。对人的管理就是要充分调动全员的工作积极性，最大限度地开发员工的智力资源，挖掘他们的潜力，努力做到"人尽其才，才尽其用"。因此，学前教育人事管理的任务可以规定为：根据国家所制定的人事政策和学前教育机构完成各项任务的需要，从全局出发，有计划地对机构内的人力进行合理地组织，抓好教职工的录用、培训及各项人事开发事宜，采取适当措施，激发教职工的积极性，从而提高各项工作的效率，努力实现最佳社会效益和经济效益。

（二）总务管理

总务是指管理单位的内外、上下等各项总务工作。人们往往会以为幼儿园的总务工作是鸡毛蒜皮的小事，微不足道，因而轻视它。事实上，学前教育机构无小事，凡是与学前儿童身心发展息息相关的事，我们都应予以充分重视。幼儿园总务工作涉及面大、头绪多、复杂琐碎，任何一个环节或部门工作出了漏洞，都会牵一发而动全身，影响全园工作的正常运作，影响学前儿童的身心发展。因此，将学前教育总务管理的任务可以规定为：坚持全心全意为人民服务的思想，树立后勤员工甘当配角的服务意识，加强后勤队伍和制度建设，提高服务水准。后勤事务工作应与园所整体规划相结合，加强工作的结合性，协调各方关系，注意信息的交流与沟通。总务管理应该围绕既定目标，注意各项工作的全面安排与协调，提高工作效率。总务管理包括学前教育机构生活制度、作息制度的制定，以及招生编班等教务工作、季节性工作、档案资料管理及值班安排等。总务管理的主要任务就是根据学前儿童身心发展的特点，合理制定与编排幼儿园的生活制度、作息制度；根据幼儿身心发展情况、能力、习惯、个性特点等，合理地招生编班；业务和资料档案应有利于教职工的正确使用，为系统考察教职工文化业务水平积累资料和为对其评优晋级提供依据，并作为培训师资的一种辅助手段，以调动职工学习业务、钻研技术的积极性。资料档案的管理可以规范幼儿园图书、教玩具资料使用的工作程序，有效地提高学前教育保教质量。

（三）财务管理

对财务的管理要坚持勤俭办事的方针，合理使用资金，做好各项预、决算的审核、检查、监督工作，并建立各项财务制度，健全民主监督制度，使有限的财力发挥最大的效用。财务管理的主要任务是合理管理与使用经费，以有限的投入取得最大的效益，应认真编制经费预算，认真执行预算并做好决算，要"瞻前顾后，统筹安排，保证重点，照顾一般"，合理使用资金，力求少花钱，花好钱，多办事，办好事。财物管理必须严格执行财会人员岗位责任制，建立完整的表册制度，健全会计制度。

（四）物品管理

必要的物质条件是管理的基础。对物品的管理主要是创造必要的物质条件，做到物尽其用，开源节流。幼儿园物品管理的主要任务是：建立健全制度，设专人负责管理物品，定期做好检查维修，延长物品使用寿命，确保使用安全；要注重勤俭节约、爱护公物的思想教育，并建立损坏公物的赔偿制度。

（五）时空管理

任何事物都处于时间和空间之中。时间反映为办事效率，空间反映为活动范围和领域。时空管理就是考虑如何充分利用时间和空间，高效全方位地管理人、财、物、事等。

（六）政策管理

政策的管理包括两个方面的内容：一方面，保证有关学前教育的方针、政策得到全面贯彻落实，做到"有法必依，执法必严"；另一方面，各级学前教育管理部门在制定政策时，一定要保证政策的正确性、规范性和可操作性，不违背学前教育发展的规律，以便基层组织在落实具体政策时，阻力与难度减小到最低限度。

对以上多项工作的管理主要是从宏观和微观两个层面上进行的，更多的是从微观的层面说明的，更多地体现了机构自身的管理。而从宏观的层面上看，政府的行政管理主要通过政策引导、榜样示范、制度性督导等方式，确保各项相关工作能顺利进行，并实现预定的管理目标。

第三节 学前教育目标管理

一、学前教育目标管理

（一）目标管理

目标管理是20世纪50年代在美国出现的一种管理制度、管理方法，1954年，美国管理学家德鲁克（Peter F. Druker）在《管理的实践》一书中首先提出了"目标管理和自我控制"的主张。他认为，应该把一个组织的目的任务转化为目标，各级领导均应通过目标对下属进行领导和管理，以此来动员和协调全体人员的行动，促进组织总目标的完成。目标管理一经提出，立刻在美国及日本企业界产生强烈的反响，并广泛应用于金融、公用事业及政府机关等部门，收到很大效果。1965年，奥迪奥恩（George S. Odiorne）出版了《目标管理》一书，对目标管理进一步阐述。目前"目标管理"这一思想已被西欧、日本等许多国家广泛采用。目标管理又叫作目标管理法，简称"MBO"，是以目标为中心进行管理活动的一种现代管理方法。在管理活动中，通过把组织的目的任务转化为目标，并使组织中各个部门与个人的目标、组织的目标融为一体，使得组织、部门、个人方向一致。明确具体的指标体系，从而始终以目标作为管理的出发点和归宿，强调目标指导行为和以成果作为管理活动的重点，强调目标实现的整体意识。目标管理是一种激励技术，也是职工参与管理的形式之一。它把科学管理学说和人际关系学说有机地结合起来，主要依据"Y理论"，这是一种依据工作目标来控制每个职工行动的新的管理方法，其目的就是通过目标的激励，来调动广大职工的积极性，从而保证实现总目标。目标管理的核心是强调成果，重视成果评定，提倡自我管理、自我调节和个人能力的提高，其特点是以目标作为各项活动的指南，并以实现目标的成果评价各人贡献的大小。

目标管理是以工作为中心和以人为中心的综合领导方式,使职工发现工作的乐趣和价值,在工作中满足自我实现的需要,同时也达成了组织的目标。

(二)学前教育目标管理

学前教育目标管理是以目标为主线贯穿管理过程始终,把学前教育的工作任务转化为具体目标,把责任和权力落实到每个职能部门和个人,以调动全体工作人员的积极性和创造性,从而实现目标的一种现代管理方法。它由以下四个环节构成。

1. 确定总体目标

明确今后一年或更长一段时间里的奋斗方向,即确定学前教育的总体目标。总体目标是一种具有方向性、起鼓舞斗志作用的奋斗口号,也可称作观念性目标,这种观念性目标还需要进一步落实为具体可行、可以检验并能分解到工作中去的指标性目标,从而形成方向性与具体性统一的学前教育管理目标。

2. 分解目标,建立目标体系

确立了学前教育管理的总目标,就明确了学前教育管理的基本方向和宗旨,在此基础上,就可以将目标层层分解,使之进一步具体化,建立细致的目标体系。目标分解通常需要经历三个步骤:(1)上级宣布目标;(2)下级制定目标;(3)协商调整。整个目标体系的建立和形成体现了全员参与民主管理的特点(见图3-1)。

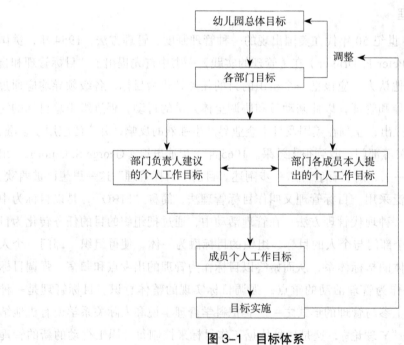

图3-1　目标体系

园所目标体系的建立应注意紧密围绕总目标,制定具体目标,使全员既明确总体目标——全体职工的共同奋斗目标,又切实明确个人的目标,并使两者相一致。

在目标分解的同时,还需实行定责授权,建立目标责任制,使个人、部门依据其工作目标，明确各自在实现总体目标的过程中应做什么，所要协调的关系是什么，应达到什么要求以及有什么样的权力等。

3.实施目标

目标管理要通过计划管理来实现，因此，还需将目标与计划紧密联系，保证目标的具体落实。所谓计划，就是实现目标的具体方案和行动步骤。要使目标真正落到实处，就需围绕目标制订计划，从而规划目标实现的程序与方法、措施等具体安排。园所的目标应通过各时期、各部门的工作计划得到实施，使管理过程以目标为主线，贯穿管理活动计划、执行、检查和总结的各个阶段和环节，通过各环节的不断循环运转，最终实现总目标。

4.目标考评

评价可以保证管理目标的最终实现，通过评价，可以使管理目标转化为幼儿园各方面的具体要求，从而有利于使实施过程具备目的性，也有利于检查与评估工作的开展。

学前教育目标管理的特点有：（1）实行目标管理分阶段进行，便于具体落实。学前教育的目标可分为长期目标、中期目标、短期目标，在管理过程中，应针对不同的目标进行管理，不能千篇一律；（2）学前教育目标管理的层次分明，便于检查与评估。学前教育的目标可分为总目标、部门目标、个人目标，不同的目标具体要求不同，可以到岗到人。在管理过程中，对不同层次、不同部门及不同人员进行目标管理时，应将检查与评估作为重要的调控手段。

二、学前教育目标管理的意义

目标管理是现代管理科学的重要内容，是一种先进的管理方式，在学前教育管理过程中实施目标管理具有重大意义，主要体现在以下几个方面。

（一）目标与成效

目标管理是通过层层建立目标，形成目标体系，再将目标层层分解并逐级落实，使组织中的每个人都知道该做什么，做多少，完成到何种程度，明确工作职责和任务，并将工作状况与奖励报酬结合，职权责统一，从而实现有效管理。将人与工作目标结合起来，能够调动全体工作人员的积极性，激励教职工，同时也能激发教职工参与管理，确保学前教育机构各项工作保质保量落实。

（二）目标与努力

在实行目标管理的过程中，由于每个工作人员都有切实可行的奋斗目标，他们能够面向未来，努力奋进，实行自我管理与控制，不断做出新成绩，使个人的价值得到充分体现。

（三）目标与措施

在目标管理过程中，目标的制定、目标的分解、目标的实施、目标的评价四个环节前后衔接、相互作用，形成一个有机的整体。将目标层层分解逐级落实，有利于完善和巩固责任制，保证每个步骤都沿着正确的方向前进，确保每项工作都能保质保量完成。

三、学前教育目标管理的步骤

（一）目标体系及其制定

目标体系即"目标树"或"目标网络"。有人把一系列的目标制定，称之为："目标树"的种植（见图3-2）。

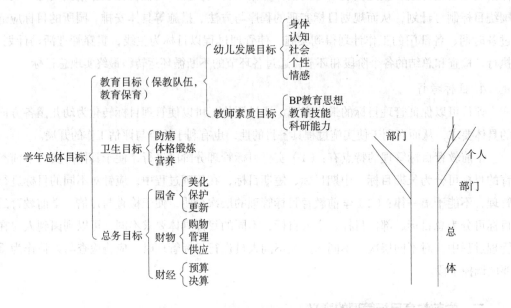

图3-2 目标树

总体目标、部门目标、个人目标形成一个目标网络或称目标体系。这个体系就如同一棵树，树干是总体目标，树枝是部门目标和个人目标，总体目标是部门目标、个人目标制定的依据，部门、个人目标又是实现总体目标的保证。因此，"目标树"的树干、树枝是相关相连、密不可分的。

学前教育管理目标体系的制定，首先是确立总体目标，其次是层层分解目标，将目标逐层分解和逐级分配，使目标落实到组织中的每一个成员身上，形成较具体的、可操作的和便于检验的部门目标和个体成员目标，有利于动员各方面的力量，协调各部门工作。

（二）目标体系制定的原则

1. 社会主义方向原则

在制定目标体系时，政治上必须坚持四项基本原则和上级的各种方针政策；管理上坚持正确的办园方向；培养目标上坚持全面贯彻党的教育方针，面向全体幼儿，实施全面发展教育。

2. 保育与教育相结合的原则

《幼儿园工作规程》（2016）提出："贯彻国家的教育方针，按照保育与教育相结合的原则，遵循幼儿身心发展特点和规律，实施德、智、体、美等方面全面发展的教育，促进幼儿身心和谐发展",在学前教育的管理工作中实行保育与教育相结合的原则,反映了学前教育的工作规律,符合幼儿的身心发展水平。

3.民主管理的原则

我国的宪法赋予人民行使民主的权利,广大学前教育工作者有权参与讨论和决定一些重大的学前教育问题。实施民主管理不仅有利于调动大家的积极性,更有利于管理目标的实施。

4.整体效益原则

学前教育管理工作涉及许多部门、个人,这些部门和个人共同构成一个有机整体,在管理过程中,力争优化,以最小的人力、物力达到最佳的管理效益。

(三)目标体系的实施及实施策略

目标体系的实施是目标管理的决定性阶段,该阶段主要任务是促使学前教育管理总体任务的实现。目标确立后,围绕目标制订实施计划,使管理活动按照科学的运行程序向前推进。学前教育管理目标体系的实施策略有以下几点。

1.根据目标体系分配相应的权利和责任

学前教育管理应确立相应制度,如岗位责任制,其可激发个人的积极性、主动性、责任感,要求个人对照目标实现"自我控制",促使个人完成个人目标,每个人完成了个人目标也就完成了部门目标,进而也就完成了总体目标。

2.加强指导和帮助

实行自我控制和管理不等于领导者什么也不管,领导者要经常鼓励、指导和帮助每个教职工,当好参谋和顾问。任务目标的实施不是一帆风顺的,总会碰到这样那样的问题,需要管理者的帮助。学前教育管理应要求教师更多地采用游戏的形式,更多地组织幼儿进行动手操作活动,这就要求教师花更多的时间和精力去准备和组织,有一定的难度,教师需要各方面的支持和帮助。

3.运用科学程序及一整套的控制办法促进目标的实现

所谓科学的程序,就是要依据目标的重要程度,根据目标的优先次序,编成逐步实现目标的时间序列,使各部门及教职工按时间序列要求,逐步去实现目标。如财物管理,首先是修缮,然后是美化;首先是采购,然后是分配。再如青年教师的培养,首先是学习、观摩,然后是加强指导、帮助,最后是创新、发展。

所谓控制办法,就是要根据目标提出控制线。控制线是在目标管理中按所要掌握的质量常规而规定的界线,如教养工作要求教师每周组织孩子户外观察不少于2次,这2次就是一个控制线,要求教师注重个别教育,要求教师注意与家长的联系,这些都应有相应的控制措施。教学进度也是一种界线,太快或太慢都不行,不利于幼儿发展。一般控制线有三条:一是标准线;二是上允线;三是下警线。

通过控制,确保质量、指标的达成,确保目标的实现。

（四）目标体系实施的检验

检查、验证管理目标的达成度，应包括在实施过程中的检查和实施终结的检查。在目标实施过程中，部门或成员个人要对目标的实施情况进行检查或自我检查，肯定取得的成绩，找出存在的问题，及时调整计划，采取新的有效措施，保证目标的按期实现。

实施终结检查可采用评定总结的形式。目标管理要讲求实效，就必须重视对目标的评估。评估的目的是为了掌握各部门和每个教职工完成目标的情况，为正确进行表彰奖励提供可靠的依据；为了总结目标管理的经验，提高目标管理水平。

进行目标成果评估的主要程序和内容一般有：自我评估，把自己的工作成绩与预定目标对照，检查自己工作实绩、努力程度、收获和教训；民主评价，也就是相互或集体评价，包括教师、职工之间和家长参与；协商评估，即园长和教职工共同讨论，共同评估。评估既要以"达到目标程度"为中心，又要考虑目标复杂困难程度和教职工努力程度，把三者结合起来，不能达到了就皆大欢喜，没达到就灰心丧气，要善于分析达成或没达成的原因。首先，成员个人根据自我评定目标完成的实际情况，进行自我总结，找出取得的成绩和存在的问题；其次，部门成立考评小组，本着实事求是、大公无私的精神，逐一对各个目标进行考核评定；最后，将考评结果作为制定下一个目标的依据，并对在目标实施过程中取得成绩的人员给予表彰。

从目标体系的制定，到实施，再到检验，形成了一个目标管理的循环周期。每一个循环周期的目标体系都是在前一个循环周期管理实践的基础上建立起来的，而且要比上一周期目标管理有更新的内容，不断循环往复，推动学前教育工作不断前进。

思考题

1. 学前教育管理的任务有哪些？
2. 如何实施学前教育目标管理？

第四章 学前教育管理过程

世界上的一切事物，都是按照一定的规律发生和发展的，都存在由可能转化为现实，或由初级向高级、由此及彼的发展过程。这个发展过程错综复杂，但并不是杂乱无章的，而是有某种确定不移的基本秩序，即事物发展的客观规律。学前教育管理过程也是如此，有它自身发展运动的规律。分析管理过程是非常重要的，因为管理过程中的每一个环节都影响着管理的成效。本章主要讨论管理过程的特性、主要环节及其运行的基本规律。

第一节 学前教育管理过程的特性和环节学说

一、管理过程的特性

学前教育管理过程，是指学前教育管理者充分发挥谋略才智，在学前教育管理原则指导下，组织幼儿园全体成员，协调和控制人、财、事、物、时间、空间、信息诸因素之间的关系，使幼儿园系统达到最优状态，进而实现幼儿园预定工作目标所进行的一系列活动程序。

（一）管理过程是有目的、多层次的

任何物质系统管理过程的最终目的，都是为了实现系统的预定工作目标。一个组织系统如果没有目标，管理活动就无价值可言。

幼儿园工作的根本目标是教育目标，即为社会培养合格的人才。学前教育管理的目的，就在于运用一定的手段和程序为幼儿园教育服务，实现幼儿园的教育目标。幼儿园的管理过程是一种定向活动的过程，是管理者与被管理者为了实现既定的管理目标和教育目标共同活动的过程。学前教育管理过程，既是培养教育学生的过程，又是对育人的教育过程进行管理的过程，因而既要受教育过程的规律制约，同时又要遵循管理过程的规律。所以学前教育管理的各项工作和措施，都必须向着达成教育目标的方向设定。

管理过程的多层次表现为：管理的主客体是多样的，管理的主体有园长、教师、其他工作人员，管理的客体有教师、职工、时间、空间、财、物、事、信息等；管理的目标是多层次的，包括幼儿园总体目标、各部门目标、个人目标；管理的任务是多层次的，有园长的任务、教师的任务及其他工作人员的任务；管理的方法是多样的，有行政方法、经济方法、法律方法、思想工作方法等。

管理的主客体及管理的目标、任务、方法在管理过程中相互作用、相互结合，就使得管理过程呈现出多层次。

尽管根据不同的划分标准，学前教育管理层次能分成很多种。然而，作为一种活动，学前教育管理过程始终可以被看作是一种由管理者与被管理者共同构成双边活动的过程。双方相互依存，缺少一方，管理活动即告终止。有的研究者提出，学前教育管理工作十分复杂，可能是三边（园长、教师、幼儿）活动，甚至可能是四边、五边活动。但是，作为一种管理活动，在任何一个层面上，始终是管理者和被管理者的双边活动。当然，双方中有一方可以是物，这物是在管理过程中活动着的，并有其自身的特点和功能；也可以双方都是人，但不能双方都是物，因为管理活动是人的活动，主要的因素是人。

（二）管理过程是有序的、可控制的

任何一个管理系统要想达到管理效果最优化、顺利实现系统目标，必须有一定的管理程序。没有一定的程序，管理过程就无从谈起。

由于幼儿园各项工作独具特性，所以其在不同方面的管理活动步骤也不尽相同，但必然存在共性。学前教育管理活动步骤中存在的共性可以被抽取出来，然后按照客观发展规律，被划分成几个前后紧密相连而又不能相互代替的阶段或者环节。也就是说，尽管学前教育管理活动复杂多样，但是其管理程序还是客观存在的。当然，无论是个人的管理活动，还是整个组织的管理活动，其过程都是一种有程序的活动过程。

不只是管理过程要遵循一定程序，组成管理过程的每一管理环节的实施都应该是有序的。例如，在分析过上一个学期的工作、综合了上级主管部门的规定和本园本学期师资设备条件、考虑了家长的意见等之后，形成计划，这就是一个基本的程序。再如实施过程：首先是分析计划，然后是做好思想和物质上的准备，最后按计划规定的程序实施。

我们说学前教育管理过程是一种有程序的活动过程，还因为它是一种有控制的活动过程。只有对学前教育管理的程序进行控制，才能使学前教育管理活动通过不断地调整，按最佳路线运行。因此，程序和控制是不可分的。程序一定是一种带有控制性质的程序，或者说程序有控制作用，而控制也一定是对程序的控制。例如，在制订计划时进行控制，可以防止计划决策脱离实际；在组织实施过程中及时控制，设法及时矫正某些行为，可减少偏离目标计划的误差，以便更好地实现目标。

（三）管理过程是开放的、封闭的

学前教育管理具有社会化的特征，学前教育管理工作应该是开放的，应加强幼儿园同社会的联系。幼儿园是社会的一个组成部分，它不能孤立地存在于社会之外，幼儿园不仅要完成社会和家庭交给的教育和保育任务，还要从社会上取得人力、物力、财力以及舆论的支持，并且对家庭、社会产生积极影响，例如，有的幼儿园，其绿化工作、游园工作、节日活动、运动会等，都不能缺少家长的支持和参与。因此，开放式的学前教育管理，其管理过程也必定是一个开放的过程。

另一方面，学前教育管理工作的循环运转，又必须是封闭式的。要充分发挥计划、组织、检查、总结等各个环节的作用，使它们有机结合，有序运行，建立有效的反馈回路，形成完整的管理过程。否则，管理过程将不完整，缺头少尾或没有中继环节，工作无计划，或只有计划而无检查无总结，没有反馈回路，无法形成封闭的科学管理体系，这样必然会影响管理效能。

（四）管理过程是增值的、消耗的

学前教育管理过程会消耗一定的人力、物力、财力、时间。管理者在管理过程中应考虑各种资源的消耗程度，采取增补措施，如了解教职工的身心疲劳程度，安排休息时间，提高工作待遇等。同时，管理过程有连续性，消耗也必定是一个连续不断的过程，管理者要及时了解在何时何事上应安排或补充多少人力、物力，以及如何利用现有资源。

学前教育管理的过程也应是一个增值的过程。管理者通过科学的管理，调动教职工的工作积极性，从而优化教育过程，使幼儿得到全面发展。管理过程就是为了产生这种增值。当然，管理不善或不按科学规律进行管理，非但不能产生增值，还可能出现负值，如教职工埋怨、牢骚增加，工作积极性下降，工作态度和行为受到影响，进而影响幼儿发展。另外，如果过度强调经济增值，会造成质量负增值。

管理过程，就是力求以较少的人力、物力、财力、时间的消耗，获得最好的教育效果的过程。当然，不可能只有增值，没有消耗，善于管理的人就是要以最少的消耗获得最大的增值。

二、管理过程环节学说

（一）环节的界定

管理过程，是动态的管理系统，是一个运动过程。任何一个运动过程，总是要划分为几个组成部分，或称之为阶段，或称之为程序，在管理学中多被称为环节。那么管理过程可划分为多少个环节呢？各个学派有不同的观点。

（二）环节学说

1. 三环节说

英国的厄威克（L. Urwick）提出了综合概念结构，认为管理是由计划、组织、控制三项职能构成的过程，并提出与三项职能相对应的三项原则：预测、协调、指挥。

2. 四环节说

该学说是由美国统计学家戴明（W. E. Deming）提出的，他认为管理过程是四个环节（计划、执行、检查、总结）的不断循环。

计划：管理活动的起始环节。处于计划阶段的管理活动包括制定方针目标，规定任务、活动项目和设计方法步骤。

执行：按计划的要求去做，去执行，将计划付诸行动。

检查：检查工作是否按计划执行，执行的效果如何，是否达到目标，有无偏差，并找出具体原因。

总结：总结和调整改进，将效果好的做法、措施标准化、规范化，为下一阶段的管理工作打下基础。

戴明将这几个环节看作是管理过程最基本的职能活动，这些环节被顺序地安排在圆环中，形成一个完整的、封闭的管理过程。因此，该学说又称为"戴明环"。日本管理学家石川馨认为："戴明环不停地'转动'就是管理。"

3. 五环节说

该学说是由被后人称为"管理过程学派鼻祖"的法国管理学家法约尔（Henri Fayoi）提出的。他认为，管理即计划、组织、指挥、协调、控制，是"一种分配于领导人与整个组织成员之间的职能"。

4. 七环节说

该学说是由美国管理学家顾兰克等提出。他们指出，行政管理的步骤为：计划→组织→人事→指挥→协调→报告→预算。

虽然不同的研究者提出的环节学说从环节名称到环节数量都不尽相同，但是其基本内涵是一致的。通过理论与实践的摸索，我们认为学前教育管理过程包含决策计划、组织实施、检查调整、总结评价四个环节。

三、管理环节的运行规律

学前教育管理诸环节的运行，实际上就是管理活动的开展，管理环节运行的规律也就是管理过程的规律。管理环节的运行规律特征包括程序性、整体性、相关性、循环性、封闭性。

（一）程序性

程序是一系列符合逻辑的步骤，实际上就是按时间顺序排列的行动序列。

幼儿园工作不论教学、后勤、管理，都是按一定顺序、阶段和步骤展开的，有一定的程序。例如，指导一位新教师的教学，首先应要求他熟悉教材，了解学生接受这些知识的基础条件，进而再帮他设计教案，经过试讲而后进入课堂讲授，然后组织课后讲评，提出要求和建议，等等。

学前教育管理过程也一定是遵循着决策计划、组织实施、检查调整、总结提高这四个环节来运行的。任何一项活动不遵循程序办事就会有损于工作目标的实现，但对顺序、阶段、步骤又不能机械地理解，应该根据工作实施的需要而灵活运用。

（二）整体性

管理过程的任何工作环节都得从整体出发，都要以目标为中心，为目标而计划决策，为目标而组织实施，为目标而检查调整，为目标而总结提高。这样，过程服从目标、目标制约过程，形成了一个完整的、有效的动态管理系统。

幼儿园工作的计划决策、组织实施、检查调整、总结评价诸环节是有机联系、环环相扣的，此管理过程不仅适用于幼儿园全局的管理，也适用于幼儿园各个方面、各项工作的管理。同时，管理的整体系统与子系统之间也是相互联系、相互渗透的，是大圆环套小圆环的关系。

（三）相关性

管理过程的各个环节是连续的、相关的。前一环节往往是后一环节的基础，后一环节又是前一环节的发展。但由于事物的多样性和多变性，管理过程各环节的先后顺序可能变化，有时环节的内容也可以相互渗透，比如"决策"就渗透于管理的全过程，因为管理过程中任何环节的行动都需要正确的抉择。同样，管理过程的各阶段也都包含检查调整的过程。

在幼儿园动态管理系统中，管理对象千变万化，如何处理各环节之间的关系，全在随机应变，但这绝不意味着管理过程无顺序可言。实践证明，为了保证管理工作的有效性，遵循一定的顺序恰恰是非常必要的。

（四）循环性

管理过程到达总结提高的环节并不意味着管理的结束，而是新的管理过程的开始。每一个过程相对说来都是一个周期，上个周期的结束是下一个周期的开端。这种周期往复循环、螺旋上升、递进，这就是周期循环性。提高没有止境，周期循环没有止境，都要经历实践、认识、再实践、再认识，这种形式循环往复以至无穷。而实践和认识的每一次循环，都进到了更高一级的程度，这就是循环性的实质所在。

（五）封闭性

当决策计划付诸组织实施后，管理者需要对组织实施的情况、后果进行检查评价，总结处理。如果有头无尾、有始无终，管理就会失去其应有的作用，决策计划就会成为一纸空文。

要保证管理的有效性，就必须在管理过程中构建一个连续的封闭回路。这就是将系统的输出信息进行处理，再返回信息输入端，再输入调节信息的连续循环的信息通路。这是自我调节的内在机制。管理过程的各个阶段都存在着反馈回路，在管理进行到下一阶段时，对前面阶段进行反馈，就可对工作产生促进作用。例如，管理者在检查工作的过程中发现问题，及时反馈到组织、计划环节，在以后的实施中就可以进行调整，或者在必要时修改计划。

第二节 学前教育管理的决策计划

一、学前教育管理决策计划的界定

在整个管理过程中，决策是管理活动的核心。现代管理决策理论的创始人西蒙（Herbert Simon）认为：管理就是决策。在学前教育管理中，决策确实是无所不在的活动。那么，决策是什么呢？决策是为了取得预期的结果，从多种可以采用的备选方案中有意识地选定一种行动方针的过程。通俗地讲，决策即拿主意、下决定。

计划是管理职能中最基本的职能，是管理的基础。计划是科学、及时的预测，制约未来行动的方案。也就是说，计划是为了实现预期的目标，而系统地组织一切人、财、物等诸因素有序地进行有效活动的行动方案，在方案中说明要做什么、谁去做、怎样做以及什么时候做完等。计划是任何管理系统所必不可少的环节。

决策与计划是紧密联系、不可分割的，事实上，计划中就包含着决策。戈茨（Billy Goetz）曾经说过，计划工作"基本上是抉择工作"，"只是在发现有一个可供选择的行为过程时，才会提出计划问题"。从这个意义上说，计划工作基本上就是决策。所以，我们在此将决策和计划作为幼儿园的一项职能和管理过程中的一个基本环节来加以分析，是很有好处的。

决策计划作为学前教育管理活动的起始环节，是在幼儿园工作实施之前，学前教育管理者为了实现幼儿园目标，组织全校成员拟定的具体工作内容和实施步骤。计划可以使行为指向目标，倘若没有计划，一切行动只能任其随意发展，除混乱外将一无所获。

二、学前教育管理决策计划的意义

（一）科学性

决策计划的科学性表现在：决策计划有科学依据，有正确的思想和理论作为指导；决策计划必定依照严格的科学程序；决策计划符合幼儿园的工作需要与实际可行性特点，有保证贯彻执行的有效手段；决策计划有便于检查的特点，即做到"定时、定人、定质、定量"；决策计划有一定的灵活度，即能"留一手"或者"多一手"，"留一手"指在计划中有意识地适当降低要求，留有余地，"多一手"指在制订计划时多估计几种可能性，多准备几套附加计划，给决策或调整提供可选择性。

（二）预示性

一份好的决策计划，有明确而具体的目标和任务，是预见幼儿园未来发展的"蓝图"，它便于学前教育管理者谋划如何使用时间，调动各方面的积极因素，去实现期望达到的目标。从这个意义上说，决策计划能反映目标要求、把握未来发展，便于学前教育管理，具有预示性。

（三）有序性

一份好的决策计划，能把幼儿园目标具体化，并使幼儿园各个层次的机构工作人员明白大家期望做什么、应该做什么、什么时候做、谁去做和怎么做。于是，大家有了共同的奋斗目标，又各自有具体的工作内容，工作得以有条不紊地进行，工作中盲目的情况和遇到困难问题时扯皮的现象得以避免，学前教育管理目标得以顺利实现。从这个意义上说，决策计划具有有序性。

三、学前教育管理决策

（一）决策的特点

学前教育管理的决策具有以下特点：有一定的目标，没有目标就没有决策；计划应付诸实施，不准备实施则没有决策的必要；试图在一定条件下寻找最佳目标和达到目标的最佳途径；选择若干个方案中的若干个优点，综合成为一个最佳方案。决策如果没有比较，没有选择，也就没有所谓的好与不好。

这里所说的"确定目标""准备实施""寻找最佳目标和途径""选择方案"，都属于决策工作。决策工作，一般是由园长直接领导有关人员完成的。

（二）决策的步骤

1. 识别问题

问题就是现实与期望之间的差异。决策是从识别问题开始的。在幼儿园工作中，是否善于发现问题，是衡量一个管理者水平高低的标准之一。

2. 确定决策标准因素

管理者一旦确定了需要注意的问题，接着就是确定对解决问题起重要作用的决策标准。也就是说，管理者必须确定什么因素与决策有关。例如，幼儿园园长决定从年轻教师中选拔年级组长，究竟让谁担任呢？园长必须确定哪些因素会影响决策。这些因素可以是教师的年龄、工作经验、工作成绩、人际关系、工作态度、性格特征等。这些因素的选择反映出园长的想法，最终影响他的决策。

3. 给每个因素分配权重

上一步骤所列的因素并非是同等重要的。为了在决策中恰当地考虑它们的优先权，有必要给每一个因素赋上不同分值。如果你的满分是10分，那么就给你认为最重要的因素打10分，然后依次给余下的因素打分。这样，与你打5分的一个因素相比，最高分因素的权重要高一倍。

例如，幼儿园决定采购一批大型玩具，究竟采购哪家工厂的产品，是园长面临的问题。为使决策慎重，园长列出了采购大型玩具的决策因素和权重。

4. 拟订方案

决策者列出解决问题的可行方案，并提供一个可供选择的方案，但无须评价方案，仅列出即可。现假设园长已确定了3种可行的选择。

5. 分析方案

方案一旦拟定后，决策者必须带着批判的眼光分析每一个方案。这些方案经过与步骤2、3所述的因素及权重的比较后，每一个方案的优缺点就变得明显了。

6. 选择方案

这是从所列出的和评价的方案中选择最优方案的关键步骤。既然我们已经确定了所有与决策相关的因素，恰如其分地权衡了它们的重要性，并确定了可行方案，那么我们仅需选择在步骤5中得分最高的方案。

7. 实施方案

尽管步骤6已完成了选择的过程，但如果方案得不到恰当的实施，仍可能是失败的。

所以，步骤7涉及将方案付诸行动。

8.评价决策效果

简单说，该步骤就是看是否已解决了问题。评价的结果若发现问题依然存在会怎样？管理者需要仔细分析什么地方出了错，是没有正确认识问题吗？是在方案评价中出了错吗？是方案选对了但实施不当吗？对此类问题的回答将驱使管理者追溯前面的步骤，甚至可能需要重新开始整个决策过程。

（三）决策的类型

决策的种类很多，根据不同标准可做不同的分类，如根据决策主题分为集体决策和个体决策，而根据决策范围分为战略决策和战术决策。在此，我们从决策的形式上来分类。

1.常规决策

常规决策主要是依靠决策者的知识、经验和分析判断能力来认识事物的规律，以做出科学的合理的决策。这种决策类型主要在有章可循的情况下进行。幼儿园日常的工作决策大多是常规决策。日常所遇到的问题是经常出现的，经过一段时间的积累，经验多了，一旦遇到某些情况，管理者就知道有哪些相应的可供选择的方案，于是采取相应的解决办法。

2.非常规决策

非常规决策主要是在无章可循，无经验可取的情况下进行的。园领导在遇到非常规的问题时，不能找到确切的依据来做决策，就要靠吸取别人的经验，发挥自身的创造力，或请示上级，才能做出决策。

（四）决策的方法

在决策的实践中，由于决策对象和决策内容不同，相应地产生了各种不同的决策方法，归纳起来可分为以下两大类。

1.定性决策方法

定性决策方法也叫"软方法"，主要是决策者运用社会科学的原理，根据个人的经验和判断能力，从对决策对象本质的属性研究入手，掌握事物的内在联系及运行规律。定性决策方案主要有领导集体决策法、专家献策领导拍板法、畅谈会法、特尔法等。

2.定量决策方法

定量决策方法也叫"硬方法"，主要是运用数学方法和电子计算机技术解决决策问题。定量决策方法主要有线性规划、概率分析法、决策树技术等。

把决策方法划分为两大类是相对的。真正科学的决策应该把两者结合起来。决策的"硬方法"不能脱离"软方法"去发挥作用，同样，"软方法"也必须有"硬方法"的辅助才能更好地发挥作用。

四、学前教育管理计划

（一）计划制订的根据

1. 理论指导

制订计划时要以马克思主义理论、教育科学理论和管理科学理论为指导。计划的制订要符合客观规律，要按教育和管理的客观规律办事。

2. 上级指示

上级指示包括党和国家规定的教育方针、政策、法规，以及上级行政部门对某一时期幼儿园工作的具体指示和要求。认真贯彻执行教育方针、政策、法规及上级有关指示、要求，就能保证幼儿园工作正确的方向性。

幼儿园各部门和教师制订工作计划，首先要贯彻幼儿园园长提出的要求。

3. 幼儿园实际

幼儿园实际一是指幼儿园过去工作的基础、以往的经验；二是指当前幼儿园的实际情况；三是指幼儿园进一步发展的客观可能性。管理者制订计划时必须从幼儿园的实际出发，根据幼儿园教育教学工作的需要，做出科学决策，提出任务，明确要求，采取措施。

4. 经验借鉴

幼儿园制订计划时，还应重视教育情报，了解幼教改革和研究动态、信息，学习其他幼儿园教育教学工作的先进经验，结合本园实际加以借鉴。

（二）计划制订的步骤

1. 选择和确定目标，提出初步纲要

目标是制订计划的出发点，也是评价检验工作的标准。有了明确的目标，计划才有方向。幼儿园全园性的工作计划，包括对本园基本情况的分析、对资源的安排、具体措施的制定等，主要是由园长根据目标，谋划、提出初步纲要。

2. 民主讨论，广泛征求意见

幼儿园整体工作计划关系到幼儿园的整体发展，关系到全体教职工的利益和前途，是全体教职工都要关心的事，而不仅仅是学前教育管理者个人或者少数人的事。因此，园领导谋划、提出初步纲要后，一定要发动全园人员对初稿进行广泛的民主讨论，提出宝贵的意见。通过民主讨论，可以使计划制订得更加切合幼儿园实际，可以补充许多原来意想不到的内容，使计划更加具体丰富。

3. 归纳集中，确定最佳方案

在民主讨论阶段，肯定会形成几种不同的方案，此时管理者需对各种方案进行比较分析，抽取其精华部分，归纳集中，果断确定最佳方案，使孕育成熟的计划脱胎而出。计划确定后，学前教育管理者要把最佳计划以书面形式科学地表达出来。这时的计划是学前教育管理者创造性的表现，是集体智慧的体现，其也必然是全面完整、切实可行的，最终能成为幼儿园所有人员的行动纲领和幼儿园发展"蓝图"的。

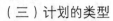

(三) 计划的类型

幼儿园计划按不同标准划分，可有不同类型。

1. 按时间长短分类

(1) 长期计划。长期计划又称为远景计划，一般指幼儿园 3～5 年内的重要规划和要完成的主要任务。苏联著名教育家和学校管理专家霍姆林斯基认为，教育工作的远景计划是最合适的计划。在他看来，只有远景计划才最具有衔接性和系统性，才有助于解决教育中的主要问题。

(2) 中期计划。一般指学年计划或学期计划，是幼儿园计划中最常见的计划，一所幼儿园可能不制订长期计划，但是却必须制订学期（或学年）计划。

(3) 短期计划。主要指日计划、周计划、月计划等。短期计划可以使长、中期计划中的任务更加具体，有助于合理分配工作时间，把注意力集中在所要解决的主要问题上。

2. 按计划的范围分类

(1) 总体计划。幼儿园整体计划。

(2) 部门计划。幼儿园各系统的计划，如幼儿园党支部计划、幼儿园各年级组的计划等。

(3) 个人计划。幼儿园每个工作人员制订的计划。

总体计划是部门计划、个人计划制订的依据，而个人计划、部门计划是实现总体计划的保证。

3. 按计划的性质分类

(1) 常规性计划。幼儿园有许多工作，就其类别和实施步骤来说，有些工作已相对趋于稳定（如教学工作），我们称这些工作为常规工作。这些工作的计划即常规性计划。如全园计划、班级计划、家长工作计划、甚至教师的教案等，都是常规的计划。

(2) 专题性计划。在幼儿园中，有可能出现一些突发的，或者临时提出来需要解决的重要问题。这些问题或工作超出了常规工作范围，常规性计划中难以涵盖，需重新做出新的安排和应急打算，这些计划即专题性计划，又可称之为临时性计划。

另外，按照计划的具体内容又分为：教养工作计划、卫生计划、科研工作计划、总务计划（包括财务计划、基建计划等）、党支部和工会计划、家长委员会工作计划等。

(四) 计划的表述

幼儿园计划种类繁多，各类计划的格式和内容各具特色。幼儿园学期工作计划的制订时间一般都在该学期的前一学期末，计划的书面格式和内容如下。

1. 前言

内容包括：对上学期工作的分析，列出成绩、简评成败原因，简单概括前期工作特征；根据前期工作特征，指明本期工作的主要任务，列出总的指标、工作质量要求、数量所要提高的幅度、要完成的工作量等。

2. 各项工作计划

按总任务、总指标提出各项工作的指标，以及为完成指标所采取的措施，并确定完成期限和具体可行的负责人。

3. 具体日程安排

把各项工作的措施具体落实到人和时间段，一般以日程安排表格的形式出现。

书面计划一般包括上述内容，写法各有不同，主要是能依据自己本园的实际，确定工作任务，写出有明确针对性、切实可行的园务工作计划。幼儿园工作计划可用文字叙述的形式来表达，也可兼以表格或数据的形式。

第三节　学前教育管理的组织实施

一、组织实施

决策计划的实行，要靠组织实施来保证。决策计划再怎么理想、高明、正确，如不组织实施，也是毫无意义的。因此，组织实施，是管理过程中一个极其重要的环节。

组织（动词）的基本含义是安排人或者事物，使之具有一定的系统性或者整体性。实施环节中的组织，就是为了有效地实现计划目标，使系统中的人、财、物在一定条件下，最好地配合并充分发挥作用而进行的活动。这是实施环节的关键。实施就是对计划的执行，把预定目标变为现实的过程，又是检查、总结的前提。科学的组织，有利于管理者顺利地实施计划，取得预想的工作效果。

学前教育管理中的组织实施，就是指学前教育管理者根据幼儿园的实际情况和工作计划，对幼儿园的人、财、事、物诸因素进行合理安排，使其具有良好的系统性，从而协调一致地为实现幼儿园预定目标而努力的一种管理活动。

二、学前教育管理的组织内容

（一）任务组织

根据幼儿园工作计划，管理者使工作人员明确前一个阶段工作中的问题，以及本阶段工作的目标、任务、基本原则和要求，等等。在此基础上，管理者把全园工作任务逐层分解为各部门工作任务和个人工作任务，使各部门及每个人都有明确分工，各司其职，从而协调一致地完成全园的工作任务，实现工作目标。

（二）人员组织

人员组织实际上就是教职工合理分配的问题。在学前教育管理中，人员配备得当，能激发工作人员的工作积极性，提高他们的工作效率，促进管理过程的良性循环。合理组织人员应做到如下几点。

1. 知人善任，扬长避短

管理者必须充分了解本园工作人员的特长、素质、工作态度等，尤其要了解每一位教师的业务水平、教学能力和教学特点，以便能按照幼儿园的工作特点、需要，科学合理地配备相应的人员，知人善任，使每个人都有合适的工作岗位，各尽其才，扬长避短。

2. 统筹兼顾，全面安排

在配备人员时，管理者应该注意各部门人员力量配备要相对均衡，避免出现"一头轻，一头重"的现象，影响全园工作的顺利开展。比如，管理者为各年龄班配备教师时，应做到使各年龄班都有把关的骨干教师，相应的低年龄班的教师配得略强些。

3. 新老搭配，以老带新

管理者配备教师既要保证各个年龄班各门学科的教学质量，同时还要考虑到对新教师的培养。因此，一般采用"新老搭配，以老带新"的形式。

4. 不同情况，不同要求

幼儿园教师一般可分为三种类型：一是经验丰富的老教师；二是有一定经验、年富力强的中年教师；三是精力旺盛而缺乏经验的年轻教师。管理者应根据这三种不同类型教师的特点，对他们的工作提出不同要求，使他们在自己的能力范围内，较好地完成各项任务，确保工作顺利开展，高效完成。

5. 考虑教师愿望和合作意向

学前教育管理者可事先了解每位教师的愿望、兴趣，安排的工作、任务尽可能满足他们的愿望，这样可激起其工作的热情和主动性。同时，在人员搭配时，管理者应能尽量考虑合作员工在性格、气质等方面的相融性或互补性，以提高工作合拍程度，使每个人干得愉悦，干得有效。

（三）资源组织

这里的资源主要指财和物两方面。在学前教育管理中，财、物的合理安排和使用，应坚持以最小投入获得最大效益的原则，使物尽其用，财尽其利。在财、物的投入和安排上，管理者要围绕幼儿园总体工作目标，有所侧重，以实现幼儿园总体目标为根本，要考虑到财力投入与使用的合理性、效益性；同时考虑到物力配置与使用的经济性、安全性、多用性等。

（四）时空组织

时间组织是围绕着任务进行的。一定任务的执行完成必定有相应的时间阈限。当然，管理者应区别对待不同任务，在时间安排上体现轻重缓急，确保重要工作的按时完成。空间组织是指对幼儿园场地的合理安排和使用。幼儿园应保证一定面积的绿化带和充足的幼儿户外活动场地，充分利用户外活动场地，并保证各年龄班幼儿都有同等的机会和时间来享用活动场地，同时应合理使用各年龄班幼儿的活动室，使之发挥最大的空间价值。另外，要避免各种公共活动室被闲置，管理者可根据幼儿园工作需要，在空间安排上采用一室多用，甚至按需要更换的办法，确保空间使用的经济和高效。总之，在空间组织中，管理者应力求使幼儿园每一位工作人员、每一名幼儿都能最大限度地享用空间，使空间体现最大价值。

（五）方式、形式、手段的组织

学前教育管理者要明确幼儿园各项工作的要求、完成原则和质量标准，并根据不同的工作对象（教师、幼儿、工作人员等）选择相应的管理方式、形式和手段，实现科学管理。比如，幼儿园园长可根据某项工作的性质、要求，以及该项工作负责人的性格特点、工作能力等因素选择合理的管理手段和方法。同样，就幼儿园某一年龄班而言，该班教师可结合该班实际情况（包括该班幼儿的知识水平、年龄特征等）采用一定的方式方法进行班级管理。

三、幼儿园实施阶段的管理活动

幼儿园实施阶段的管理活动主要包括组织、指挥、协调、教育和激励几个方面。通过上述活动，管理者对幼儿园计划的顺利完成起着极大的指挥、领导、监督、保证作用。

（一）组织

组织是整个实施环节的关键，是幼儿园计划制订之后，着手开展工作之前，管理者必须做的一项重要工作。合理的组织，有利于学前教育管理者指导、协调、教育和激励。比如，通过组织，管理者对各部门工作人员的工作特点、心理特点，对幼儿园系统的工作重点、工作措施和技术方法，以及容易出现问题的薄弱环节，有了全盘的了解。这样，当某一部门工作出现问题时，学前教育管理者便能根据情况，及时采取相应的措施，进行相应的管理活动，在较短的时间内解决问题，而不至于因某一小环节的故障影响幼儿园系统的正常运行。另外，通过合理的组织，幼儿园的各种因素得以合理配置，人得其所，物尽其用。这种优化状态能保证幼儿园计划高效率、高质量地完成。

（二）指导

指导就是指点、引导、帮助的意思。幼儿园工作人员在执行具体实施系统的工作计划时，由于注意力过分地集中在班级系统之内，往往会忽略幼儿园整体系统的工作方向，无意识地与幼儿园整体目标和工作"分轨前进"。另外，由于多方面原因，教职员工在工作中容易出现技术方法上的失误。这时，高层次的学前教育管理者的指导就很有必要，通过他们的指导，能纠正员工工作的偏差，让他们改正错误，少走弯路，提高效率。学前教育管理者要做到指导正确，首先自己必须有全局观念，明确幼儿园整体目标，同时还要了解幼儿园各部门的具体计划和工作人员的情况，这样才不至于"瞎指挥"。其次，学前教育管理者要有正确的指导方式，指导时因指导对象特点的不同而采取不同的方式，该启发就启发，需示范则示范，不可动辄训斥，也不能一手包办。最后，管理者要善于把握指导时机，过早则收不到相应的效果；过迟的话作用又不大，还需花费一定的时间和精力去挽回过失。能否准确地把握指导时机，反映出一个学前教育管理者管理艺术水平的高低。

(三) 协调

学前教育管理者要随时根据管理实施过程中动态相关的变化来协调各种关系，以增强系统的活力，减少内耗，使幼儿园工作按原定计划协调发展。管理者要协调处理的关系有以下几点。

1. 人与人的关系

在学前教育管理中，人是一个非常重要的因素。幼儿园计划离开了幼儿园员工的实践是绝不会成为现实的，只能是"蓝图"而已。在实施环节中，人与人之间关系的和谐，是影响幼儿园计划完成质量和速度的关键所在。因此，学前教育管理者在实施环节中要时刻注意人与人之间关系的协调，包括领导内部人员之间关系的协调、各工作人员之间关系的协调（教师与教师、教师与保育员、教师与其他工作人员）以及领导成员之间关系的协调。

2. 各子系统之间的关系

幼儿园各个子系统之间是相对独立且又相互联系的，协调它们之间的关系非常重要。系统之间的关系不和谐，势必会引起幼儿园系统的内耗，给幼儿园各方面带来不利影响。学前教育管理者应协调好各子系统之间的关系，包括协调好各部门之间的关系，比如教务部门与总务部门的关系；协调好幼儿园内部各项工作的关系，比如教育工作与保育工作的关系；协调好管理过程中各个环节的关系，比如决策计划与组织实施的关系。

3. 幼儿园与外部的关系

学前教育管理者应协调好与上级教育行政部门、相临近的同类幼儿园及与幼儿园直接衔接的小学的关系。

学前教育管理者要想协调好上述各种关系，必须注意两点：一是要善于利用协调对象的特点，抓住关键，把握最佳时机；二是要从实际出发，客观地分析具体情况之后再进行协调。

(四) 教育和激励

教育和激励也是学前教育管理者在计划实施阶段的一项重要的管理职能，同协调一样，其贯彻于实施的全过程，是调动幼儿园成员执行计划积极性的重要手段。

学前教育管理者在实施阶段的教育活动，主要是指加强思想教育工作，从主观上调动幼儿园工作人员的主动性、积极性和创造性。加强教育工作，是实现幼儿园目标所必须采取的重要手段，也是学前教育管理的一大特点。从思想上提高幼儿园工作人员的水平和素质，是顺利开展幼儿园工作、提高幼儿园教育质量的根本所在。

激励是指学前教育管理者用物质和精神奖励的手段，调动幼儿园员工工作的积极性、主动性和创造性。激励和教育一样，也是学前教育管理者为了保证幼儿园工作顺利实施所必须采取的一个重要手段。学前教育管理者在激励活动中必须注意以下两点。一是激励要及时，激励应贯穿整个实施过程。在幼儿园成员工作不顺利或情绪低落时，在事业部门或某项工作处于落后状况时，在管理者采取较大的协调措施时，管理者都需要进行有针对性的、适时的激励。二是要灵活运用物质激励和精神激励的手段，并恰当地把握刺激量，使激励的作用发挥得恰如其分。不适当的激励，会给幼儿园工作带来副作用。

四、学前教育管理的实施原则

（一）科学性与灵活性相结合的原则

所谓科学性原则，就是按规律办事，对幼儿园来说，首先就是要按教育规律管理幼儿园。教育规律是确定教育方针、政策，规定幼儿园教育目的、任务、内容、原则、方法的依据，当然也是确定学前教育管理目标、内容、过程、原则、方法的依据。其次，是用科学原则和手段管理幼儿园。比如，幼儿园要有合理的组织机构、严密明确的职责分工、规范化的工作程序、制度化的常规事务、规格化的质量要求、灵敏的信息反馈系统等，以实现科学管理。所谓科学管理，也就是要求一切从实际出发，实事求是，自觉地按教育规律和管理规律办事，使幼儿园各项工作井然有序，能以最小的代价，取得最佳的教育效果。

学前教育管理的实施，在坚持科学性原则的前提下，还要体现灵活性。也就是说，在实施过程中，管理者可根据幼儿园实际状况、管理对象的特点，或者偶发的事件等情况，在不违背教育、管理规律的原则下，适当调整管理的目标、内容、方法、过程等，充分体现科学性与灵活性相结合的优势，达到使管理优化的目标。

（二）严肃性与民主性相结合的原则

所谓严肃性，主要是执行计划的严肃性，就是说计划一经制订并公布于众，就必须坚决执行，防止形式化，防止为制订计划或为应付检查而制订计划。

坚持严肃性原则，并不意味着由园长一个人说了算，也不是机械地、消极地执行计划，一定要按原定的工作要求、方法进行，而是要同时体现民主性原则。幼儿园教职员工应该参与幼儿园的管理活动，成为幼儿园的主人。学前教育管理者应树立群众观念，通过建立各种制度和结构，以各种形式（座谈、会议等），让教职员工充分发表意见和建议，为学前教育管理工作出谋划策，以促进领导决策的科学化和民主化。

第四节　学前教育管理的检查调整

一、学前教育管理检查调整的界定

检查是管理过程的中继环节，是实施后继工作、总结的前提。调整是针对检查的情况对管理过程进行控制。调整必须在检查的基础上进行，若没有深入地检查，没有掌握充分的资料，没有可靠的科学依据，是绝对不可轻举妄动的。检查调整是管理过程中的反馈环节。

学前教育管理中的检查调整是学前教育管理者掌握计划实施过程中的情况、及时解决执行中的问题、推动幼儿园各项工作进行、促使计划目标实现的一种手段。

二、学前教育管理检查调整的必要性

检查调整是幼儿园的一项常规管理工作，在幼儿园整个管理过程中，具有不可替代的作用。

（一）督促和考核

通过检查调整，管理者可以了解工作人员履行职责的情况，对他们的工作质量、工作态度、技术水平等方面进行鉴定和评估，促使他们互相学习，取长补短。

（二）信息反馈

通过检查调整，管理者可以掌握幼儿园教育教学工作运转情况和进程，发现问题，纠正偏差，解决问题，总结和推广经验，保证幼儿园计划的顺利实施。

（三）学习研究

检查调整过程，也是学习的过程。对于学前教育管理者来说，检查可以使他们发现自身的不足，测评自己的管理水平，并不断提高自己的管理水平和业务素质，成为优秀的管理者。同时，管理者在检查过程中，深入实际，深入群众，了解情况，总结经验，发现问题，指导与帮助下属人员改进工作，这对下属人员来说，也是一个很好的学习、调整、提高、完善的过程。

三、学前教育管理检查调整的方式方法

学前教育管理过程中的检查应有计划、有组织、有针对性地进行，讲求实效。

（一）检查的方式

1. 领导检查、群众互查和自我检查

按检查的主体来分，有领导检查、群众互查和自我检查。领导检查，是上级对下级的检查，是幼儿园领导在一定时间，集中人员对其下属成员完成计划情况进行的检查。这种检查有明确的目的和统一的标准，要求领导者必须深入教学、深入实际、深入群众，有目的、有计划地了解情况，进行调查研究，对各方面的工作进行监督和考核，不断发现新的情况，并研究和解决新问题。领导的检查对于计划的落实很重要，但仍有局限性，还必须和群众互检和自我检查结合起来。

群众互检是指幼儿园各部门、各成员之间相互进行的检查。这种方式的检查能促使成员之间相互学习，增进良好的人际关系，如同年龄班的教师互相观摩、检查教案，各年龄班之间观摩活动室的环境布置等。

自我检查是指幼儿园成员在日常工作中不断对自己进行检查。这种检查一般属于日常工作进程的组成部分，如教师对教学情况的自我回顾，通过课堂观察、家长访谈等途径自觉检查自己的教育教学效果和幼儿的发展情况，发现问题及时解决。这种检查可以随时进行，有利于教师主动地改进教育教学，充分体现了幼儿园成员的工作责任感和主人翁意识，对实际工作有及时的直接自我调节作用，是自上而下的检查方式所不能及的。因此，幼儿

园领导要教育和引导幼儿园成员形成一种自觉的自我检查习惯，并逐步形成制度。

2. 全面检查和重点检查

按检查的内容和范围来分，有全面检查和重点（或专题）检查。全面检查是在实施环节的工作告一段落之后，幼儿园领导对各方面情况进行的较为系统的、能够全面了解情况的检查，有利于幼儿园领导掌握整体系统的工作状况，一般在开学初、期中或期末进行，如开学初对幼儿入园和表现情况、对各年龄班教师工作计划制订情况的普查，期末对幼儿园各方面工作的检查。这种检查对于全面掌握工作情况、分析动向是必要的，但又容易一般化。

专题检查是幼儿园领导在实施环节中，针对实施过程中的某一方面问题进行的检查，其深入细致，有利于突出管理工作的重点，发现新问题和总结新经验。如幼儿园某一实验班的教学模式改革情况、幼儿园某个新的规章制度的执行情况等。

3. 经常性检查和阶段性检查

按检查的时间和方式来分，有经常性检查和阶段性检查。经常性的检查是检查幼儿园教育情况的基本方法，是平时经常进行的，有分散、及时、灵活的特点，能随时发挥监督和促进作用，但难以做到全面掌握情况和分析问题。

阶段性检查依时间长短的不同又可分为期中检查、期末检查、学年检查等，具有集中、全面和系统的特点，能比较深入地分析各阶段工作的状况，并对其下一阶段工作有较大的指导作用。但是，它对已完成的工作没有直接的指导作用。

此外，按检查的对象来分，有对学前教育管理者的检查、对教职工的检查和对幼儿的检查。按检查的目的来分，有调查性检查、研究性检查和总结性检查。

上述检查方式，是从检查的不同角度来说的。在实际工作中，这些检查方式往往是互相联系、互相结合着进行的。如领导检查有经常性检查，也有阶段性检查；有全面检查，也有专题检查。

（二）检查的方法

检查的方法多种多样，主要有参加实践（如食堂劳动、晨检等）、观察、听课、个别谈话、座谈、听取汇报、分析书面材料（如班级工作计划、家访记录、备课笔记、总结等）、测试（如民意测试、孩子发展测试等）、召开会议等。每一种方法都有其自身的特点，学前教育管理者对不同的检查形式，要采取适宜的方法，有时为了得到真实的效果，还可以综合运用几种不同的检查方法。

调整是针对在检查中发现的问题，及时提出改进措施和办法。调整可以在检查后立即进行，如发现一个教师组织活动时穿高跟鞋，立即请其换下；而有的则可以在检查后反复分析、谨慎地提出改进方案，一般是针对比较重要的问题，或影响面较大的问题。调整的方法有两种，一种是调整计划，在计划执行的过程中发现计划不可行，计划的某些环节上有问题，就必须加以调整；另一种是调整实施过程中一些具体的细节，如执行计划时有偏差，就须及时调整。

四、学前教育管理检查调整应注意的问题

（一）以计划中所规定的标准为尺度

检查的重要内容是实施环节中幼儿园计划完成的质量和数量，因此检查时要以幼儿园计划中规定的标准为基本尺度，否则检查工作起不到应有的作用，甚至会起反作用。在检查中，可能出现一些"节外生枝"的问题，即有些问题出乎意料且不在幼儿园计划规定的范围内，对于这些问题，检查者要尽可能对照计划的标准要求，做深入细致的分析，并尽力给予适当的解决。依据计划的标准要求，通过对实施过程有目的、有计划、有步骤地检查，检查者可以进一步明确工作目标，改进工作方法。

（二）实事求是，客观地进行检查

检查者必须坚持实事求是、从实际出发的工作作风，对所检查的工作，要客观地指出其优缺点，以便工作人员发扬长处，克服不足，做好今后的工作。在检查中，检查者必须反对只见优点、不见缺点，或只谈不足、不谈优点的倾向，以及避免对检查的工作态度马马虎虎、观点模棱两可等做法。

（三）目标、过程和结果要一致

幼儿园工作常常会出现在不同的目的和动机指导下，采取不同的工作途径，而最终却取得相同结果的现象。例如，不同的班级教学因目标不同，教学过程大相径庭，但最后却可能取得相同的教学效果。因此，检查者在检查时就不能只看效果，而应该对照目标、分析过程、检查结果。尤其要重视工作过程的分析，如果把结果比作"表"，过程就是"里"，只有表里一致的工作才是好工作。检查者对于那些表里不一的工作要客观指出其偏差，坚决杜绝错误的教育思想和教育方法滋长蔓延。

（四）做好检查的记录

在检查过程中做好检查记录是很必要的。检查是总结的前提，检查记录则是总结的依据。检查记录还是研究幼儿园发展的重要资料，有重要的保存价值。检查记录要尽量保持客观公正，不能漏记少写，也不能添枝加叶。

在检查之前，检查者最好做好准备工作，如准备一份检查提纲、列出检查时的注意事项、编制检查记录表等。

总之，检查不是目的，而是一种手段，目标在于调整、促进工作；通过检查，检查者可提出切实可行的措施，帮助被检查者改进工作。

第五节 学前教育管理的总结评价

一、学前教育管理的总结评价的界定

管理过程的最后一个基本环节是总结评价。总结评价是用科学的方法，对已完成的工作进行评价，肯定成绩，找出经验，查明缺陷，进而指出下一周期管理活动应努力的方向。

二、学前教育管理的总结评价的作用

（一）具有承前启后的作用

总结评价是检查的继续，它标志着学前教育管理活动一个周期过程的结束，又预示着下一个周期的开始，起着承前启后的作用，即通过总结本学期的工作，为下学期的计划决策提供依据。总结出的经验及教训也有助于下一个学期工作的组织、实施。因此，总结评价是一项幼儿园必做的工作。

（二）具有积累经验、深化认识的作用

对于在工作过程中总结、积累的很多经验，总结评价可将其进行归类、整理，使其系统化、完整化，并进一步在其中找到内在的联系，结合有关理论，逐步形成规律性的认识，实现从实践到认识、从感性认识到理性认识的飞跃，然后再反过来指导实践。

（三）具有提高管理水平的作用

总结评价能提高幼儿园领导人员的管理水平，促使学前教育管理的科学化，提高幼儿园的工作效率和管理效能。

三、学前教育管理的总结评价的种类

总结评价和计划、检查一样，也可以按不同的标准分类，按范围分，可分为幼儿园工作总结、部门工作总结、年级组工作总结、教师个人工作总结；按性质分，可分为全面总结、专题总结、简要报告性的总结；按内容分，可分为管理工作总结、教学工作总结、保育工作总结、卫生环保工作总结、总务工作总结等；按时段分，可分为学年总结、学期总结、阶段性总结（如月总结、周总结等）；按形式分，可分为书面总结、口头总结；按水平分，可分为可行性总结（可上升为理论，揭示规律的总结）、经验性总结（有概况、有见解，但没能上升为理论的总结）和描述性总结（归纳一些情况和事实，摆出成绩和问题的总结）。

四、学前教育管理的总结评价应注意的问题

（一）既要对本循环周期进行概况分析，又要为下一个循环周期做好准备

为了使学前教育管理日益科学化，需要把经验上升为理论，这就要求幼儿园进行总结时以科学的理论为指导。首先，学前教育管理者要以马克思主义哲学理论为总的思想指导；其次，要以教育、心理、管理科学理论为具体指导。幼儿园成员，不论是管理人员，还是工作人员，没有一定的理论水平是不行的。

（二）要以计划要求为标准，以检查结果为依据

总结评价的主要对象是幼儿园计划中规定的工作任务，因此，总结时要以计划要求为标准，不能无的放矢。总结是检查的后续环节，没有有效的检查，就没有客观的总结。因此，检查是总结的基础，检查结果为总结提供了依据。总结只有在检查的基础上进行，才

能言之有物、道之有理、评之有准，富有说服力。

（三）要着重总结规律

总结评价是为了提高，提高就是从实践中寻求有规律的事物，提升到理论层面，再去指导实践。总结评价不能光罗列现象，就事论事，而应该分析情况，就事论理，并从中发现真理，甚至创造新的理论。霍姆林斯基曾提出：总结就是去把握事物的规律性，校长就是依靠规律性的认识去领导学校工作的。为什么有些学校的工作，年复一年地踏步不前呢？其重要原因之一，就是学校领导人也陷在日常小事之中，不善于得出概括性的结论。因此可以说，没有总结就没法工作。如果管理者都引以为戒，孜孜不倦地在实践中寻找规律性的东西，而且常抓不懈，一定会提高自身的工作质量，指导今后的工作实践。

（四）要抓住特点

各个幼儿园、幼儿园的各个部门、各个年级组以及每个教师，工作都有不同的特点，每个时期的工作都有不同的重点和要求。总结工作一定要从实际出发，善于抓住重点，突出特点，抓住矛盾的特殊性。这样的总结，才会有鲜明的特色，内容充实，解决具体问题，才不至于言之无物，千篇一律。

（五）要善于运用典型材料说明问题

总结工作要有观点，有材料。总结出的观点就是对工作的评价和工作的基本经验。总结的材料，主要是能说明观点和经验的典型的具体事例，也包括有代表性的、能说明问题的准确数据。管理者要善于运用典型材料说明问题，力求做到观点和材料的统一，这就要求总结工作建立在日常工作检查的基础上。如果没有日常工作的深入检查、平日对材料的积累，管理者在学年或学期末进行的工作总结就一定不会深入、具体和全面，且容易流于形式。

（六）要运用两分法

总结工作不要一点论，应运用两分法，分清好坏、明辨是非、肯定成绩、指出不足、表彰先进、激励后进，指明方向、继续前进。这里需要特别注意评价好坏、是非的准确性，肯定的东西必须是值得肯定的，否定的东西必须是应该否定的。如果管理者存有偏见，对人对事评价不公平、不客观，甚至颠倒是非黑白，被评价者就会产生不满情绪，并在行动中表现出来，有损于今后的工作。因此，管理者必须做到评价公平、客观和准确。

（七）要有激励性

回顾过去是为了推动未来工作的开展，总结评价工作是为了更好地前进。"气可鼓不可泄"，管理者应该通过总结评价阶段的活动，使幼儿园每个成员受到激励，进一步鼓足干劲，增进团结，增强对工作的责任感与信心，使总结工作成为前进过程中的"加油站"。

管理者在总结中特别要防止两种误差：一是晕轮效应误差，即在评价过程中，由于评价者对被评价教师有一些先入为主的印象，产生以点带面、以偏概全的评价误差。例如，有的园长对某教师某一方面的印象好，就往往以一好遮百丑，认为什么都好；对有些教师，发现了一个缺点就认为什么都不好。二是中央趋势误差,即在总结评价中不愿意给实际上优秀的教师太高的评价,也不愿给实际上较差的教师太低的评价,遵循"彼此相差不要太大"的原则,对优者严、对劣者宽,实际上是一种不正确的"老好人主义"。

五、学前教育管理的总结评价的表述

总结评价环节的最后一步工作是写出总结材料。总结材料的写法有许多种,管理者可根据总结对象的不同采取不同的写法,但不论采取何种方法,都应力争做到简明、科学。

一般情况下,总结材料可分为三部分,即前言部分、分析部分、结论部分。这三部分具体又可分为以下六个方面的内容:幼儿园计划完成的情况;取得的成就;对所采取的工作措施以及获得的效果的分析;基本经验;不足之处;下一循环周期幼儿园工作的初步设想。上述六个方面,可以根据写总结材料时所用的形式的不同,灵活地安排到三部分中去。

决策计划、组织实施、检查调整、总结评价是学前教育管理过程中相互联系的四个基本环节。它们既相互联系又相互区别,并且按照一定的先后顺序围绕着幼儿园工作的总体目标周而复始地协调运转。其中,决策计划是学前教育管理过程的起始环节,它统率着整个管理过程;组织实施是学前教育管理过程的中心环节,是为实现计划服务的;检查调整是学前教育管理过程的中继环节,是对组织实施的监督,也是对计划的检验;总结评价是学前教育管理过程的最终环节,是对前三个环节的总体评价,也为制订下一阶段的计划提供依据。这四个环节的有机结合,就构成了一个完整的管理过程,而幼儿园的管理活动也就是在这些环节周而复始的循环运动中被不断向前推进的。

思考题

1. 学前教育管理中决策计划的意义是什么,如何进行决策?
2. 学前教育管理实施的原则有哪些?
3. 幼儿园检查调整的方式有哪些?

第五章　学前教育管理方法

管理活动十分复杂，管理者要想把握好管理过程中的诸多因素，没有一定的方法是不行的。不少管理实践表明，方法得当，管理工作就事半功倍，反之则事倍功半。因此，我们必须认真研讨管理方法。

第一节　管理方法及其特点

一、管理方法

黑格尔说："方法也就是工具，是主观方面的某个手段，主观方面通过这个手段和客体发生关系。"英国哲学家培根把方法称之为"心的工具"，他把自己论述方法论的著作命名为《新工具》，将方法比作黑暗中照亮道路的明灯，比作条条蹊径中的路标。他明确地告诉人们，沿着正确路线走的跛子，甚至会胜过没有方向乱跑的正常人。由此可见，方法的重要性。方法就是帮助人达到目标的工具。

所谓管理方法，就是指为确保管理工作朝着预定的方向发展，所采取的方式、手段、途径的总称，是实现管理目标的精神工具，是管理主体和客体的桥梁。管理方法是对已经取得的关于管理客观规律的知识的自觉运用，是人们在长期的规律活动中形成的经验结晶，并在人们的规律活动中不断得到检验和发展。

二、管理方法的特点

要正确地运用管理方法，就应该了解它的一般特性。管理方法的主要特性有以下几点。

（一）经验性

管理方法固然受理论指导，有一定的理论支撑，但任何一种方法还必须经受实践的考验，在实践中检验管理方法的有效性。因此，所谓经验性就是在一定理论的指导下，在实践中提升、验证管理方法，经验性不是主观性，而是科学与实践的结合。

（二）规范性

任何一种方法都力求为人们的活动指明一种正确的途径和程序，任何一种方法都具有一个一致的顺序。如行政的方法，先是"摸情"然后"判断"，最后下"命令"；经济的方法，也同样需要先"摸情"，然后制定"规章"，再进行"判断"，最后实施"奖惩"，等等。不能先行命令、奖惩，再下判断。使用一种方法，就是要求使用者按方法所规定的途径和程序去工作，以取得最佳成效。

然而，方法的规范性并不是绝对的，也不是与创造性相对立的。规范性不反对、不排斥创造性，被视为规范性的东西，本来就是创造性的产物，规范性的产生凝聚了大量的创造性劳动。同时，任何创造性也受一定的规范性的约束，不然创造性就是不切实际的，而规范性的方法也需要被创造性地运用。如行政的方法和法律的方法是规范性的方法，但这些方法需要创造性地运用，运用得当，管理成效就显著；运用不当，就会适得其反。一个方法怎么用，用于何人、何事是方法能否收到成效的关键所在。

（三）经济性

所谓经济性，并不是说每一种方法都有经济因素参与，而是说通过各种管理方法的运用，力图以较少的人力、物力、财力、时间等取得较大的成果。正是由于方法具有经济性，掌握并正确运用方法对管理人员来说是必要的。各种方法的经济性是因人、因事、因时而有所不同的，管理人员必须对此有正确的认识，以便选择最恰当的方法。如解决教师之间的私人纠纷，用行政方法就不如用思想教育的方法有成效，而解决制度执行问题，就不能单靠思想教育的方法。一般可以认为，用思想教育的方法解决教师之间的纠纷比用行政方法更为经济。

第二节 管理方法的类型

人的行为模式包括相互联系的三个环节，即思想、动机和行为。管理方法中包含对这三个环节施加影响的一切手段。不同的手段在这三个环节上产生的影响有一定的差别。我们主要讨论行政方法、法律方法、经济方法、社会心理方法及思想教育方法。

一、行政方法

行政方法指依靠组织中领导者的权威，运用命令、指示、指令性计划等手段，直接进行组织、指挥和调节的管理方式。其特点是管理者针对一定的具体情况，做出意义明确、内容具体的决定，再传达给执行者。这种决定对执行者具有强制性，通过权威和服从的关系，直接影响被管理对象，因而具有强制性、直接性、无偿性。

所谓具体情况，是指管理情境、特殊的人和事及特殊的环境。管理者做出的决定意要明确，内容要具体，不能含糊。如教师有严重违反教育规律的行为，且其行为有害幼儿身心健康，管理者就会对此做出给予严肃处理的决定，这种决定虽具有行政的性质，但不够具体，不够明确。严肃处理的方式很多，要从教师违规行为的发生原因、后果等方面加以全面考虑，确定到底采用哪一种处理方式。

所谓权威和服从的关系，是指在一个组织中，由于管理者和被管理者职位不同、责权不同，管理者有做决定的权力，被管理者有服从的义务。如园长做出班级人员的安排，一般说来，教师就应服从。这种服从具有强迫性，如不是管理者和被管理者的关系，就不存在这种强制关系。

所谓直接性，是管理者直接作用于被管理者，不需要任何中间环节。管理者用制度、命令等直接影响、改变被管理者的行为。如园长发现某教师有体罚幼儿的行为，应立即用命令予以制止或要求教师停职检查。

所谓无偿性，是被管理者执行命令、指示是没有条件的，一切根据需要，是不能讨价还价的。如教师不能因为接手了某个班而要求多给奖金或进修机会。因此，行政方法是自上而下的、单向的。

行政方法的作用和必要性在于，它是保证集中统一领导的重要手段，任何一种管理活动，如果没有一定的权威和服从关系是不行的，若组织中每一个人都按自己的意愿去从事活动，想干啥就干啥，那必定会是一片混乱，组织目标无法实现，也不能充分有效地组织人力、物力、财力。

行政方法也是最迅速、最有效地调节集体行为的有力手段。行政方法是自上而下的，发挥作用比较快，有利于排除阻力，达到预定目标。如举办全园大型活动，如果没有行政命令，各班的任务、座次、演出先后、材料多少就无法统一安排，活动就无法开展。

行政方法也有局限性。行政方法不是万能的，不是任何问题都可以通过行政方法解决，管理者使用行政方法时应注意以下几点。（1）遵循管理过程的客观规律，遵循管理对象活动的规律，任何命令、决定不能背离这些规律，大部分的决定可以说是"一人说了算"，但一定得正确。如"每周一次家访"这个决定不现实，没有考虑教师工作的现实，所以就不是一个可行的决定。（2）行政方法不能用得过多。如果园长的命令和指示过多、过细、过繁，教职工就会反感，且不利于发挥教职工的创造性。（3）不同的管理对象，行政方法的地位和作用应该是不同的。有时，行政方法应与其他方法结合使用，才能发挥良好的作用。与行政方法密切相关的还包括思想工作方法、经济方法等。

二、法律的方法

法律的方法，是指以法律规范以及具有法律规范性质的各种行为规则为管理手段，调节组织内外各种关系的一种管理方法。

法律规范是经国家制定或认可的，以国家的强制性为保证而实施的行为规范。如第七届全国人民代表大会常务委员会第二十一次会议通过的《中华人民共和国未成年人保护法》（1991）、国务院批准颁布的《幼儿园管理条例》（1989）等就是我们在学前教育管理中必须使用的规范。这些法律规范是进行学前教育管理活动不可缺少的。

所谓具有管理规范性质的各种行为规则，是指国家及其政权机关和地方政府在自己的职权范围内制定的法令、条例、规定、章程等具有法律约束力的文件。法律手段在一切管理手段中具有最高的权威性和强制力，它是任何集体和个人必须遵循的行为规则。

就学前教育管理而言，除了应以一般法（宪法、环境保护法等）为依据外，更应以相应的专门法和法规为依据，如《中华人民共和国未成年人保护法》（2020）《幼儿园管理条例》（1989）《幼儿园工作规程》（2016）等，这些都是学前教育管理的重要法律文件。

（一）法律方法的主要特点

1. 权威性

法律方法的权威性与行政方法的权威性不同，行政方法的权威性是由职权产生的，法律方法的权威性来自国家或政权的意志。法律都是由国家的权力机关制定的，任何集体、个人必须遵照执行。如《幼儿园管理条例》（1989）颁布后，各地原有的做法或地方法律中与其有严重冲突的行为或文件必须纠正或取消。因此，这种权威带有强制性。

2. 规范性

法律规范是一个系统或一个行业所有有关人员的行为准则，它向有关的人员明示行为的标准，即哪些行为是提倡的，哪些行为是禁止的。法律规范及其严格的语言，准确地阐述了有关准则，并做到在根本问题上的一元性，不可任意解释和发挥。因此，国内外的一些法律文件后面都附有名词解释，确保法律条文的规范性。

3. 稳定性

法律、法规要面向现实，预示未来。因此，作为法律法规，其适用性一般覆盖一个时期。就幼儿教育法规来说，它不会在三五年内被宣布作废。另一方面，法律、法规一旦公布，是不能随意更改的，如有严重不符合国情的情况，在一定的程序下可做修改，但一般只是在实施细则中或解释性文件中加以阐述，使条文具有新的意义。

（二）法律方法的作用和必要性

法律作为一种管理手段，对于学前教育管理来说，也是必不可少的。法律手段对于幼儿园教职工的行为具有规范作用。一方面，法律是一种特殊的规范性社会信息，它告诉人们在规则中该做什么，不该做什么，哪些行为是可取的，哪些是不可取的。如对教职工来说，保护幼儿是可取的行为，而体罚幼儿是禁止的行为；提供给幼儿良好的刺激和安全的环境是可取的，有危险的环境就是不可取的。这些信息的获得，有助于培养教师良好的行为方式。另一方面，法律手段具有规范人的行为的作用，即具有控制作用，所以是一种重要的管理手段。稳定和有序是幼儿园各项工作顺利进行的保证，保持管理的稳定、有序是很难的，不然就不存在控制这一职能了。在现实的管理过程中，总会出现一些无序因素，而法律手段就是重要的控制手段。

例如，某县机关幼儿园在其原址已有16年，1989年县翻砂厂在幼儿园左侧建成，并于年底开工。工厂的两个蒸汽阀就在幼儿园的寝室边上，每天有4~5小时喷蒸汽，幼儿园的大半都被气雾笼罩。园长先与工厂交涉，没有结果；而后找县政府领导还是没有结果（已答应考虑解决，但没有措施和方案）。园长在县教育局有关领导的陪同下，向市教育部门反映，并以法规中的有关条文为依据，同政府有关领导协商、讨论。有关条例规定，举办幼儿园必须将幼儿园设置在安全区域内，严禁在污染区和危险区内设置幼儿园。如不贯彻法规，幼儿园将停止参加市一、二类园验收。后来，县政府决定拨款盖新的幼儿园，原幼儿园改为工厂宿舍。

（三）法律方法的局限性

法律方法的局限性表现在，由于它具有权威性、强制性，固运用是否得当，对被管理者十分重要，稍有不慎，就会严重影响管理的成效。

以法规来处理教师的某一行为，如处理不当，会影响教师的积极性，且这是一种消极的方法。此外，法律方法使用的范围有限，只能在教师产生违法行为的时候使用，不能滥用。

行政方法和法律方法是属于控制型的方法。但这两种方法又有不同之处。法律的方法比行政的方法更具强制性和权威性。行政命令更多体现园长的意志，园长个人的某些特点决定了行政方法在不同的园长使用中会表现出不同的功能。法律的方法体现国家意志，是由国家的强制力量来保证实施的。法律规范相对稳定，是具有普遍约束力的一般行为规范，适用于经常重复出现的情况；行政手段则具有灵活性，适用于处理个别的情况。

三、经济的方法

经济的方法是指运用工资、奖金、福利、罚款及各种物质手段，来组织、调节和引导各项工作以实现管理任务的方法。

这种方法，从实质上说，是物质刺激，以物质利益刺激人的工作积极性，影响人的行为。如园长规定迟到了要罚款，就是试图以罚款的手段来控制教职工迟到的行为，使教职工在保护自己经济利益的同时，遵守幼儿园的作息制度。因此，也有人直接把经济的方法称作物质刺激的方法。

（一）经济方法的主要特点

1. 平等性

经济利益（工资、奖金、福利、罚款）是根据统一的尺度来衡量的，在什么情况下该奖，在什么情况下该罚，有既定的标准。如何计算教职工的成绩，什么成绩应有什么奖惩，都是事先规定好的。客观上说，这个标准对谁都一样，是一视同仁的。因此，经济的方法是平等的。

2. 有偿性

经济手段的直接依据是"按劳分配，多劳多得"的原则，谁干得多，谁干得好，经济利益就多，谁干了额外的劳动，就能得到额外的报酬。如在幼儿园中，按照法规及有关文件规定，小班25人一个班，中班30人一个班，大班35人一个班，混合班30人一个班，学前幼儿班不超过40人一个班。如果人数超额，一般以超班费来鼓励教师和有关人员的工作热情。还有的幼儿园都以额外报酬奖励教职工节日和假期加班。一些自负盈亏的幼儿园更是以经济利益激励教职工。

用经济手段来管理总是和一定的报酬有关。当然，由于工作实绩不同，并不是每个人的报酬都是正值，有的人会是负值。

3. 非直接性

经济手段不具有强迫性，它不能直接干预和控制被管理者的行为，它是通过物质利益影响人的思想、动机，再改变人的行为。由于人们对经济利益的态度各异，在经济利益面前采取什么态度完全由自己决定，因而经济利益对人的行为方式的作用也必然是各不相同的。如有的幼儿园在组织公开课时，规定上一次面向全区或全市的课给予一些奖励。有的教师对这奖励根本就不在乎，不愿上公开课，而有的教师会主动去上。有的教师在自己经济、心理的承受范围内，以自己的原则支配行为，而不以经济利益支配行为。如有的幼儿园规定每月迟到3次扣奖金的50%，迟到5次扣全部奖金。由于现有的奖金基数并不大，所以有人会不理会奖金而出现迟到的行为。这些例子说明，经济利益不能直接干预人的行为，经济利益对人的行为的影响是间接的。

（二）经济方法的作用和必要性

物质利益是决定人们活动的非常重要的因素。如果某一工作或任务与大家的利益密切相关，就会激发大家的工作热情。这种热情达到什么程度，取决于工作或任务同个人物质利益的相关程度。

在幼儿园分类评估中，有些系统、部门把幼儿园的档次和教师的物质利益挂钩，如规定若幼儿园上一档次，奖金就上一档次，有的甚至与工资直接挂钩。特别是一些自负盈亏的幼儿园，经济主要来源于收费，而收费标准是由幼儿园的档次决定的，一类园和二类园收费是不同的，这也影响教职工的福利。但有的幼儿园的档次与教职工不发生直接关系，教职工为幼儿园提升质量、档次的努力程度就会受影响。

注重物质利益，也是为了改变"吃大锅饭"的局面。不管是否迟到、早退、缺勤，不管工作质量如何，所有人都获得同样经济利益的做法，是严重影响人的工作积极性的，也不利于幼儿园总体目标的实现；只有把工作成绩、工作表现同物质利益相结合，才能真正调动人的积极性。

（三）经济方法的局限性

经济手段主要是用来调节人的经济利益关系的，它不直接干预和控制人的行为，因而见效快慢是因人而异的。用经济的方法不能解决所有的问题，如业务方面的问题。有的幼儿园或有的教师搞定向培养，这是观念问题，是业务思想问题，不是经济手段所能解决的。教职工之间的关系、矛盾，也不是经济的方法所能解决的。

就激发人的积极性而言，经济手段的作用也是有限的，因为除了物质利益的需求外，人们还有精神的需求。对于具有一定素养的幼教工作者来说，精神需求更是不可缺少的。人们需要理解、尊重、沟通，还需要成就感。因此，过分地运用经济手段，不但会产生"一切向钱看"的倾向，而且不利于幼儿园整体目标的实现。

四、社会心理的方法

通过了解被管理者的心理特点，尽可能地满足他们的心理需要，从而激发他们的工作热情，就是社会心理的方法。

在日常生活中，除了物质利益影响人的积极性外，还有一些其他因素影响人的积极性，如人们对工作的兴趣，对事业的热爱，对组织和环境的满意度，对成就的渴望，对领导给予关心的需要等。这些因素使教职工产生的对工作的热情和激情，是物质刺激所难以达到的。

如果一位教师对幼教工作根本缺乏兴趣，根本谈不上对事业的热爱，那不论你给她的经济报酬多大，她只能是完成任务，不可能有创造性劳动。有成就的幼儿教育家，大多是对幼教工作有兴趣，并热爱这一事业的。

有的幼儿园环境、设备条件非常好，教师的学历也很高，但没有良好的园风，人际关系复杂，非正式组织（小团体）反作用明显，不利于整个幼儿园的工作，也不利于激发教师的工作热情。

（一）社会心理方法的特点

1. 针对性

人的心理需求是多种多样的，如有人需要参与，有人需要尊重，有人需要调和周围的关系，有人需要成就。社会心理的方法就是要根据每个人不同的需要，尽可能地予以满足，以提高员工积极性。一个对自身成就需求高的教师，园长就应该给她机会，如开课、科研、参加会议、讨论、学习。例如，宜兴县某乡的一个村办幼儿园教师，在较为艰苦的条件下，做出了很出色的成绩。她自编教学纲要，收集教育内容，自制教学玩具，经常是一早到幼儿园，很晚才回家。幼儿园的录音机、磁带都是她从家里带来的。她有极高的工作热情，村干部、村民对她都很尊重。当时，她的工资很低，她的工作热情是从哪里来的呢？主要来源于她对工作的兴趣、热爱，另外是乡干部的鼓励，只要她取得了一点成绩，乡政府就给予肯定，让她向中心园及全乡开课，使她获得成就感和荣誉感的满足。后来，她又被评为乡和县的先进，这就更激发了她的工作热情。再比如，某乡中心园有一位青年教师，从省幼师毕业，其家在离幼儿园很远的另一个乡。这位教师工作很认真，教学效果也很好，是青年教师中的骨干。两年后，幼儿园想让她兼理一些行政工作，而正在这时，她也提出了调动要求。幼儿园为了留住她，想了各种办法，包括改善她的住宿条件，给她一个专门的炉子做饭，让新教师陪伴她住宿，还为她过生日，通过各种方式表扬她的工作成绩。这些方式中就包括了对其安全感、交往等需求的满足。

2. 非直接性

社会心理的方法对于人的积极性调动也不是直接的，一方面因为管理者不可能完全把握被管理者的心理需求内容和程度，不可能完全满足被管理者的心理需求。如有的教师需要尊重，认为查教案就是对他不尊重，园长不能因此就不查他的教案。

另一方面，每个人对园长满足员工心理需求方面的努力做何反应，也是由个人决定的，个人的生活环境、目前的心理状态等直接影响其对激励行为的反馈。同样的表扬，有的人的积极性会得到激发，有的人不一定会如此。当然，这里还有一个园长的激励方式问题。

（二）社会心理方法的作用和必要性

人的心理需求是对人的行为动机产生直接影响，对于这些影响只能用社会心理的方法加以激发。幼儿园日常管理经常使用的具体方法有：让教职工参与决策；根据教职工的性格、知识、愿望、特长安排工作；通过园长和教职工之间的情感沟通和交流，激发教职工工作的积极性和热情。如有的教师做某项工作并非出于对这项工作的热爱或兴趣，而是"士为知己死"。此外，各种形式的奖励、表彰也是重要的激励方式。社会心理的方法不是其他方法所能替代的，它是管理中一种重要的方法。

（三）社会心理方法的局限性

效果的短暂性是社会心理方法的主要局限。因为人的心理需求是复杂多样的，且随着环境、工作内容等的变化而经常改变。一个教师一开始显得很有雄心壮志，很可能会因家庭的原因或某一项工作小小的失败，或因他人的风言风语而改变想法，追求平庸。

因此，社会心理方法要经常性地、有针对性地使用，才能真正起到作用。

经济的方法和社会心理的方法都是以满足人的需求为杠杆，调动人的积极性。两者满足需求的内容是不同的，因而作用也不同。在实际的管理工作中应把两者结合起来使用，任何单方面的作用都是有限的。

五、思想教育的方法

思想教育的方法，是指把符合社会利益的思想灌输给人们，帮助人们树立远大的理想和坚定的信念，使人们能够自觉地按照社会发展的宏观要求和社会利益而行动的方法。这一方法是社会主义社会各类管理中的重要方法，它主要包括两个方面的内容：一是理想教育，即要树立远大的理想，把自己的理想同远大的社会理想结合起来；二是道德教育，即掌握社会的基本道德规范，并根据这个规范对自己的思想和行为施加影响。

（一）思想教育方法的主要特点

1.长期性

长期性包括两个含义：一是指思想教育的过程是长期的，转变一个人的思想，让人掌握社会的道德行为规范，树立远大的理想是一个长期的过程，需要长期的努力，不是一朝一夕就能解决的；二是效果的长期性，即一旦形成良好的思想品德，就会持久地、稳定地激发人的工作热情，一旦一个教师从思想上认识到遵循规章制度与经济利益有关，那他很可能因为经济的需求情况不同而产生不同的行为。

2.非直接性

思想教育的方法也不是直接控制人的行为的方法。人的行为取决于人对思想教育内容的理解和接受程度。

3.复杂性

思想是深藏在人的内部，不容易看清的。人的生活环境不同，思想状态也会不同，因此，思想教育是极其复杂的。

（二）思想教育方法的作用和必要性

思想教育与物质利益、心理需求的满足相比，能使人获得更强的动力，形成长期影响人行为的观念和思想。因此，它是极其重要的。在现实的管理活动中可以看到，许多老同志、老党员长期受党的教育，工作认真踏实，有更充足的工作动力。

（三）思想教育方法的局限性

作用的间接性和作用范围的有限性是思想教育方法局限性的表现。并不是所有的问题都是可以用思想教育的方法来解决的，精神的力量是巨大的，但不是万能的。

思想教育的方法要真正起到作用，还应有一定的条件，那就是教育的内容、形式适合被管理者的需要，要针对被管理者的实际来选择教育内容，方式应灵活多样。

思考题

1. 哪些管理方法是强制性的，它们有何特点？
2. 哪些管理方法是激励性的，它们有何特点？

第六章 学前教育督导

教育督导是政府管理教育事业的重要职能,是政府管理教育事业的行为,它包括"督政"与"督学"两个方面的任务,其作用在于通过教育督导主体对教育督导客体施加影响,确保教育目标的实现。

第一节 学前教育督导概述

一、督导与教育督导

督导,又称视导,从字面上看,"督"即监督、察看的意思;"导"即是指导、引导之义。一般把督导界定为在一定理念指导下进行的监督、指导等管理行为。在教育领域中的督导被称为教育督导。教育督导是指在一定的教育理念指导下,了解、督促和指导下级行政机构和教育机构的工作状况的活动。教育督导是教育管理的一项重要的职能活动,是教育管理工作的一个重要环节,也是不同层次的教育行政机构之间、教育行政机构与各类教育机构之间沟通的一种重要的方式。从事督导工作的人员被称为督导者,在不同的国家中,督导者因层次的不同有不同的称谓。如我国把督导者称为督学、视导员,其中,督学又分为国家督学、省级督学等类别。日本有"视学官""指导主事"等。督导人员的层次、结构因不同国家的政权体制不同而有所区别。

教育行政机构或各级政府机构是否正常地发挥督导职能,督导体系是否健全,是否有一支高质量的督导工作队伍,是衡量一个国家教育发展水平高低的重要标志。现代教育的发展,必然地包含了督导体系、方法、手段的发展。不少国家都把教育督导看作是完善教育职能、提高教育成效的关键点。不少国家还通过了有关教育督导的法律、法规,以使教育督导走上法制化的道路。如我国颁布的《教育督导暂行规定》(1991),对于完善督导体系,保证督导质量起到了十分重要的作用。

教育督导是教育机构化、组织化的产物。教育督导在我国有悠久的历史。《学记》中就有"天子视学"之说,述说的是三千多年前周文王幼儿求学时的国君分春秋两度依照一定的章程视察学校的事。《学记》还较为详尽地说明了天子视学的要点:"一年,视离经辨志;三年,视敬业乐群;五年,视博习亲师;七年,视论学取友,谓之小成;九年,知类通达,强立而不反,谓之大成。"这是一种最高规格的教育督导,也是教育督导制度出现的背景。"视学"作为教育督导的专用语,也一直沿用到20世纪20年代。我国近代教育督导制度,确立于清朝末年。1909年10月,清朝学部向朝廷上呈《学部奏拟订视学官章程折》,是我国历史上第一部视学法规。1913年，北洋政府颁布的督导法规，就称为《视学规程》。该规程确定了教育督导的具体事项，如教育行政状况，学校的教育状况、经济状况、卫生状况、职员执行公务状况，以及社会教育及设施状况。我国的教育督导制度在1949年后停止了一段时间，20世纪70年代末到80年代初才又得以恢复，并逐步完善。1991年4月，国家教育委员会发布了《教育督导暂行规定》（以下简称《规定》），自此，我国教育督导制度正式建立。《规定》开篇即明确了教育督导的任务："对下级人民政府的教育工作、下级教育行政部门和学校的工作进行监督、检查、评估、指导，保证国家有关教育的方针、政策、法规的贯彻执行和教育目标的实现。"此外，《规定》还对教育督导的机构、人员和实施等都做出了具体说明。《国家中长期教育改革和发展规划纲要（2010—2020年）》第六十五条进一步提出"完善督导制度和监督问责机制""坚持督政与督学并重、监督与指导并重"等要求。

2012年，国务院正式颁行《教育督导条例》（以下简称《条例》）。《条例》共五章，内容如下。

第一章总则部分规定了教育督导的内容和原则，明确了教育督导的机构。具体来说，教育督导的内容包括："县级以上人民政府对下级人民政府落实教育法律、法规、规章和国家教育方针、政策的督导""县级以上地方人民政府对本行政区域内的学校和其他教育机构教育教学工作的督导"；"国务院教育督导机构承担全国的教育督导实施工作""县级以上地方人民政府负责教育督导的机构承担本行政区域的教育督导实施工作"。此外，第一章还规定"县级以上人民政府应当将教育督导经费列入财政预算"。

第二章规定了"国家实行督学制度"，对督学人员的任期、任职条件和督导工作注意事项也做出了详细的说明。

第三章对教育督导机构的工作内容、职权、频率和过程做出了规定。教育督导的准备工作包括确定督导事项、成立督导小组、向被督导单位发出书面督导通知等，调查工作包括审核被督导单位的自评报告、现场考察、征求公众、学生及其家长和教师对被督导单位的意见等，评价工作包括形成并反馈初步督导意见、向被督导单位发出督导意见书、做出客观公正的评价、提出限期整改要求和建议。后期工作包括对被督导单位的整改情况进行核查、向本级人民政府提交督导报告、报上一级人民政府教育督导机构备案等。另外，《条例》第二十三条明确指出"督导报告应当向社会公布"。

第四章对被督导单位及其工作人员、督学或者教育督导机构工作人员的法律责任和其他事项做出了规定。

此外，《中小学校责任督学挂牌督导规程》（2013）和《督学管理暂行办法》（2016）等相关政策文件也陆续发布，以保障教育督导制度的良好运行。

在西方，英国是世界上建立教育督导制度最早的国家之一，也是教育督导制度比较完善的国家。英国于1839年建立了"皇家督学团"，任命了督导人员。督学团的主要任务是掌握政府的教育拨款，同时研究如何提高教育质量，并向枢密院教育委员会报告督导结果。此后，英国又建立了地方教育督导机构。

二、学前教育督导

学前教育督导是教育督导的有机组成部分，是针对以三岁至六七岁的儿童为对象的教育机构及相关的职能部门的监督、指导，也是我国目前幼儿教育管理的一种重要方式。我国的学前教育督导作为基础教育督导的一部分，与基础教育视导有许多共同之处。在不少基层督导机构中，学前教育督导经常与基础教育中其他年龄段教育的督导联合起来进行。同时，学前教育具有一定的独特性，学前教育督导也应从这些独特性出发，建立起科学的有针对性的督导方案、督导策略。

截至2017年，全国共有幼儿园25.5万所，在园幼儿4600.1万名，幼儿园专任教师243.2万名，这是一支十分庞大的队伍。因此，学前教育督导任务艰巨，范围广泛。与其他教育阶段的督导相比，学前教育督导的历史较短、实践不够丰富、相关的研究也相对较少。因此，学前教育督导也是一个需要特别关注的研究领域。随着教育改革的深化和学前教育事业的逐步发展，学前教育督导得到了政府部门的重视和引导。

自1991年起，学前教育就已被纳入教育督导的范围。《国务院关于当前发展学前教育的若干意见》(2010)在明确地方政府在发展学前教育事业中的责任时也指出，各级教育督导部门要把学前教育作为督导重点，加强对政府责任落实、教师队伍建设、经费投入、安全管理等方面的督导检查，并将结果向社会公示。

在《国家中长期教育改革和发展规划纲要（2010—2020年）》和《国务院关于当前发展学前教育的若干意见》(2010)的指导下，2012年，教育部印发了《学前教育督导评估暂行办法》，对各地开展学前教育督导的实际工作做出了一系列的规定。2017年，为建立和完善幼儿园督导评估制度，教育部印发《幼儿园办园行为督导评估办法》，明确了开展幼儿园督导评估的原则，并对督导评估的周期、内容、评估方式、组织实施和结果运用等都做出了详细规定。2018年，《中共中央、国务院关于学前教育深化改革规范发展的若干意见》发布，此文件明确指出，要加强办园行为督导，实行幼儿园责任督学挂牌督导制度，建立督导问责机制，并对学前教育督导制度和问责机制也做出了重要指示。据此，2019年6月，教育部印发了《幼儿园责任督学挂牌督导办法》，对幼儿园责任督学挂牌督导制度做出一系列规定。

从一定程度上来说，学前教育督导的科学性取决于学前教育督导实践和研究的不断深入，以及学前教育督导理念、原理及方法体系的不断完善。当前，西方学前教育督导的实践和研究都有一定的深度，也有一定的理论成果，值得我们借鉴和研究。

第二节 学前教育督导的性质、职能与原则

一、学前教育督导的性质

学前教育督导的性质主要表现在以下两个方面。

（一）学前教育督导体现了国家意志

学前教育督导是一种政府职能。学前教育督导机构像其他教育行政机构一样，是履行政府教育管理义务的专门机构。在我国，教育督导机构不同于其他教育行政机构之处在于，督导人员是以政府代表而不只是教育行政部门代表的身份出现在督导过程之中的。我国的国家督学代表中央政府督察教育工作，国家督学一般由国务委员颁发任命状。我国有些省份的督导机构被称为省政府督导室，由省政府主要领导人委任、聘任督导人员。因此，督导工作与其他教育管理工作相比，更明显地突现了国家、政府的意志，以国家利益、政府政纲去确定督导工作的准则、标准。

（二）学前教育督导是一种双向活动

学前教育督导活动的双向性由管理活动的一般特点决定的。督导活动主要由以下要素构成：督导主体、督导客体、督导内容。督导主体是指各类督导者，如国家督学、省市督学及县市督导员等。这些督导主体有时单独、有时联合出现在督导过程之中。督导客体是督导活动的对象。督导活动的客体，因督导活动的目的、内容的不同而有所不同，有时是具体的教育机构，如幼儿园、小学。以教育机构为客体的督导活动又分为单机构督导、多机构督导与普遍督导。所谓单机构督导是指对某一个具体机构（一般是有典型性的、存在重大问题或具有突出成绩的机构）专门进行的较为深入的督导。多机构督导是有选择地对两个以上的机构进行的督导。这种督导又可以分为片区督导和项目督导。所谓片区督导是专门对某片、某区或某一个较确定的辖区内的教育机构进行的督导。项目督导是指依据某一项具体的督导内容对几个机构进行的督导，或是对某几个具有某些共性的机构展开的督导。当然，有时督导可以既考虑片区，又考虑项目。普遍督导是按常规对一定行政区内所有的教育机构（如小学、幼儿园）进行广泛的督导。

二、学前教育督导的职能

教育督导的职能与教育管理的职能密切相关，同时又有其特殊性。教育督导的主要职能有以下几项。

（一）知情

教育督导的职能之一即为知情，就是了解所辖区域学前教育事业发展、教育质量、教育运作、教育经费等方面的一般状况。了解学前教育实际状况的途径有很多，督导是很重要的一个途径。只有充分地了解学前教育运行的实际状况，才能进行科学决策，制定适当

的政策、措施。了解学前教育的一般状况，也可以为进一步的深入视导做好准备。如从一般层面了解到的农村幼儿园存在教师流失的问题，是到目前为止所知的"情"；那么，流失率有多少，哪些地区更严重些，影响教师流失的原因是什么，流失的教师的去向有哪些，如何协助基层行政部门和幼儿园防止幼儿教师的流失，这就需要进行深入的专项督导，以对基层的状况、问题及问题的成因更全面、更深入地把握。

（二）监督、检查

学前教育督导的监督职能是以政策、法规、计划为依据，对学前教育状况进行了解、对照、督促的工作。监督检查功能主要表现在以下几个方面：一是监督检查有关的法规、政策的落实和执行情况，其核心是教育工作与有关法律、法规的一致程度；二是依据时间和质量这两个指标，监督检查计划好的各项工作的进展；三是监督、检查教育工作中的关键问题及难点。与知情相比，督查是对问题的深入了解，也是对学前教育工作的重大促进和保障，这是学前教育管理中的一种反馈机制。

（三）评价

学前教育督导具有评价的功能。从督导的本意上看，无论是"督"还是"导"都具有一定的方向、标准，而督导工作，有时就是以评价作为具体的和直接的目的的。因此，从广泛的意义上说，督导必然地包含了评价的意义，甚至评价是影响督导真正发挥其职能的一个重要因素。从具体的督导工作看，有目的、有计划地依照一定的方案进行评价，是督导工作的内容之一，如对省级示范幼儿园进行全面的评价，这类评价往往有详尽的指标体系。正因如此，制订并有效地执行学前教育评价方案往往是基层学前教育督导人员的一项基本素质。

三、学前教育督导的原则

原则，一方面是某项工作规律的反映，另一方面又是指导这项工作进一步开展的指针。学前教育督导的原则反映学前教育督导工作的基本规律，是学前教育督导工作的一般准则，对于学前教育督导工作的组织和开展具有指导价值。了解学前教育督导的原则，对于进一步开展学前教育督导工作，提高学前教育督导的质量和成效是十分必要的。

（一）方向性原则

学前教育督导是依照一定的法规、政策展开的，此即学前教育督导的方向性原则，督导应该体现我国教育的宗旨，体现学前教育的特质，体现学前教育管理的特点和规律。学前教育督导是一定的方针指向的督导，学前教育督导也是为了使学前教育沿着正确的方向发展的督导。因此，学前教育和学前教育管理的规律，以及学前教育和学前教育管理的法规和政策是学前教育督导的出发点和归宿。

在当前的学前教育督导中，有以下几个方向性问题必须切实地、全面地把握。

1. 学前教育双重任务的履行

学前教育是我国基础教育体系中的有机组成部分，也是基础教育中最基础的部分。学前教育具有基础教育的一般特性，也有其特殊的方面。学前教育的双重任务性，是学前教育的一个重要特性。所谓双重任务性，是指学前教育具有两方面既相互联系，又相互区别的任务。一方面是学前教育同基础教育中的其他教育阶段一样，负有培养人才，使受教育者身心获得全面、和谐发展的使命。因此，学前教育具有教育性。另一方面，学前教育还应解除家长照护子女的后顾之忧，让家长全身心地投入到生产和工作中去。从这个意义上说，学前教育又具有福利性。

学前教育督导工作，一方面，要关注学前儿童的身心发展状况，评价学前教育的质量；另一方面，要关注学前教育机构为家长服务的状况，尤其是要关注学前教育机构有没有从当地社会发展的实际出发，从家长对学前教育机构的要求出发，采取切实有效的措施解除家长的后顾之忧。这是体现我国学前教育的社会主义方向的一个重要方面。

2. 学前教育双重目标的实现

学前教育作为我国教育体系中的一部分，必须贯彻我国的教育方针，依照我国的教育目标，努力培养全面发展的社会主义事业的建设者和接班人。但由于学前儿童的身心发展尚处于特殊的时期，学前儿童面临着人生发展中的特殊课题，学前教育的目标与一般的教育目标相比有其特殊性。这种特殊性主要表现在两个方面。一方面，学前教育具有保育和教育的双重目标，学前教育必须做到保育和教育相结合，做到保中有教，教中有保。学前教育不应只关注学前儿童的正式学习过程，还应关注学前儿童一日生活的每一个环节。另一方面，学前教育的目标本身也有一定的特殊性。学前教育强调让学前儿童全面和谐发展，强调学前教育要把学前儿童的身体发展放在首位，强调学前儿童身体发展与其他发展方面的规律性联系。

3. 学前教育及相关法规的贯彻

学前教育还必须贯彻我国的学前教育法规及与学前教育相关的法规。我国的学前教育法规有国家法规和地方法规两类，国家法规主要有《幼儿园工作规程》（2016）和《幼儿园管理条例》（1989），这是两个直接指导我国学前教育事业发展的极为重要的法规，是我国学前教育事业发展的方向性法律文件。此外，一些地方也相继颁布了地方性的学前教育法规。除了这些专门的学前教育法规外，还有一些与学前教育相关的具有法律约束力的文件，对学前教育的发展也十分重要，其中有些文件是学前教育法规制定的重要依据。例如，《儿童权利公约》是一个具有法律约束力的国际性约定，而《中华人民共和国未成年人保护法》（2020）是我国的法律文件。这些专门的学前教育法规及与学前教育相关的法律文件都应在学前教育实践中加以贯彻。

4. 学前教育相关政策的落实

学前教育法规是指导性的和宏观的，要使法规的精神得以贯彻，往往要通过相应的政策。与法规相比，政策是微观的、具体的，尤其是基层政府的政策，更是策略性的、操作性的。一般来说，政策是法规的深入和具体化，政策也是对法规的应变，政策往往在体现法规精神的同时，也考虑了地方的背景和特点。学前教育的方向性，从一定程度上说，是通过落实相应的学前教育政策体现的。

（二）客观性原则

学前教育督导的重要特征就是从现实的学前教育实践出发，了解现实，理解现实，并指导学前教育的实践。督导不是主观臆断，而是学前教育实践的真实反映。督导的客观性主要体现在以下几点。

1. 深入学前教育和管理的实践

学前教育督导是一种对学前教育客观现实进行观察、分析和指导的活动，必须以学前教育实践和学前教育管理实践为依据。因此，作为督导的执行者，必须深入实践，从实践中了解、把握学前教育现实。正是在这个意义上，学前教育督导是和学前教育实践联系在一起的。只有从现实的实践出发，了解实践的一般状况，了解实践中的经验和问题，了解影响现实的实践过程的各种主客观因素，才能保证学前教育督导的客观性。

2. 有客观的衡量标准

从实践出发，并不意味着督导的标准就是特定的实践本身。督导的标准应该是，也必须是科学的实践。因此，一般的、符合科学标准的实践才是督导的标准。因而，督导的标准不是督导者自己的主观标准，而应该是科学、客观的标准。这就要求督导者有良好的学前教育专业素养，了解学前教育发展的现状和趋势，具备科学的态度和修养，不以个人的好恶来评判学前教育实践。

3. 对多层面、多视角的信息做出科学判断

学前教育督导要对客观的学前教育实践做出评判，要体现评判的客观性，还必须注意所收集的信息的全面性，要注意多维度、多视角地了解和把握信息。督导者应应用多种感官，接触多方面的人员，确保信息的准确无误，要有善于把多方面的信息综合起来加以分析的能力，确保督导结论的科学性和指导的适切性。

（三）系统性原则

学前教育督导是一项涉及面极广的工作，也是一项需要全面、系统地加以实施的工作。无论是全面督导还是专题督导都存在一个面的问题，就是在特定的督导范围内督导工作相对系统性的问题。学前教育督导的系统性主要表现在以下几方面。

1. 广泛、综合地考察学前教育诸方面的内容

学前教育督导涉及学前教育的内容较为广泛，如办学方针、管理方式、课程结构、教科研工作、教学模式、家长工作等。这些内容是相互联系的有机整体。对学前教育的督导必须综合地考虑这些方面之间的关系，从联系的角度考察和了解这些内容及它们之间的关系，尽可能科学、准确地把握学前教育的现实。

2. 注意把考察与指导有机地结合

发挥督导的整体考察功能是指导的前提，也是指导的指向，指导是考察的延续，也是整个督导工作的关键。督导要把考察和指导作为相互联系的两个方面加以看待，使督导在发挥知情功能的同时，发挥指导、引导的功能，为学前教育的科学决策提供有力的依据。

3. 学前教育督导需要各方面的有机协调和配合

学前教育督导需要具有一定专业素养和督导工作经验的专门人员承担，需要一定的物质条件和经费保障，也需要一定的工作规范。督导工作需要各层面的督导人员、被督导的机构和人员以及与被督导机构有关的基层政府、社区及家长等多方面的配合和支持。只有这样，督导工作才能取得应有的成效。

（四）民主性原则

学前教育督导具有纵向管理的性质，是上级教育行政部门对下级机构或组织的一种管理形式。督导工作除了要具有严肃性、规范性和正式性外，还必须坚持民主性的原则。在学前教育督导工作中，民主性的原则主要表现在以下几个方面。

1. 给被督导机构陈述的机会

学前教育督导的首要工作是让督导者了解被督导机构的状况。督导者要想了解被督导机构的状况，除了参观、观察等途径，听取被督导机构的工作陈述也是十分必要的。参观、观察只是把握，甚至只是部分把握了被督导机构的现状，对于不可见的部分必须通过与被督导机构的沟通、被督导者的陈述才能加以了解和把握。因此，给予被督导者陈述的机会，一方面有助于督导者对被督导机构的了解，把握更全面、更准确的信息；另一方面，体现出一种民主的精神和作风，能防止和减少主观主义和武断的现象。

2. 给机构和个人解释和辩白的机会

在对督导情况做出判断或提出意见，尤其是在对存在的问题进行分析时，督导者要注意听取有关机构和人员的辩白，注意通过辩白，准确分析问题的主、客观原因，从而有针对性，让被督导者心悦诚服地接受意见和指导。辩白是针对问题的分析和陈述，也是当事人对自我的一种剖析。要给予被督导对象辩白的机会，防止贸然下结论，防止在还没有明白问题根源的情况下，就对有关机构和人员提出批评，进行指导。

3. 尊重被督导机构和个人对改进工作策略的选择权

在学前教育督导的过程中，尤其是在对被督导机构进行指导的过程中，应注意对被督导机构和有关人员思想的引导，允许并鼓励他们对改进工作献计献策，给予他们改进工作策略的选择权，防止硬性要求，因为这不利于调动被督导机构及有关人员工作的积极性和主动性，也会在一定程度上影响他们工作的创造性。

总之，学前教育督导是一项重要且复杂的工作，督导者应从确保督导工作的科学性、有效性，从有利于学前教育事业发展的高度认识并开展督导工作，力求使督导工作真正成为学前教育事业发展过程中的一个有力的反馈机制和调整机制，成为学前教育决策的重要信息来源，成为受广大学前教育机构和相关人员欢迎的一种行政职能活动。

第三节 学前教育督导的组织

学前教育督导的组织主要涉及督导准备、督导计划、督导实施、督导总结和反馈等几个方面。

一、学前教育督导准备

（一）督导对象选择

学前教育督导是一种对象性活动，在督导活动开展前，必须先确定督导对象。确定督导对象是督导工作最为重要的准备活动。督导对象的确定方式主要有两种。一种是常规的确定方式，即在某一个时期内，如一个学期或一个学年，例行对辖区内的下级机构做全面或抽样的督导，这种督导称为例行督导。另一种是非常规的确定方式。这种督导往往有两种情况：一是根据辖区内学前教育中出现的一些重大的或较为普遍的问题，从了解和解决这些问题的目的出发，对辖区内某些机构甚至全部机构进行的督导，这种督导称为专题督导；二是对辖区内某个区、片或某个机构出现的重大问题进行的督导，而这种问题往往是个别的，不是普遍的，因此，这种督导往往是以个别的区、片或个别的机构为对象的，也称为典型督导。

当然，督导不只是针对存在的问题，也可以是针对某些具有创新意义的做法，还可以是针对某些先进的经验，其目的是优化实践，并在一定的范围内推广。

（二）督导思想准备

学前教育正处在不断发展和变化的过程中，学前教育也必定会遇到许多新的矛盾和问题。督导工作的开展可以体现学前教育工作者的创造精神和聪明才智，也会抛给他们一些困惑和问题。督导者应对可能遇到的困难和问题有充分的估计，在思想上做好充分的准备，以使督导工作顺利进行。督导者要有解决问题的决心和勇气，要用负责任的态度对待督导工作，要秉持尽可能多地为基层服务的指导思想。

学前教育督导的思想准备还包括学术思想的准备。督导人员应不断地充实自己，针对基层学前教育工作中出现的问题，及时、深入地进行理论思考，自觉地把握学前教育理论发展的动态，以理论为指导，有效地分析和解决学前教育实践中出现的各种问题。督导人员应做好充分的准备去面对基层的要求和基层工作中的困难和问题。

（三）督导的物质准备

学前教育督导经常还需要一些物质上的准备。督导工作的物质准备主要包括以下几个方面。

1. 经费的准备

督导工作必然需要一定的经费，尤其是长时间、大范围的督导更是如此，从交通到食宿等都需要经费。因此，学前教育督导应有较为稳定的经费来源。教育行政费用的分配不能忽视对督导经费的计划和安排。

2. 督导辅助资料的准备

督导工作有时需要被督导机构中的人员填写一些问卷，有时为了准确、系统地了解被督导机构教育过程的状况，需要研制一些记录和分析的表格、量表等；有时为了向基层的人员说明某种理论和学说，或为了让基层的人员接受某种观念，需要准备一些理论宣传材料；有时为了引导被督导机构的工作，还要准备一些与督导内容有关的典型经验或示范性案例。如督导人员在一个幼儿教师严重流失的幼儿园进行督导时，可向该幼儿园宣传一些有效防止和控制教师流失的成功经验。

3. 设备的准备

督导工作和整个教育管理一样，应逐步走向现代化。督导工作的现代化，除了要有现代的督导理念、督导视角、督导方法，还要有现代的督导手段和技术。在社会经济条件，尤其是教育行政经费许可的情况下，督导工作要充分利用信息获取、保存和传递的现代技术，力求真实、客观地反映学前教育发展的现实，快速、有效地向基层学前教育机构提供有用的信息，促进学前教育的良性发展。督导工作可采用的设备很多，如摄像机、摄影机、录音机等。

二、学前教育督导计划

在准备的同时，应着手制订督导工作的计划。督导工作计划一般分为两类。一类是阶段性督导工作计划。这类计划往往是笼统的、粗略的，它倾向于对一个时期内督导工作的主要内容做出大致安排，虽然也会考虑对突发问题的专门督导，但由于问题尚未呈现，所以计划只能是意向性和原则性的。另一类是在某次具体的督导活动开始前所做的具体的计划。这类计划是操作性的，因此也是督导工作的具体方案。在此，我们主要讨论后者。

一个具体的督导工作计划往往包括以下几个方面的内容。（1）督导的时间。（2）督导的对象。如本市南片××乡和北片×××镇。（3）督导的任务。如了解农村幼儿园开学工作情况，发现并解决可能存在的问题，为市教育局制定相关政策提供依据。（4）督导的内容。如幼儿到园率、教师到岗率、新教师工作适应情况、园舍维修情况、设备添置情况、环境布置情况、教学参考书到位情况、家长的支持情况、规章制度的制定和执行情况等。（5）督导的步骤。如8月25日前组织好督导队伍，分南片和北片两组；8月31日，通知有关的两个乡镇；9月1日上午7时30分起开始督导，每个乡镇各督导一所中心幼儿园和5所村园（或学前班、混合班）；对各园的督导均先采用观察的方式并以观察为主，适当地进行一些面对面的交流，以不妨碍工作为前提；9月4日每个乡镇举办教师座谈会、家长座谈会、园长座谈会各一次；9月5日中午每个乡镇各开一次督导情况通报和沟通会；9月5日下午2时，督导工作结束。（6）督导工作中可能出现的问题及预案。如问题：有些幼儿园可能会出现违章收费的情况；预案：了解本市收费政策及变通的范围和程度。

三、学前教育督导实施

学前教育督导应按照督导工作计划展开。在没有重大意外的情况下，应严格执行督导工作计划。学前教育督导的主要工作有以下几项。

（一）实地观察

实地观察是了解基层学前教育实践的重要方式。一般说来，实地观察的内容主要有以下三个方面。

1. 对教育过程中幼儿和教师活动的观察

这是学前教育督导工作中最为重要的内容，因为，在教育过程中，教师和幼儿的行为经常能折射出一所幼儿园的精神风貌管理水平和教育观念。

2. 对幼儿园各类管理人员工作的观察

包括对园长、教师、医务人员、财会人员等进行的家长工作的观察。

3. 对幼儿园环境的观察

包括幼儿园的园容园貌，幼儿园内外的环境布置，幼儿园周围的社会、自然环境的观察。

（二）听取陈述

幼儿园的陈述包括园长的陈述和其他工作人员的陈述，主要是园长的陈述。园长的陈述有自发陈述和期待陈述两类。自发陈述是园长自己要求的汇报、介绍，以便向督导者提供更充分的信息；期待陈述是根据督导者的要求，园长对某些督导者期望重点了解的情况做深入的陈述。有些微观的情况，如班级内的有关情况，往往由相关的教师加以陈述。

（三）查阅材料

查阅资料是督导者了解幼儿园发展轨迹的重要方式，也是帮助督导者理解幼儿园现状的重要途径。督导者查阅的资料主要有：幼儿园发展规划，幼儿园的各类计划、总结，幼儿园的重大事件和重大活动记录，幼儿园教师状况，幼儿园幼儿状况，幼儿园经费状况等。

（四）座谈会和个别交流

座谈会有综合性的座谈会和分类座谈会两种。综合性的座谈会往往是各类人员的代表都会参加，谈论一些与大家都相关的话题；分类性的座谈则往往会根据工作性质的不同分批进行，每一个座谈会的主题集中在与该工作性质有关的人员所关注的问题，当然也会涉及一些各类人员共同关心的话题。座谈会均由督导者主持，在必要的情况下，可要求有关园领导回避。

个别交谈是督导者与被督导机构中个别人员之间进行的一对一的交流，这种交流有可能很深入，还可能会了解到一些背景情况。

（五）通报会

在督导工作行将结束前，督导者应召开一个由被督导机构全体人员或全体人员代表参加的通报会，目的是交流督导的感受和对相关经验、成绩或问题的态度，提出改进工作的意见和建议。必要的话，督导者还可以听取有关人员对问题的辩白。

四、学前教育督导的总结和反馈

(一) 总结

学前教育督导工作结束后,应及时加以总结。督导工作的总结涉及两个方面,一是对督导对象相关情况进行的总结和分析,并且形成督导报告。督导报告一般涉及以下内容:督导对象的概况,在督导中发现的督导对象的主要经验及其推广价值,在督导中发现的督导对象存在的主要问题及根源,解决问题的主要方法和途径,督导获得的信息对全局工作的启示等。

除了督导报告,督导者还要提交督导工作总结报告。督导工作总结报告是对督导工作进行过程本身的总结,其主要包括以下内容:督导工作的参与人员、对象、时间、任务等,督导工作中采用的工作方式,督导工作中遇到的主要困难和问题,督导工作中积累的主要经验,进一步改进督导工作的意见和建议。

以上两个报告,应送交本级教育行政部门的分管领导审阅,并在督导部门备案。督导报告还可抄送上一级教育行政部门的督导部门和学前教育管理部门。有时根据需要,可将督导报告送达被督导机构。

(二) 反馈

这里说的反馈,涉及两个方面。一是督导者向被督导者的反馈。督导者在督导的过程中,为被督导者解决了一些问题,对被督导者的疑问做出了或部分做出了初步的答复。有些问题需要督导者在全面分析、深入思考后,或征求有关主管领导的意见后,做出解答。这种延续的反馈是督导工作的有机组成部分。二是作为督导者的领导人员和领导部门,对督导人员递交的督导报告和督导工作报告必须认真研读,对督导过程中出现的问题也应认真地加以研究和分析,对于一些重大的问题,应采取切实有效的措施处理并解决。这也是一种反馈,是督导工作中一个重要的和不可或缺的环节。

思考题

1. 学前教育督导的原则有哪些?
2. 学前教育督导的主体、客体和内容分别有哪些?
3. 如何组织学前教育督导?

第七章 学前教育规划

第一节 学前教育发展规划的类型及影响因素

一、学前教育规划的含义

凡事预则立，不预则废。做任何事情，如果没有事先的规划和准备，就不能获得成功。在科学技术迅猛发展的今天，规划显得尤其重要，要办好现代任何一项事业，没有预先的科学的规划，就不可能取得良好的成效。

（一）规划的含义

规划是人类理性活动的一种形式。人们对规划的界定也都比较强调合理的思维。戴克曼（Dyckman）把规划看作这样一种活动，它旨在改善看待问题的方式或利用信息的态度，强调规划的目的在于活动规范标准的合理性；法卢迪（Faludi）认为规划是帮助人们发现问题和解决问题的方法，强调规划是理性的，合理性是规划的标志和本质。那么，何为规划呢？规划是对未来事业发展所做的有目的、有条理的部署和安排，是为实现一段时期的目标而制定的总体的任务及实施的方法、步骤和措施的书面表达形式。它要解决和回答的问题是：在未来一定的时期里，要做什么，怎样做，达到什么标准。

（二）教育规划的含义

教育是人类社会特有的现象，人类社会的教育活动从其产生起，就因传授生产和生活经验而具有明确的指向性。20世纪60年代，出现了全球性的"对教育计划的狂热"[1]，产生了形形色色的教育规划，对教育规划的制订也越来越为教育工作者所重视。邓小平同志指出我们的国民经济是有计划按比例发展的，我们培养训练专门家和劳动后备军，也应该有与之相应的周密的计划。我们不但要看到近期的需要，而且必须预见到远期的需要。[2] 教育事业规划是国民经济计划的一个重要组成部分，它使教育事业与经济、社会的发展密切衔接，保持持续、稳定、协调发展。制订合理、科学的教育规划，是实现教育面向现代化、面向世界、面向未来的重要前提。因此，科学地制订并精心组织实施教育规划，对保证教育事业的健康发展有着非常重要的作用。那么，什么是教育规划呢？教育规划是根据党和国家的教育方针政策，对未来教育事业发展所做的有目的、有条理的部署和安排；教育规划以社会提供的现实条件为基础，是为促进教育事业健康发展所制定的总体目标、任务及

---

[1] 布劳格：《教育经济学导论》，春秋出版社1989年版。
[2] 邓小平：《邓小平同志论教育》，人民教育出版社1990年版。

实施的方法、步骤和措施的书面表达形式。教育规划是管理的行动准则，也是管理的重要手段。

（三）学前教育规划的含义

学前教育是随着大工业时代兴起而创立的现代事业。1816年，英国进步工厂主、空想社会主义者罗伯特·欧文（Robert Owen）创办了第一所幼儿学校。之后，英国其他地区及欧洲大陆、美国等地也相继建立了幼儿学校。我国在19世纪末20世纪初，产生了现代工业，随着"西学东渐"和现代教育理论的传入，我国也创办了幼儿教育机构——"蒙养院"或"幼稚园"。随着学前教育事业的不断发展，学前教育工作者越来越清楚地认识到，要保证此项事业持续健康的发展，就必须预先进行科学的规划。所谓学前教育规划就是根据党和国家的教育方针政策和幼儿教育法律法规，对学前教育事业的发展规模、速度、质量等方面所做的有目的、有条理的部署和安排，是为实现今后一段时期的学前教育目标而制定的总体任务及实施的办法、步骤和措施的书面表达形式。学前教育规划是学前教育管理的重要组成部分，是学前教育管理科学化的重要标志。规划是管理的中心环节，教育规划是教育行政管理的中心环节，学前教育规划是学前教育行政管理的中心环节。

（四）学前教育规划的特点

1. 社会性

学前教育作为教育系统的有机组成部分，也是一种社会现象。它的发展受社会生产力水平的限制和影响，它的性质由社会经济制度决定。因此，学前教育规划必然鲜明地反映教育的社会性和阶级性。学前教育规划必须自觉地根据社会经济发展的需要，调整自己的发展进程，体现教育的社会主义性质。学前教育要以为广大人民服务为宗旨，在制定培养目标时，要重点对受教育者进行爱集体、爱祖国的共产主义教育，培养有理想、有道德、有文化、有纪律的社会主义"四有"新人，坚持学前教育为社会主义现代化建设服务。规划要正确反映学前教育发展的自然规律性、社会性和阶级性。

2. 超前性

十年树木，百年树人。教育是面向未来的事业，教育过程不同于物质生产过程，教育成果具有后显性，教育过程的成效必须在教育过程结束之后，接受完教育的劳动者投身到社会生产过程中去才能显现。学前教育是最基础的教育，我国20年以后的经济发展很大程度上取决于今天的学前教育。而规划主要是策划和安排学前教育未来的发展趋势，规划是为了更好地促进学前教育事业的发展，更好地完成今后的各项工作。因此，学前教育规划应该站在面向未来的高度，对未来做出科学的预见，应该反映未来社会经济和科学文化发展对学前教育的要求，以适应未来社会的需要。在制订规划时，管理者要认真研究国际经济、科技和学前教育发展的趋势，使学前教育面向现代化、面向世界、面向未来；使我国的学前教育能真正应对21世纪的挑战；使我国培养的孩子能在未来更好地参与国际竞争，尽快缩小我国在经济、科技上与发达国家之间的差距，使我国在未来的国际竞争中处于战略主动地位。

3. 现实性

教育的对象是人，教育的成果是人才。学前教育规划要以立足现实、面向未来作为鲜明特征。学前教育规划要十分重视现实可行性。在进行规划时，管理者既要考虑影响学前教育规划的外部因素，如社会因素、经济因素等，又要考虑教育的内部因素，即学前教育目标、系统结构、内容及教育方法等因素，防止学前教育事业发展大起大落。在制定规划目标时，管理者要坚持一切从实际出发的原则，通过调查研究，了解、掌握当前学前教育的基本情况。学前教育规划的目标不能定得太高，它必须是通过努力可以达到的，其措施应该是切实可行的，这就要以学前教育发展现状为基础，在此基础上勾画未来蓝图。只有这样，规划才更具有适应性和针对性。

4. 创造性

学前教育规划要求管理者对学前教育未来发展进行预测，由于影响学前教育规划的因素比较多，所以预测的难度比较大。社会、经济、文化、人口等对于学前教育事业的发展都有重要的影响。面对诸多的影响因素，我们在进行学前教育规划时必须开展创造性的工作。管理者要牢固树立创新意识，善于思考，敢于创造，善于寻找和发现解决问题的方法，因为许多问题的解决方法事先没有固定的模式可循，问题的发现和解决离不开规划的创造性。在制订规划时，管理者应该充分发挥专家、群众的智慧和聪明才智，集思广益，使规划既符合实际，便于落实，又具有创意。

5. 灵活性

由于规划具有超前性，所以实践活动有时会出现意料之外的情况。为了更好地促进学前教育事业稳步、健康发展，在实施规划的过程中，规划可以有所变通、调整和修改，以更切合实际，更趋于科学，成为"滚动式前进"的规划。但是对规划的改变，不能随心所欲，管理者要在对新情况深入了解、对初始目标准确把握的基础上，稳妥地进行，否则工作将会偏离方向。

二、学前教育规划的类型

学前教育规划从不同的角度划分，可以分为以下几个类型。

（一）按范围分——宏观学前教育规划和微观学前教育规划

1. 宏观学前教育规划

宏观学前教育规划一般指国家和地方学前教育发展规划，它是由国家或地方教育行政部门制订的关于全国或某一地区的学前教育发展规划。宏观学前教育规划是根据经济和社会发展的宏观要求，从全国或某一地区的学前教育整体发展的全局出发，确定学前教育发展的规模、速度及有关政策法规，其对微观学前教育规划具有重要的指导意义。

2. 微观学前教育规划

微观学前教育规划一般指幼儿园教育规划。不管是国家学前教育规划，还是地方学前教育规划，最终都要通过幼儿园教育规划的制订和实施来加以落实。幼儿园教育规划是对幼儿园的发展规模、速度、师资状况、办园质量等进行有目的、有条理的部署和安排，其以宏观学前教育规划为指导，是宏观学前教育规划的具体化。幼儿园教育规划是学前教育管理的重要内容，也是学前教育管理的一种手段。

（二）按时间分类——长期学前教育规划、中期学前教育规划和短期学前教育规划

世界上的一切事物都存在于一定的时间和空间范围内。由于学前教育规划的最终目的是要保证学前教育事业持续稳定、协调发展，学前教育的目标、任务、要求、措施都要按时期进行衔接。按时间分类，我们可以将学前教育规划分为长期学前教育规划、中期学前教育规划和短期学前教育规划。

1. 长期学前教育规划

长期规划也被称为长远发展规划或远景规划，一般指规划期限在10年或10年以上的规划，它是一种战略性规划。长期学前教育规划对学前教育事业的发展具有战略指导作用。

学前教育事业的发展关系到国家、民族的兴旺，也关系到每个社会成员身心的发展。制订长期学前教育规划，可以使幼教工作者有一个长远的明确的奋斗目标，激励人们为实现预定的目标做出不懈的努力，它具有强大的鼓舞和动员作用。

长期学前教育规划的期限比较长，在实施规划期间会遇到一些事先难以预料的问题，因此，制订长期学前教育规划只能根据一些比较稳定的可以预见的基本因素。长期学前教育规划可以是全国的，也可以是地方的、部门的或幼儿园的。

长期学前教育规划决定了中期学前教育规划的方向、任务和基本内容，也是制订中期学前教育规划的依据，长期学前教育规划必须通过中期学前教育规划和短期学前教育规划加以具体化并组织实施。

2. 中期学前教育规划

中期学前教育规划的期限一般为5年，是长期学前教育规划的具体化，是制订短期学前教育规划的依据，是长期学前教育规划和短期学前教育规划之间的阶梯。中期学前教育规划既有长期规划的预见性和短期规划具体化的优点，又避免了长期规划不确定因素太多和短期规划时间太短的缺点。

在制订中期学前教育规划时，要以长期规划为基础，要根据经济和社会发展的情况及学前教育内部的发展变化情况，使长期规划的各项任务、指标进一步具体化、明确化。中期学前教育规划应该更具有可操作性，要为制订短期学前教育规划奠定良好的基础。

3. 短期学前教育规划

短期学前教育规划一般指年度计划。长期以来，人们习惯于以年为单位，通过制订年度学前教育计划，规定本年度的具体目标、任务以及实现其需要的各种必要措施。

短期学前教育规划是实现中期学前教育规划的具体执行计划，是具体的行动方案，它以中期学前教育规划为依据，将中期规划所规定的目标和任务进行分解，分年度实施，并加以细化、量化。短期学前教育规划所规定的任务，应当更加明确、具体、细致、准确，操作性更强。由于短期学前教育规划的期限比较短，各种因素具有更大的确定性，所以，其目标更容易落实，任务更好完成。

三、影响学前教育规划的因素

学前教育是一种社会活动、社会现象，它与众多因素直接或间接地相互影响，这些因素一般有以下几种。

（一）上级学前教育规划

本级学前教育规划的制订必须以上级学前教育规划为依据，在制订学前教育规划时，管理者要深入学习上级学前教育规划，领会其精神实质。在此基础上制订本级学前教育规划，管理者要将上级学前教育规划中的目标、要求具体化，使其更具有操作性。本级学前教育规划要充分体现和实现上级学前教育规划中的目标、内容、任务和重点。

（二）本级教育整体规划

学前教育是教育体系的有机组成部分，是基础教育之基础，从教育的内部结构来看，各类教育必须有机衔接，协同发展。学前教育规划与本级教育整体规划是部分与整体的关系。因此，在制订学前教育规划时，应该以本级教育整体规划为蓝本，领会掌握其基本精神，充实教育整体规划中学前教育部分的内容，使学前教育规划的目标、要求与本级教育整体规划中提出的目标、要求相一致，并使其更具体、明确，操作性更强。

（三）学前教育基础和现状

管理者要制订学前教育规划，必须对学前教育的基础和现状有相当的了解，通过细致的调查研究、资料收集等，获取学前教育现状的有关资料，从现实出发，对学前教育发展的规模、速度等做具体的规划，使规划更符合学前教育实际，更具有现实性。如果管理者脱离现有基础，将目标定得太高，会显得虚无缥缈，难以达到；将目标定得太低，则不利于学前教育的发展。因此，了解学前教育基础和现状是制订教育规划的必要条件。

（四）政治因素

教育的发展与社会的发展有着本质的联系，一定的教育是一定的社会政治的反映，学前教育也不例外。社会政治对学前教育有着重大的影响，政治决定学前教育的目标。因此，在制订学前教育规划时，要坚持当前政治方向，学前教育的目标必须与党的路线、方针、政策相一致。党的十一届三中全会以后，学前教育被正式列入基础教育的范畴，从而保证了学前教育事业的稳步、健康发展。

（五）经济因素

经济是诸社会要素中对学前教育管理尤为重要的因素。经济决定教育，教育反作用于经济。随着社会的不断进步和发展，教育的发展越来越离不开经济，而经济的发展也愈加离不开教育。学前教育作为教育大系统中的一个子系统，它的发展为经济的发展提供便利条件和促进作用。生产力发展水平决定社会对学前教育的重视程度，以及对学前教育的经费投入，决定学前教育内容与手段的变革，决定学前教育目标的制定。随着社会主义现代化建设的不断推进，许多地区提出了幼儿教育现代化的目标。如江苏省无锡市在经济快速发展的同时，提出了幼儿教育现代化的目标，启动了幼儿教育现代化工程，使幼儿教育事业有了空前的发展，这和无锡市经济的快速发展是分不开的。

（六）人口因素

教育的对象是人，人口是影响教育发展的主要因素之一。制订学前教育规划时必须弄清本地区学前儿童的年龄结构，预测若干年以后的出生率，预测本地区人口增长规模，从而使学前教育规模与学龄前儿童数量相适应。我国地域辽阔，人口基数大，人口增长变化不稳定。因此，在制订学前教育规划时，要考虑学前教育发展是在动态的人口结构中进行的，要重视人口变化对学前教育的影响，从而减少学前教育规划的盲目性。我国大量的人口分布在农村，农村地区的学前教育规划更应体现农村的特点，学前教育的形式、方法等都应该显示地方特色。

（七）文化因素

教育是文化的组成部分，是文化大系统中的一个因素。文化是政治经济作用于教育的中介，它还可以主动地、相对独立地影响教育。社会文化水平与学前教育水平有极高的相关性，地域文化对学前教育有着非常深刻的影响。学前教育规划要反映我国传统文化和世界优秀文化的精髓，要根据学前儿童不同的文化背景，根据区域和家庭的文化水平状况来设计。如在文化相对落后的地区，轻视女童、轻视残疾儿童的现象比较严重，在规划中，要将提高残疾儿童和女童入园率作为一项重要的指标。

第二节 学前教育规划的制订

一、学前教育规划的制订原则

（一）学前教育发展与国民教育整体发展相协调的原则

《面向21世纪教育振兴行动计划》（1999）指出，实施素质教育要从幼儿抓起。学前教育是国民教育的有机组成部分，是最基础的教育，是全面发展我国教育事业和提高全民族素质的一项重要的奠基工程，它不仅为迈向国际社会的各类专门人才的培养打下牢固坚实的基础，而且为实施精神文明和物质文明建设创造必要的前提条件。学前教育的发展规模、速度要与小学教育、初中教育等其他教育相协调，幼儿园的网点布局、办学条件、师资力量等要和其他教育统筹兼顾。学前教育要以提高幼儿全面素质、实施素质教育为出发点，促进幼儿德、智、体、美全面发展，身心和谐发展，个性健康发展。学前教育特别要与小学教育做好衔接工作，教育的目标、内容、方法、手段等都要注意与小学衔接，为义务教育输送合格新生。

（二）学前教育发展与社会经济发展相协调的原则

教育是一种特殊的精神生产活动，劳动力的再生产主要是通过教育来实现的，而教育的发展又受经济发展水平的制约。新的时代，只有大力发展学前教育，才能为培养适应各行各业要求的劳动者打下良好的基础。学前教育的发展是经济和社会蓬勃发展的前提条件，而经济的发展又为改善办园条件、改进教育手段和教育方法奠定基础。因此，制订学前教育规划时必须考虑经济发展状况，使学前教育与社会经济协调发展，实现学前教育与社会经济的良性循环，从而促进学前教育和社会经济的可持续发展。

（三）学前教育规模与质量相协调的原则

学前教育规模和发展速度是制订学前教育规划时必须考虑的一个重要问题。它是体现学前教育规划是否科学的重要标尺，它影响着学前教育事业的稳步发展，影响着学前教育的质量。当今世界，已步入以信息技术为龙头的新的产业改革时代，国家之间的竞争，归根结底取决于全体公民的文化水平和整体素质。邓小平同志反复强调，实现社会主义现代化，科技是关键，教育是基础。学前教育是基础教育之基础，重视幼儿早期智力开发，培养孩子的创新精神和创造能力，是振兴我国教育事业，促进经济发展，加快现代化建设的可靠保证。学前教育发展规模必须与质量相协调，如果任意扩大学前教育规模，超常规发展的话，可能会因教师质量不过关而导致学前教育质量下降的严重后果。因此，在制订规划时，要坚持教育规模与质量相协调的原则，保证学前教育既在规模上满足社会和家长的需要，又能保证教育质量。要使学前教育优质化，关键在于教师。只有造就一支爱岗敬业、乐于奉献、整体素质高、教学技能强的教师队伍，才能保证学前教育质量的不断提高。

（四）学前教育的近期发展与长远发展相协调的原则

我们在进行学前教育规划时，既要考虑学前教育的近期发展，又要高瞻远瞩，展望学前教育的长远发展趋势。首先要制订学前教育长期发展规划，明确学前教育发展的目标、方向。其次，在制订长期规划的基础上，制订学前教育中期规划，将长期规划中的目标、任务、要求分解。最后，要制订学前教育短期规划，即确定学前教育的近期发展要求。短期规划应该以中期规划为依据，将中期规划中的内容进一步具体化。学前教育的长远发展是以近期发展为基础的，因此，近期发展目标要体现长期规划中的发展理念，不能长期规划中写一套，近期发展目标做的又是另一套。长期规划的实现，是近期工作步步实施，环环紧扣的结果。要使学前教育事业沿着正确的方向不断发展，必须做到由近及远，以远促近，远近结合，使学前教育的近期发展和长远发展相协调。

二、学前教育规划的内容和基本形式

（一）学前教育规划的内容

1. 指导思想

在学前教育规划的开始阶段，应该明确交代制订此规划的指导思想，即此规划是依据什么来制订的。特别是制订中期规划或长期规划，更应该对指导思想做出比较系统而详尽的阐述。短期规划，也需要对指导思想做一些简要的说明。在考虑学前教育规划的指导思想时，要突出学前教育为社会主义经济建设、社会发展服务这一基本出发点，以马列主义教育思想、毛泽东教育思想和邓小平教育思想、"三个代表"重要思想、科学发展观、习近平新时代中国特色社会主义思想为指导，以学前教育法律法规为依据，保证学前教育坚持社会主义办学方向。

在制订幼儿园发展规划时，规划中的指导思想应该是幼儿园领导班子在一定时期的工作中占主导地位的思想。它是在上级精神指导下所总结出来的本园实践中的经验、教训，并可概括成为反映幼儿园实际的、具有特殊规律性的理念。指导思想既要体现上级精神，又要融入本园的实际经验、教训，它不是对上级精神的照搬照抄，也不是幼儿园工作的罗列，而是经过概括和提炼的思想、观念。指导思想一定要简明扼要地反映出一段时间内幼儿园领导的办园理念，如"我园的指导思想是在社会主义市场经济的浪潮中，敢于竞争，以质量求生存，以科研促发展。"

在确定规划的指导思想时，不能照搬照抄党的路线、方针、政策和上级指示，使用一般化、公式化的语言，例如："以第三次全国教育工作会议精神为指针，认真贯彻《幼儿园工作规程》（2016）精神，端正办园指导思想，努力提高保教质量"。这样的指导思想，从字面上看没有错，但内容非常空泛，可以用于任何一所幼儿园，缺乏针对性，对幼儿园的管理实践没有实际的指导意义。

2. 发展目标

教育事业的目标就是在所规划的时间范围内应该达到的标准。目标是制订规划的依据和出发点。规划中的目标是实施该规划的最终目的。没有目标或目标不清，规划将成为无本之木，无源之水。目标的制订可以从以下几方面思考：学前三年幼儿入园率；幼儿园办园标准、规模等；90%以上的教师具备《中华人民共和国教师法》（2009）规定的合格学历和教师资格考试合格证；50%以上的教师达到大专以上学历；所有幼儿园的园长、副园长都达到国家规定的任职资格要求，做到持证上岗；10%的幼儿园达到省示范性实验幼儿园的办园标准，满足家长送子女入园的要求，等等。

幼儿园发展规划中的目标要有目标项目和目标值，要具体、明确，不能太笼统。像"力争五年把我园办成具有一流管理水平，较高保教质量，高素质师资队伍的幼儿园"就比较含糊，只有目标方针，没有目标项目和目标值。"一流的管理水平"，"一流"的内涵也不明确；"较高保教质量"，"较高"是高到什么程度，都应该有明确的说明，不然目标的指向性就不明确。

3. 具体措施

为使学前教育规划付诸实施并达到预期的目标，制订者必须对规划的执行部门提出一定的要求，交代一些政策和需要采取的措施。措施是完成任务、落实目标的方法，是使规划真正落到实处的保证。措施的制定要得当、符合实际、易于操作。在制定措施时，一要有针对性，任何一个学前教育规划，都应当有相应的措施保证其目标、任务和要求的实现，措施的制定要与目标落实相匹配；二要有可行性，制定措施要从实际出发，实际工作中要能够实现，这样才能使规划得以顺利实施；三要有成效性，所考虑的措施要层层落实，认真贯彻实施，取得明显成效；四要有政策性，应该坚决贯彻执行党的教育方针政策，依法治园，依法治教，按教育规律办事。

幼儿园发展规划中措施的制定更应该具体、明确、便于操作。如有的幼儿园在分析本园青年教师奉献精神不够的现象后，制定的提高青年教师思想素质的措施为："重视并加强青年教师思想工作，提高青年教师思想素质。"这样的写法不明确、不具体，应该改为如下写法："为提高青年教师的思想素质，制定以下措施：（1）学习先进人物×××等的事迹；（2）与爱岗敬业、乐于奉献的优秀青年教师座谈，开展'结对子'活动；（3）开展'我爱幼教这一行'演讲会；（4）开展'人生的意义'大讨论；（5）建立园领导与青年教师谈心制度。"这样的措施，才更便于落实。

4. 支持因素

2016年最新的《幼儿园工作规程》提出，幼儿园是对3周岁以上学龄前幼儿实施保育和教育的机构，幼儿园教育是基础教育的有机组成部分，是学校教育制度的基础阶段。从小对幼儿施加有目的的影响，有利于促进他们身心健康发展，为提高民族素质奠定良好的基础。然而，学前教育不属于义务教育，学前教育具有社会福利性和公益性的特点，承担着为当地社区家长服务的任务，应满足当地家长送子女接受教育的需要，为家长参加工作、学习提供便利条件。学前教育的性质决定了学前教育事业是一项社会事业，它牵涉到千家万户，具有社会性、地区性、群众性的特点。发展学前教育事业并非教育部门一家的事情，而是需要全社会方方面面的支持。学前教育事业的发展要争取社会各界人士、社会各方面的关心、支持和参与。因此，在制订学前教育规划时，要充分考虑社会各方面的支持因素，根据各地实际，动员社会力量来支持幼儿园的发展，如争取妇联、工会、关心下一代工作委员会等组织、社会团体和广大人民群众的支持，从而促进学前教育事业更好地发展。

（二）学前教育规划的表述形式

学前教育规划的表述形式一般由文字叙述和表格两部分组成。

文字部分主要是阐明制订学前教育规划的指导思想、依据、目标、任务以及实施的措施，即对学前教育规划做全面、完整、准确的说明，一般包括以下几个方面：一是对前一段时期学前教育事业发展的基本情况做出分析与评价，对上一个规划执行情况进行简明扼要的分析，总结经验教训；二是对当前学前教育发展的基本情况以及与学前教育有关的因素做出科学的分析；三是明确规划期内学前教育事业发展的目标和各项指标，如幼儿入园率、教师学历达标率等；四是完成学前教育规划所采取的措施要求。

表格是学前教育规划各项数据指标的具体表达方式，规划中的文字和表格是互为补充说明的两个部分，共同构成一个完整的学前教育规划。在一定意义上说，学前教育规划的文字叙述是规划"质"的表现，表格是规划"量"的说明。

《锡山市幼儿教育"九五"发展规划》是原锡山市（现为锡山区）教育行政部门制订的宏观学前教育规划。它在分析"八五"（1991—1995年）期间原锡山市幼儿教育发展现状的基础上，以原锡山市教育整体规划为依据，对"九五"（1996—2010年）期间幼儿教育发展做出了规划。规划的指导思想明确，五条目标清晰，并有量化指标。如目标中的第三条对幼儿园办园质量、现代化幼儿园的达标数和省示范性实验幼儿园的达标数都提出了目标值。此规划是宏观学前教育规划，保障措施提得比较宏观，但是措施较有针对性，能针对目标，采取措施，加以落实。由于有关量化指标在规划文字部分已经说明，所以不再设表格说明。无锡市的实验幼儿园发展规划则是一份微观学前教育规划，其是以上级学前教育规划和上级教育整体规划为依据，根据幼儿园实际制订的一份发展规划，规划的目标、措施更具体，更便于操作，更具有个性。

三、学前教育规划的方法与步骤

（一）学前教育规划的方法

长期以来，学前教育规划的方法得到了长足的发展。归纳起来，经常使用的学前教育规划的方法主要有四种：经验性统计推测法、科学性系统模型预测法、调查法和社会需求法。

1. 经验性统计推测法

学前教育事业在一个长时间的序列中，往往存在着某种发展的长期趋势。经验性统计推测法就是通过一些数据信息的收集，根据已有的经验，推测学前教育未来发展的趋势。在运用这种方法时，制订者要善于收集推测所必需的教育信息，并以数据的形式将它们定量地表示出来，如根据本地区现有居民人口数和年龄状况，推测出若干年后本地区学前儿童的人数，确定本地区学前教育的规模，从而为学前教育规划中目标的确定提供依据。

2. 科学性系统模型预测法

系统是指诸个相联系的要素按一定的集合结构所构成的具有特定功能的有机整体。预测，从一般意义上讲，是指对不确定的或未明了的事物进行分析、推断与预见。在多数情况下，预测的事物是未来的事物。该方法是从揭示事物发生起始，接着考察其历史演进和现状，在这两者的基础上去推断事物未来的发展，并把对事物未来的推断作为指导现在活动的依据。学前教育规划是一项复杂的系统工程，科学性系统模型预测法就是把学前教育看作国民教育大系统中的一个有机的组成部分，从学前教育与其他系统在纵向、横向上的相互联系、相互影响、相互制约等方面预测学前教育的未来发展趋势。运用科学性系统模型预测法要把握整个国民教育由哪些子系统组成，了解学前教育与小学教育、初中教育、职业教育等大教育系统中各个子系统之间的关系，明确学前教育系统在大教育系统中的地位和作用，从而科学地做好学前教育发展的预测工作，确定学前教育规划的目标。在运用这种方法进行规划时，管理者要研究我国的教育方针政策、教育思想等，特别要研究符合时代发展要求的教育理念，如要研究"面向现代化、面向世界、面向未来"的教育思想；要研究如何落实第五次全国教育工作会议精神，如何通过教育改革培养幼儿的创新意识、创新能力等，从而为培养能迈向国际社会的未来人才奠定扎实的基础。

3. 调查法

调查法即通过调查研究，在切实掌握基本情况和数据、做到心中有数的基础上制订学前教育规划。这是学前教育规划的起点，直接关系到规划制订的进程和质量，起着"奠基石"的作用。调查的重点主要包括以下几项。（1）规划区内各年度人口出生、变动及分布状况。了解入园幼儿的人数及园外幼儿人数，以及在园幼儿的流动情况。（2）现有的办园物质条件，如幼儿园教育用房面积、幼儿活动场地、教育设施设备、图书资料等情况。（3）幼儿园现有教职工的状况，包括教职工人数、师资队伍结构（年龄、学历、专业知识水平和实际教育能力）、教师与幼儿的比例等。（4）规划区内农业、工业、商业经济发展情况及其特点，居民收入水平，文化教育基础，自然地理条件，民族风俗习惯等。在全面调查和分析的基础上，掌握准确的数据，制订出合乎实际的科学的学前教育规划。

4. 社会需求法

社会需求法就是把学前教育的社会需求作为制订学前教育规划的参照条件。学前教育的社会需求有两层意思：一是指因社会中的个人及家庭本身的价值观念和发展取向而产生的对学前教育的需求；二是指为了促进社会的发展和进步，学前教育应该如何举办和改革。前者是根据社会大众的需要和喜好来规划学前教育的发展，保证每个公民享受学前教育的受教育权；后者是从社会发展的角度来考虑学前教育规划。学前教育作为国民教育的有机组成部分，它必须为实现社会发展目标服务，它所培养的人才将在20年后服务社会。因此，学前教育的举办应该考虑社会对教育的需求，从而发挥教育推动社会发展的作用。社会需求法要求我们在制订学前教育规划时，既要考虑社会大众对学前教育的需求，又要立足于社会发展的需要，二者统筹兼顾。

采用这种方法要求管理者从分析影响社会需求的因素出发，获取学前教育发展规模、速度的规划参照系数。影响学前教育社会需求的因素很多，如家长的价值观和家长的学前教育观，这些对其子女的教育有极大的影响；各社会阶层对学前教育的看法不同，会产生不同的教育需求；学前儿童的数量，以及在各地区的分布都影响幼儿园的设置、幼儿园的规模等；政府的学前教育政策更是具有极大的影响力。

（二）制订学前教育规划的一般步骤

1. 对教育方针、指导思想的理解

学前教育事业是全党全民的事业，涉及面很广，对我国物质文明建设和精神文明建设的影响时间长、力度大。因此，在制订学前教育规划时要认真学习马列主义教育理论和毛泽东、邓小平教育思想，"三个代表"重要思想、科学发展观、习近平新时代中国特色社会主义思想对学前教育的有关规定，领会党中央、国务院以及上级教育行政部门关于发展教育事业的方针、政策，同时，结合本地区的实际，深入了解本地区、本部门的具体情况，明确学前教育的发展目标。在此基础上，以党的教育方针为依据，以马克思列宁主义、毛泽东、邓小平教育思想，"三个代表"重要思想、科学发展观、习近平新时代中国特色社会主义思想为指导，管理者应正确处理好全局与局部的关系，处理好学前教育发展与教育整体发展的关系，处理好学前教育发展与本地区经济发展的关系，使学前教育事业的发展既坚持社会主义方向，又符合实际，稳步持续发展。

2.了解现状，分析趋势

要制订一个好的学前教育规划，最基本的前提就是要了解、掌握学前教育发展的现状。学前教育规划的制订必须收集比较充分、可靠的学前教育现状信息，在此基础上分析学前教育的未来发展趋势，为学前教育规划目标的确定与规划实施方案的拟定提供依据。要充分获取学前教育现状的资料，就必须切实做好调查研究工作。了解学前教育现状可以从以下几方面去收集信息：（1）社会的政治、经济、文化、科学技术的发展对学前教育的影响和要求；（2）本地区、本单位幼儿教育发展状况；（3）本地区发展对人才的需求状况；（4）本地区人口发展变化的信息：学前儿童的人口数、本地区人口的流动量、本地区的出生率等；（5）幼儿教师的数量、任职资格、学历情况；（6）幼儿园的设施设备情况等办园条件；（7）教育经费方面的信息：教育经费总额、不同来源的教育经费等。根据所获得的信息，分析幼儿园未来发展的规模以及可能性，对幼儿园的未来发展预先做出估计和设想，确定幼儿园教育改革的发展趋势，明确幼儿园的发展方向。

3.分析资料，提出目标假设

通过调查研究，管理者了解学前教育发展现状，只是给制订规划提供丰富的感性材料，并不等于有了符合实际的学前教育规划；重要的应该是在获取学前教育现状资料的基础上，针对所获得的大量资料进行分析研究，然后提出目标假设。在分析研究时，管理者要坚持正确的政治方向和科学研究的原则，对获得的资料进行处理。去伪存真，去粗取精，由表及里地找出各种事物之间的关系，并进行综合分析和推理，确定学前教育事业的未来发展趋势。在对所获取的资料进行分析的基础上，管理者要对规划的目标进行假设。目标的设定要根据上级有关教育政策、任务和要求，如上级学前教育规划的目标、本地区整体教育规划目标。在制定目标时还应该考虑本地区学前教育的实际情况。学前教育规划的目标应该是高标准的，但又是切实可行的，不是高不可攀的。

在提出目标假设时，管理者可以根据经济、社会、学前教育的不同基础和可能为学前教育提供的师资、经费等，提出不同的目标假设，形成不同的备选方案。

4.对假设进行可行性论证

对假设进行可行性论证是制订规划的关键程序。在对假设的方案进行可行性论证时管理者要做以下几方面的工作。一要了解编制学前教育规划方案阶段所进行的工作，使论证有一定的根据。二要分析确定目标合适不合适，是定得过高还是过低。三要分析方案实施过程中会遇到哪些困难，可行性如何。四要考虑规划的依据是否充分，指标是否正确，体系是否完整，逻辑是否严谨，表述是否清楚。可行性论证的方法主要是请学前教育的专家、学者一起参与研究，保证学前教育规划的科学性；同时，要坚持专家审定与群众参与相结合的原则，广泛听取广大基层教师的意见，坚持"从群众中来，到群众中去"的方法，实行自下而上、自上而下、上下结合的程序。要充分相信群众，依靠群众，为规划的实施打下良好的基础。

5.书写报告，提请审批

在对假设的学前教育方案进行可行性论证以后，管理者就可以根据学前教育规划制订的格式要求，书写报告，提请上级部门审批。这是规划的最后一步，也是最重要的一步，这样制订的规划是建立在广泛听取专家和教育第一线工作人员意见的基础之上的，是集体智慧的结晶。

第三节 学前教育规划的实施

科学的学前教育规划被制订以后，必须付诸实施，才能发挥规划应有的作用，才能有效地促进学前教育事业的健康发展。

一、实施的含义

实施是变规划为行动、使设想成为现实的过程。没有实施，最好的规划也不过是一纸空文，没有实际价值。学前教育规划的实施是一个有计划、有组织地进行控制和调节的过程，是管理者根据目标，把人力、物力、财力科学地组织起来，使目标落实到位的过程，在这个过程中要做到人尽其才，物尽其用。

学前教育规划的制订和学前教育规划的实施紧密相连，缺一不可。规划的制订是基础，规划的实施是关键。没有规划，实施则没有依据，缺少了"向导"；制订好的规划不实施，就是纸上谈兵，毫无意义。

实施学前教育规划，使既定的目标、设想得以实现，这一过程为学前教育工作者提供大显身手、增长才干的机会，他们的积极性、创造性都将在实施规划的过程中充分发挥和展示。

二、实施的原则

（一）导向性原则

学前教育规划是一定时期内学前教育工作的指南，它为人们展现的是一种经过一定的努力可以达到的光明前景。规划目标是规划工作的出发点，它规定着学前教育工作者必须根据规划的目标、要求去开展工作。管理者必须以规划为依据，围绕规划中提出的目标、要求、任务，一步一个脚印地实施。在实施过程中，对每一个学前教育工作者而言，规划是工作的指针，一切工作必须严格按照规划有目的、有步骤地进行，而不是盲目地、随心所欲地进行。学前教育规划还促使工作者们明确努力的方向，注重面向未来，拼搏奋进，不断做出新的业绩。在幼儿园发展规划制订好以后，幼儿园各部门的工作就紧紧围绕规划中的目标而展开，并层层分解，落实到人。

（二）全面性原则

一份好的学前教育规划，只有得到全面实施，才能实现真正的价值。在规划实施过程中，应该坚持全面性原则。这里所讲的全面性首先是指，管理者要全面实施规划中的目标、要求、任务，不能偏废某一方面。如某幼儿园发展规划中的目标是创建花园式的绿色园地和培养道德高尚、业务精良的教师群体，园领导为了创建花园式绿色单位，在办园条件的改善方面投入了很大精力，幼儿园的硬件有了很大改善，但教师队伍素质的培养和提高却被忽略，最终导致幼儿园硬件上了档次而保教质量下降的结果。因此，实施者首先要将规划中的所有目标牢记在心，忽略任何一方面的工作都是不可取的。其次，管理者要全面调动各方面的力量来实施学前教育规划，要动员全体教职员工参与，以主人翁的姿态积极投身到规划实施工作中去，充分发挥主观能动性，为实现规划中的既定目标而努力。最后，管理者要全面考虑影响规划实施的因素，要合理组织人力、物力、财力，做到人尽其才，物尽其用，保证学前教育规划的顺利实施。

（三）系统性原则

学前教育规划目标确定以后，管理者要将规划目标层层分解，确立各地区、各部门以及个人的目标，层层落实，从而形成系统化的目标体系，使实施者个个明确目标，人人落实目标，保证学前教育规划所制定的目标能真正落到实处。

幼儿园一般制订五年发展规划，在幼儿园发展规划制定好以后，要将规划中的目标、要求和任务分步落实，如某幼儿园五年发展规划中的目标是"力争在5年内把我园办成具有科学管理水平，以环境教育为特色的省级示范性实验幼儿园"。这是幼儿园发展的理念性目标，具有强烈的指向性，它对于幼儿园的全体教职工具有强大的鼓动作用。

为了实现这个目标，就必须将此目标具体化，使其更具有可操作性，并将目标分解，落实到幼儿园的各个部门，形成一个目标系统。幼儿园的每个部门、每个教育工作者都明确自己部门和自己的目标，从而统一思想和行动，共同为实现目标、完成学前教育规划的任务而努力奋斗。

（四）反馈性原则

由于学前教育规划是为策划和安排学前教育未来的发展而制订的，其在实施中可能会发生一些预先没有预料到的情况，有时会出现规划与实际操作产生矛盾的状况。为了保证规划的顺利实施，必须及时了解实施情况，收集信息，根据反馈信息调整措施，使规划圆满实现。信息的反馈主要通过检查来实现。在检查中，要关注对规划中目标完成状况起影响的主观和客观因素，寻求调整规划和更好地实施规划的方式方法，从而确保规划目标的顺利落实。

为了保证幼儿园发展规划层层落实，管理者要善于获取规划实施的反馈信息，要经常深入一线，了解规划在实施过程中的具体情况；通过进班看活动、与教职员工的交谈等获得第一手资料，及时掌握规划实施进展情况。管理者发现问题要立即采取措施纠正，使幼儿园的各项工作围绕总目标规范、有效地展开，最终实现幼儿园发展规划所制定的目标和要求。

三、实施的主要步骤

（一）准备与发动

制订好的规划，必须更好地落实，首先管理者要广泛地进行多渠道、多形式的思想宣传，使大家认识规划实施的重要性，牢固地树立主动参与的意识，使规划成为人们活动的指南，把实施规划变成人们自觉的行动；其次，管理者要深入了解规划的内涵，要组织实施者认真学习学前教育规划内容，领会其精神实质，明确规划的目标、要求和任务，为有计划、有步骤地落实规划做好思想上的准备。

（二）组织与指挥

在全面发动的基础上，管理者必须根据规划中的目标进行组织实施。首先管理者要建立良好的组织机构，要建立执行系统、反馈系统和监督系统。幼儿园教育规划的实施，主要是园长要会选人用人，把适当的人放在适当的岗位从事适当的工作。园长在选人时要注意用人所长，在授予职务的同时，要把目标、权利、责任一起交代下去，人尽其才，有效地发挥作用。在建立良好的组织机构后，园长还要建立相应的规章制度，保证规划目标的实现，使每个部门都明确自己的职责。

指挥是指在实现规划目标和完成任务的过程中，领导给予下级部门或个人以具体的指导，帮助出主意、想办法，克服困难，排除干扰，增强信心，使规划的实施工作朝着正确的方向前进。领导者要使自己的指挥取得实效，应该注意以下几方面的问题。首先，领导者要深入基层，了解规划实施情况，取得第一手资料，可以采取以点带面、解剖麻雀的方法有计划地进行蹲点工作，开展系统周密的调查工作，树立典型，及时推广；发现问题，及时纠正。其次，领导者要抓两头促中间，对做得好的先进要及时总结经验，加以推广；对做得不够好的要帮助找出差距，解决问题，尽早转变，从而推动实施整体工作大踏步向前。最后，领导者要善于听取群众意见，及时修正规划，充分调动群众的积极性，这是保证规划落实的关键；在调动群众积极性的基础上，对他们及时提出工作目标，指导他们的工作。

管理就是指挥，指挥就是协调。因此，在实施规划的过程中，领导者要善于协调各部门、各条线的工作，及时发现人员之间、部门之间的分歧，认真进行协调工作，尽快统一看法，消除分歧，使实施规划的部门和人员能将自己的行动统一纳入指向规划总目标的轨道，保证规划实施工作的顺利进行。

（三）检查与落实

学前教育规划的检查与落实是规划实施的必要环节。学前教育规划在实施的过程中由于环境、条件变化等原因，可能会出现这样或那样的问题，会产生变化。因此，对学前教育规划实施的检查，是规划实施的一种保证措施，是一个促使规划落实和不断修正、完善规划的过程。通过检查，管理者可以全面了解一些各阶段的规划执行情况，是调整全局部署、指导今后工作的依据。检查可以推动规划的实施，使规划中的内容更好地得到落实，及时解决实施规划中存在的问题，及时纠正实施过程中的偏差，对好经验、好方法、好方式进行总结推广，从而有力地推动学前教育规划的顺利实施。检查教育规划执行情况，是保证学前教育事业发展不偏离学前教育规划目标的重要手段。

检查要以规划目标为依据，有目的、有计划、有步骤地进行，要采取实事求是的工作态度，获取的信息要尽量丰富。在获取足够资料的基础上，管理者要对检查的结果分析研究，分清主客观原因，为解决问题、有针对性地采取改进措施奠定基础。

检查可以通过实地考察、召开会议、听取汇报、专项督查、查阅资料等形式获取一定的信息，对规划落实情况做出诊断。在检查中，管理者要伴以及时的指导，在发现问题后，要尽快提出指导性的意见和建议，纠正偏差，确保规划更好地得到落实。在检查中，管理者有时也会发现规划工作本身的问题，这就有必要通过一定的手续、程序，对规划做出必要的修改。总之，检查在规划实施过程中起着非常重要的作用，管理者要努力发挥检查的作用，促使学前教育规划顺利实施。

（四）总结与提高

总结是对学前教育规划实施全过程的回顾，是规划实施过程的终结环节，其用科学的方法，对已经做过的工作进行评价，肯定成绩，获得经验，发现问题，吸取教训，探讨规律，进而为确定下一阶段的学前教育规划提供依据。总结是为了提高，总结可以承上启下，起到增强规划工作的预见性和科学性，提高规划质量和学前教育工作水平的作用。

在对学前教育规划实施工作进行总结时，管理者要依据以下原则。

1. 要以检查为基础

总结是检查的后继阶段，没有有效的检查，就不可能有符合客观实际的总结。因此，要做好总结，首先必须抓好检查。只有检查工作做得扎扎实实，实施规划的过程才能更实在，过程资料才会更丰富，反映经验和教训的典型素材才会更有说服力，做出的评价才会更真实、可靠、可信。

2. 要以理论为指导

对学前教育规划的实施工作进行总结时，管理者要以马列主义教育理论、毛泽东教育思想、邓小平教育思想、"三个代表"重要思想、科学发展观、习近平新时代中国特色社会主义思想，以及教育科学、管理科学的理论作为指导，使经验上升到理论的高度。总结的过程，也是使经验理论化的过程。总结要在深入学习党的教育方针政策、学习有关教育科学、管理科学理论的基础上，找经验、寻差距、明确改进方向。

3. 要以提高为宗旨

总结的目的在于提高。总结是一项创造性的工作。在这个阶段，我们要将检查所得的结果与所制订的规划进行对照，实事求是地做出评价。评价的准确性主要通过分析研究实现规划目标的经验和达不到目标的教训来确认。对实施规划过程的经验教训进行分析研究，目的在于探索学前教育管理的规律，促进学前教育事业健康、快速地发展。

思考题

1. 影响学前教育规划的因素有哪些？
2. 制订学前教育规划的原则有哪些？
3. 如何实施学前教育规划？

第八章　学前教育法规与学前教育立法

学前教育立法，是伴随着国民教育体系的产生而出现的，是国家用法律的手段直接干预和控制学前教育行政和幼儿园教育的现象。及至20世纪中后期，以立法形式管理教育行政和幼儿园工作已成为世界各国教育管理的共同特点和趋势。依法治教、学前教育管理活动法制化，亦成为现代教育的基本特征之一。

第一节　教育立法概述

一、教育法规和教育立法

（一）教育法规

1. 法规

法规是指由国家权力机关及政府机关制定并颁布的法律、规章等规范性文件。法规具有以下三个特点。（1）稳定性。法规的制定、修改、取消都需经过严格的程序，使得法规本身就有了相对稳定性。运用法规进行管理，政策不易因领导的更迭和领导个人的主观意志而随意变化。（2）权威性。法规是由国家权力机关及政府机关制定并颁布的，以国家政权为后盾的法律、规章、条例等，任何单位和个人都必须遵循，不允许违抗。（3）规范性。法规有其严格的、完整的体系，并用准确的语言加以阐述。因此，它的适用对象、实施主体、实施范围、程度等内容的含义不易产生歧义；除指定机关外，也不允许随意解释。

2. 教育法规

教育法规是指关于教育的法律、规章、条例等文件，是由国家制定的关于教育的成文法，它由宪法和关于教育的法律，以及国务院、教委发布的决定、指示、命令、暂行规定、暂行办法、通知、条例、规程等构成。教育法规是调整在培养人的教育活动中发生的各种内外部关系的规范性文件的总和，它以国家或政府某一部门的名义，用一定的法律规章程序来表述和体现。教育法规的内容通常体现统治阶级的教育意志和教育活动的客观规律。

所谓"培养人的教育活动"，不是泛指一切对人发生影响的广义教育，而是专指有目的、有意识、有组织的教育活动，主要是学校教育。

而"各种内外部关系"中的内部关系主要是指直接参与教育活动的诸方面构成的教育关系，如师生关系，教育行政管理部门的上下级关系；外部关系是指学校一切工作和教育行政正常运转必须与之相联系的，但不直接构成教育活动的诸种关系，如教师和家长的关系，教育机关与财政、文化、卫生、福利、劳动就业等其他部门的关系。

"规范性文件的总和"中的"规范性"是法律文件的基本特征，教育法规是人们进行教育活动的社会行为规范，它不同于政策、纪律，也不同于道德准则和群众团体规章。

所谓"以国家或政府某一部门的名义"是指由拥有立法权的专门立法机关和享有一定立法权力的行政机构制定法规。它表明法规制定过程的规范性和实施过程中的强制性。教育法规同其他法规一样，通过强制力保证社会的一并遵循，发生普遍效力。

教育法规的内容是统治阶级教育意志和客观教育规律的综合反映，教育法规的立法范围是调整与教育活动有关的各种内外部关系，教育法规文件在制定和表述上具有规范性，教育法规的实施依靠国家或政府部门的强制力。

（二）教育立法

1. 教育立法

教育法规的制定通常又简称为教育立法，它是指国家机关制定、修改、废除教育法规的专门活动。

首先，进行教育立法意味着国家将自己的教育政策及人民群众的教育意愿上升为法律，变为国家意志的基本方式。其次，教育立法是国家机关把党的教育主张及全体人民的教育意愿，根据法令权限和程序，制定、修改和废止教育法规的专门活动。再次，教育立法和一般立法一样，有广、狭两种含义。广义的教育立法泛指有关国家机关依据法定权限和程序制定具有不同法律效力的规范性教育文件的活动，狭义的教育立法专指人民代表大会及其常务委员会依据法定权限和程序制定教育法规的活动。

2. 教育立法的意义

教育立法的意义是多重的，是由教育立法的规范性、科学性和强制性决定的，其主要的意义有以下三方面。

（1）保障公民的受教育权利。公民的受教育权利是宪法中明文规定的，然而在实际生活中，公民的受教育权利并没有得到充分实现，社会、家庭因素以及传统的观念使得一些人的受教育权得不到保障，中途辍学、童工、女子入学难和升学难等问题都是典型例证，而这些又从来未成为法律问题而引起人们足够的重视，更缺乏有力的解决措施。教育立法以明确的"权利—义务—责任"形式规定了保障公民受教育权的具体行为准则，一旦触犯，便将受到法律的制裁。过去视子女教育问题为家庭内部事务，而现在这种家长特权的观念被"义务教育法"所规定的由家长、学校、国家共同为少年儿童受教育履行义务所消除。保障公民的受教育权是社会主义教育民主化进程中的基本任务。

（2）促进教育管理的科学化和法制化。教育管理离不开教育立法，教育立法是提高教育管理效率的关键因素之一。教育行政或学校管理法规的主要意义之一，首先是确立教育管理活动诸多方面的法律地位。各种教育管理中形成的社会关系，只有通过教育立法加以明确，才能构成规定的法律关系，教育行政管理活动才能展开。其次，教育立法保障教育管理职能的实现，教育立法明确规定管理者的责任、职权、任务，以及各种行政管理关系，使得大量的管理活动都有法可依，有章可循，使教育管理工作程序化，提高工作效率。最后，教育立法可促进教育管理科学化水平的提高，教育管理的科学化主要是指合理规定人员的编制，使教育管理机关形成最佳的组织状态，使各级教育管理机关上下组成一个高效的执行与指挥系统。教育管理法规内容的科学与合理是教育管理活动科学化的依据和前提。

学校管理与行政管理一样，离不开教育立法，只有管理法规系统、完善、合理、科学，才能保证管理活动的高效与合理。

（3）宣传作用。教育立法在社会生活中，除了明文规定教育活动参与者各自的"权利—义务"和"职—权—责"外，还有极大的宣传作用。相对于教育的强制性或刚性特征而言，我们称教育立法的宣传作用为"柔性作用"。教育进步，除了制度进步外，还包括观念转变，而对新的教育观念最普遍、最简练、最深入的宣传形式就是教育立法的宣传。"义务教育""终身教育""教育机会均等""职前教育""素质教育"等各种新的教育理念的传播及普及，都要依靠教育立法。教育立法还起着推广和宣传教育改革成果的作用。教育改革在一定范围内取得成功之后，以教育立法形式加以确定，并在更大的范围内推广、运用。

二、我国教育法规体系

教育法规体系是指一个国家现行的调整教育内外部关系的各种教育法律、法规、规章等规范性文件，是按照一定的原则组成教育法规部门和教育法规层次，形成的一个相互协调、完整统一的法律体系。教育法规体系不同于由行使国家立法权和行使立法性职权的各种国家机关构成的教育法规体系或立法制度，不同于法学理论研究中的教育法规科学体系，也不同于教育法规编纂体系。

我国的教育法规体系由各种教育部门法规构成其横向结构，由不同层次的法律、法规构成其纵向结构。

（一）教育法规体系的横向结构

教育法规体系的横向结构，是指根据教育法可调整的教育社会关系的特点或教育关系构成要素（主、客体内容）的不同，划分出若干处于同一层次的部门法，形成法律调整的横向覆盖面。横向构成的教育法规之间存在着交叉和并列关系。

教育法规的横向结构在各个国家不尽相同，每个具体国家的教育法规体系的横向结构也会经常变化，主要伴随着新的教育关系、教育结构、教育形式的出现，以及新的部门法规的制定而变化。我国的教育法规体系的横向结构一般包括义务教育法、职业技术教育法、高等教育法、社会教育法、成人教育法、学前教育法、特殊教育法和教师法等。

1. 义务教育法

义务教育在一些国家又称"强迫教育"，由于通常是免费的，又称"免费教育"。义务教育法是将国家实施义务教育的基本主张和原则用法律的形式表现出来，其表明义务教育的必要性，义务教育的性质，义务教育的入学年龄、年限及学制，以及义务教育的经费和办学形式、义务教育的师资来源等，其目的是保证适龄儿童、少年在国家、社会、家庭的法律责任和义务的约束下受到一定的国民教育。

义务教育法是近代教育开始立法以来最早出现的教育基本法，19世纪末开始在全世界范围内迅速出现和实施。制定义务教育法已经成为教育普及运动的根本性措施。20世纪70年代以来，各国的义务教育法都有些变化和修改，我国也不例外，其主要趋势是延长义务教育年限、扩大免费范围、更加重视残疾儿童的义务教育。

从义务教育法的制定和实施来看，义务教育法的基本内容有：(1)国家有制定法律强迫公民在学龄期受教育的义务；(2)国家有开办学校、培养教师、供应教材等保证儿童及少年的受教育条件的义务；(3)儿童及少年在学龄期有受教育的权利和义务；(4)家长和监护人有送子女入学的义务；(5)社会各方面有为教育纳税和捐资、集资助学和兴学的义务。

2. 职业技术教育法

职业技术教育法是为调整国家实施职业技术教育所发生的教育关系的部门法。职业技术教育是在基础教育之上进行的。在立法范围上，职业技术教育法一般不与义务教育法发生交叉关系，但由于近年来普通教育与职业技术教育相互渗透，职业技术教育法也与义务教育法和学校教育法有所交叉。同时，职业技术教育法也与成人教育法和社会教育法发生交叉，成人的教育和社会教育的内容之一是职业技术教育。

3. 高等教育法

高等教育法是为调整因实施高等教育而产生的教育关系的部门法，以高等学校教育活动为主。有的国家的高等教育还包括夜大、电大、函大、职大、自学考试制度等多种形式。因此，高等教育法与成人教育法会产生交叉。同时，高等教育本身又是一种高等专业教育，一些应用性学科专业与高等职业技术教育存在一致性，使得高等教育法与职业技术教育法有交叉关系。

高等教育具有教学、科研、为社会服务的多重任务。关于高校科研技术人员的规定，关于他们科学技术成果的所有权、著作的版权、学术研究的自由原则以及为社会提供的有偿服务等，都是高等教育法的立法范围，同时高等教育法又与科学技术法、出版法等发生交叉关系。

4. 社会教育法

社会教育法是为调整因实施非学历教育而发生的教育关系的部门法，以提高公民的文化修养，丰富人民的闲暇生活，提高和训练公民的某种技术、才能等为主要内容。社会教育法涉及的领域包括：家庭教育、婴幼儿教育、公民教育、老年人教育、少年儿童的校外教育等。实施社会教育的主要机构有少年宫、图书馆、博物馆、文化宫（站）、电视台、电台、父母学校、老年大学等各种业余教育机构。

社会教育法与成人教育法、未成年人保护法等发生一定的交叉关系，它是非制度化、非正规化教育的总和。其立法范围很广，既要与正规的学校教育在教育性上保持一致，又要对各种各样的教育形式和内容加以保护、规范和调整；既要鼓励和保护社会各方面的办学热情和力量，又要严格控制不利于精神文明建设和青少年身心健康的教育形式和内容。

社会教育法通常要明确技术教育的管理机构及其职责，明确监督机构及其职责，规定各类社会教育的办学条件和原则。

5. 成人教育法

成人教育法是为调整国家实施成人教育而制定的教育部门法。成人教育的教育对象主要是在职的干部、职工和其他就业人员。成人教育法在内容上与社会教育法、职业技术教育法和高等教育法存在交叉。在我国及其他一些国家，成人教育法调整的范围有：成人中、高级学校教育，在职教育，职前教育，广播电视教育，函授教育，自学考试制度，短期培训班等。

成人教育法明确规定成人教育的主要目标和基本教育形式，规定成人教育的管理、经费，学生的待遇、出路，教师的来源等有关方面的内容。

6. 学前教育法

学前教育法是为调整因实施学前教育而产生的教育关系的部门法。学前教育的教育对象主要是0～6岁儿童。学前教育法在内容上与义务教育法、社会教育法存在着交叉关系。学前教育法明确规定学前教育的保育和教育的主要目标和基本的教育形式、教育手段和教育原则，规定学前教育的管理、经费，教师的待遇、来源等有关方面。

7. 特殊教育法

特殊教育法也称残疾人教育法，是以盲、聋、哑、智障及其他残疾人为教育对象，为实施特殊教育而制定的教育部门法，其目的是保障残疾人与其他普通公民合法地享有同等的受教育权利。

特殊教育法不限于基础教育，它与职业技术教育法和残疾人保护法有交叉关系。特殊教育法规定特殊教育的一般原则，也规定这类教育的师资、经费、设施等教育条件。

8. 教师法

教师法是以教育活动的主要主体——教师为对象而制定的教育部门法。它规定各级各类学校的教师资格、职责和权限，规定教师的权利和义务、教师的流动、考核进修和特殊待遇、教师的特别鼓励办法等。教师法还应明确教师职业内部的各类工作人员，如保育员、实验员、辅导员、教学研究人员等的资格、职责和权限。

（二）教育法规体系的纵向结构

教育法规体系的纵向结构，是指由不同层次的教育法规构成的立法权限和法律效力上的等级有序的法规纵向体系。教育法规纵向体系的构成与法律、法规的颁布机关和制定形式有密切的关系。

1. 宪法

宪法中有关教育的条文是制定教育法规的根本依据，具有最高的法律效力。宪法是国家最高权力机关制定的总章程和国家的根本大法。世界上绝大多数国家的宪法中都有关于教育的专门条款，甚至有关于教育的专门章节。我国宪法作为教育法规的渊源，一是为教育法规提供了基本指导思想和方法依据,二是为教育活动确定了基本法律规范。

我国宪法"总纲"中第一、二、三、四、五、二十三、二十四条,规定了教育法的基本指导思想和立法依据;第十九条规定了国家发展教育事业的目的、基本原则和义务为:国家发展社会主义教育事业,提高全国人民的科学文化水平。国家举办各种学校,普及初等义务教育,发展中等教育、职业教育和高等教育,并且发展学前教育。国家发展各种教育设施,扫除文盲,对工人、农民、国家工作人员和其他劳动者进行政治、文化、科学、技术、业务教育,鼓励自学成才。国家鼓励集体经济组织、国家企业事业组织和其他社会力量依照法律规定举办各种教育事业。国家推广全国通用的普通话。

宪法第四十六条规定了公民受教育的权利和义务:"中华人民共和国公民有受教育的权利和义务。国家培养青年、少年、儿童在品德、智力、体质等方面全面发展。"宪法第四十七条规定了公民从事高等教育、科研等的权利:"中华人民共和国公民有进行科学研究、文学艺术创作和其他文化活动的自由。国家对于从事高等教育、科学、技术、文学、艺术和其他文化事业的公民的有益于人民的创造性工作,给予鼓励和帮助。"宪法第四十九条规定了父母的教育义务:"父母有抚养教育未成年子女的义务。"宪法第八十九条、第一百零七条、第一百一十九条规定了国务院和县级以上各级地方人民政府和民族自治地方的自治机关领导和教育管理工作的权限。

应当特别指出的是,宪法是一个当代中国法的总渊源,宪法中规定的国家根本制度(社会制度、国家制度)、国家生活的基本原则、国家机构、公民的基本权利和义务等,都直接或间接地制约着教育活动,是一切教育立法的重要依据。任何形式的教育法规都不得与宪法相抵触。

2. 教育基本法

教育基本法是依据宪法制定的调整教育内部相互关系的基本法律准则,也可以说是"教育宪法"或教育法规体系中的"母法"。教育基本法通常规定国家教育的基本方针、基本任务、基本制度以及教育活动中各主体的权利、义务。世界上许多国家都有教育基本法或类似于基本法的教育法律。

我国的教育基本法《中华人民共和国教育法》(2015)规定了我国教育的地位、性质、方针和教育活动的基本原则,教育基本制度,学校、教师、学生等教育关系主体的地位及其权利义务,教育投入与条件保障,教育对外交流与合作,以及保护教育关系主体合法权益的法律措施。

3. 教育行政法规

教育行政法规是指国家最高行政机关为实施、管理教育事业,根据宪法和教育法律制定的规范性文件。教育行政法规在内容上是针对某一类教育管理事务发布的行为规则,而不是针对某个具体的事件和具体问题制定,在形式和结构上必须比较规范,在时效上必须有相当的稳定性。教育行政法规制定、审定、颁布必须经过法定的程序。

在我国,宪法第八十九条规定,行政法规专指国务院根据宪法和法律制定的规范性文件。它在名称上一般有三种：（1）对某一方面的行政工作做比较全面、系统规定的，称"条例"；（2）对某一方面的行政工作做部分规定的，称"规定"；（3）对某一行政工作做比较具体规定的，称"办法"。行政法规草案有两种发布方式：一是由国务院发布，二是由国务院批准、国务院主管部门发布。行政法规不论采取哪种发布方式，都具有同等的效力。

我国目前生效的教育行政法规，按1987年4月21日国务院批准的《行政法规制定程序暂行条例》标准，在形式和内容上都比较规范的主要有：《扫除文盲工作条例》（1993），《残疾人教育条例》（2017），《学校体育工作条例》（2017），《学校卫生工作条例》（1990），《教师资格条例》（1995），《中华人民共和国学位条例暂行实施办法》（1981），《幼儿园管理条例》（1989），《普通高等学校设置暂行条例》（1986），《征收教育费附加的暂行规定》（2011），《教学成果奖励条例》（1994）。

此外，还有一些在《行政法规制定程序暂行条例》（1987）颁布前由国务院发布的，具有教育行政法规效力，但在形式和内容上不够规范的行政法规。随着教育法制的完善和立法科学性的提高，教育行政法规的形式将逐步走向完善和统一。

4.地方性教育法规

世界上绝大多数国家都赋予地方（省、市、郡等）一定的立法权，其中包括教育的立法权。在地方分权的国家中，教育的地方立法是教育立法的主要部分。一般说来，由地方确定的教育法律及其他有关教育的规范性文件，只在特定的行政区域内有效。这些由地方立法机关制定的教育规范性文件，就是我们所指的地方性教育法规。

在我国，根据现行宪法和《中华人民共和国地方各级人民代表大会和地方各级人民政府组织法》（2015）的规定，省、自治区、直辖市的人民代表大会及其常务委员会根据行政区域的具体情况和实际需要，在不与宪法、法律、行政法规相抵触的前提下，可以制定和颁布地方性法规，报全国人民代表大会常务委员会备案。地方性法规，一般称"条例"，有时为区别不同情况也采用"规定""实施办法""补充规定"等名称。

地方性教育法规是我国教育法的一个重要渊源。如为了贯彻执行《中华人民共和国义务教育法》（2018），全国绝大多数省、自治区、直辖市制定本地区的义务教育条例，属于执行性、补充性的地方教育法规。根据有关法律、行政法规的原则精神，有些地方人大制定了"校园、校舍管理保护条例""学校用地保护办法"等，也属于自主性的地方教育法规。

与教育法律、行政法规相比，地方性教育法规有三个特点：一是地方性教育法规不得与宪法、法律、行政法规相抵触，具有从属性；二是地方性教育法规只在本行政区内有效，具有区域性；三是地方性教育法规是根据本地的具体情况和实际需要制定的，它在调整对象、权利义务、罚则等方面规定得更为具体，具有更强的操作性。

5.教育行政规章

我国宪法和《中华人民共和国地方各级人民代表大会和地方各级人民政府组织法》（2015）规定，省、自治区、直辖市的人民政府可以根据法律、行政法规和本省、自治区、直辖市的地方性法规，制定规章，报国务院和本级人民代表大会常务委员会备案。在一些辞书和教材中，规章被统称为"行政规章"，其中属于调整教育活动的，统称为教育规章或教育行政规章。

教育法规体系的横向结构和纵向结构，在宪法的统辖下构成有机的教育法规体系。各国教育法规体系的形成是伴随着教育立法的增多，以及逐步步入依法治教的轨道而形成的。

三、我国的教育立法程序及教育法制定的基本原则

（一）我国教育立法的基本程序

教育立法程序是指国家机关在制定、修改和废止法律规范的活动中，必须履行的法定步骤和手续。只有经过法定程序制定、修改的教育法才是合法、有效的。

立法程序可因不同国家、同一国家不同机关制定的法律规范文件的不同而不同，但通常都需要经过立法草案的提出，法规草案的讨论，法律的通过，以及法律的公布四个步骤。教育立法程序也一样。教育立法草案是由法定的机构、组织和人员（有法律提案权的国家机关和人员），依照法律规定的办法，在对相应问题进行详细调查，并会同有关团体、人员进行讨论的基础上拟定并提出的。其他的机关、团体、企事业单位和公民也可以随时提出制定某些教育法规的建议。教育法规草案的讨论，是指法律制定机关对列入议事日程的教育法草案进行正式审议和讨论。这是教育立法民主化的重要环节，也是教育法规通过的基础。教育法规通过，是指法律制定机关在教育法规草案经过讨论后表示正式同意，从而使教育法规草案变为教育法规。这是教育立法过程中最具有决定意义的步骤。教育法律公布，即法律制定机关用一定的形式将通过的教育法规予以正式公布。一般说来，法律公布与法律效力有密切关系。也就是说，法律被通过之后，如果没有按照法定程序和方式通知公民和国家机关，那么这一法律就不具有法律效力。法律公布是立法程序的最后一环。

（二）我国教育法制定的基本原则

任何一个立法过程，都是在一定原则指导下进行的。依据我国在长久的立法实践的基础上形成的一些具有中国特色的立法原则和教育活动的客观规律，教育法制定的原则除坚持四项基本原则这一根本指导性原则外，还有以下几点。

1. 实事求是的原则

这一原则要求制定的教育法规必须符合我国的国情，适应教育的整体水平。只有满足这一要求，教育法才能产生应有的效用。

2. 民主立法的原则

由于教育法的制定涉及教育、教学等专门性的业务与技术，在制定教育法的过程中，立法者要充分了解广大教职工及干部、专家、有关机关团体、学校的意见，并充分发挥他们在制定教育法过程中的积极作用。

3. 系统性原则

从制度上看，教育是一个整体，具有系统性。教育法也要与此相适应，形成系统。

4. 稳定性与适时变化相统一的原则

教育法一经公布，就要使之相对稳定，不能朝令夕改，但是也要随着国情的变化和教育发展做及时的补充、修订。

5. 本国与外国教育立法经验相结合的原则

新中国成立以来，我国在教育立法工作中虽有教训，但也有成功的经验，这些是我们制定教育法规的宝贵财富。世界上许多国家已具有较为完备的教育法规体系，值得借鉴。应该把两者结合起来，建立具有中国特色的社会主义教育法体系。

第二节 我国的学前教育立法

在论述我国的学前教育立法之前，首先有必要对我国教育立法体系中的学前教育法规进行大致梳理。

一、我国学前教育立法的可能性

（一）我国现有学前教育法规体系逐步完善

1. 宪法中关于幼儿教育的条款

宪法第十九条规定了国家"发展学前教育"，并且"鼓励集体经济组织、国家企事业组织和其他社会力量依照法律规定举办各种教育事业"。

宪法第四十九条规定了"儿童受国家的保护"，"父母有抚养教育未成年子女的义务"。

2. 教育法律中关于学前教育的条款

《中华人民共和国教育法》（2015）第十七条将学前教育纳入学校教育制度，并规定其作为我国的教育基本制度。该法确定的教育活动的基本原则、教育结构的法律地位和权利义务、教师和其他教育工作者的权益、教育结构与社会的关系，以及教育投入与条件保障的条款，对所有幼儿园都适用，也作为举办、管理幼儿园以及幼儿园保育教育活动应遵循的最基本的法律规定。

《中华人民共和国教师法》（2009）第二条还规定，该法适用于在各级各类学校和其他教育机构中专门从事教育教学工作的教师，也即适用于在幼儿园专门从事教育教学的教师，其关于教师权利、义务、资格，对他们的雇用、培养、考核、待遇等的规定，是幼儿园教师工作及幼儿园教师应遵循的法律规定。

3. 其他法律中关于学前教育的规定

学前教育涉及许多法律，但从幼儿的年龄特点和幼儿教育工作特点出发，最主要体现在以下两个方面的法律上。

（1）关于未成年人保护的法律

《中华人民共和国未成年人保护法》（2020）在"学校保护"和"社会保护"两章中专门对幼儿保护做出了规定。此外，《中华人民共和国残疾人保障法》（1991）专门对残疾儿童学前教育做了规定。

(2) 关于防疫、商品卫生的法律

《中华人民共和国传染病防治法》(2013) 等虽然不是专门针对幼儿园的，但鉴于幼儿园工作的特点以及幼儿园卫生保健的重要性，也应重点了解。

4. 幼儿教育行政法规

《幼儿园管理条例》(1989) 对幼儿园的管理做出了全面规范，包括幼儿园保育教育工作的基本原则、幼儿园的管理体制、幼儿园的设置和审批规范、幼儿园的保育教育规范、幼儿园的行政事务规范等。

另外，《残疾人教育条例》(2017) 第二章专门对残疾幼儿的学前教育做出了规范。《社会力量办学条例》对企事业组织、社会团体以及其他社会组织和公民个人利用非国家财政性教育经费举办幼儿园做了相应规范。

5. 幼儿教育规章

(1)《幼儿园工作规程》(2016)

2016年由教育部重新颁布，并于同年3月1日施行的《幼儿园工作规程》共十一章六十六条，根据教育法的精神，对幼儿园教育的任务和目标做出了规定，对幼儿入园和编班、幼儿园的安全、卫生保健、幼儿园教育、幼儿园的园舍和设备、教职工、经费、幼儿园和家庭社区、学前教育管理等具体问题做出了系统的规范，为幼儿园各项工作提供了可操作的依据。

(2)《托儿所幼儿园卫生保健工作规范》(2012)

2012年修订的《托儿所幼儿园卫生保健工作规范》，对生活制度、婴幼儿饮食、体格锻炼制度、健康检查制度、卫生消毒及隔离制度、预防疾病制度、安全制度和卫生保健登记、统计制度等，做了详细规定。此外，教育部和原卫生部等相关部门依照教育法律和行政法规，颁布了一系列的幼儿教育规章，从各个层面保障和规范学前教育。相关教育规章具体列举如下：《国家教育委员会全日制、寄宿制幼儿园编制标准（试行）》(1987)、《城市幼儿园建筑面积定额（试行）》(1988)、《全国幼儿园园长任职资格职责和岗位要求（试行）》(1996)、《幼儿园教育指导纲要》(2001)、《中小学幼儿园安全管理办法》(2006)、《幼儿园收费管理暂行办法》(2011)、《幼儿园教师专业标准（试行）》(2012)、《3-6岁儿童学习与发展指南》(2012)、《中央财政支持学前教育发展资金管理办法》(2017)、《托儿所、幼儿园建筑设计规范》(2016) 等。

6. 其他相关法规及规章

学前教育法规是学前教育法、学前教育法律文件及学前教育法条文的内容，而学前教育法的各种法规性文件或法律条文是学前教育法规的载体，它们之间是内容和形式的关系。

(1)《儿童权利公约》(1989)

这部公约由1989年11月20日联合国大会通过，共三部分五十四条。第一部分共四十一条，主要提出儿童应享有言论、思想、信仰和宗教自由、结社自由及和平集会自由等权利。儿童享有父母对其养育和发展的自由,包括残疾儿童;儿童还享有受教育、医疗保健等权利;指出缔约国应采取立法的形式确保儿童得以享受这些权利。第二部分共四条,主要指出缔约国应设立儿童权利委员会,审查与督促缔约国在履行《儿童权利公约》(1989)中所应承担义务的情况,并说明儿童权利委员会选举的办法、委员、候选委员的选择标准等。另外,还提出为促进本公约有效实施,应如何在本公约涉及领域进行国际合作。第三部分共九条,主要指出本公约的生成、修正等办法与途径。整篇公约充满了儿童有权享受特别照顾和协助,有权享受一切权利等思想。

(2)《中华人民共和国未成年人保护法》(2020)

1991年9月4日第七届全国人民代表大会常务委员会第21次会议通过了《中华人民共和国未成年人保护法》,2020年修订并通过了最新版。该法律文件把未成年人确定为未满18岁的公民,提出要保障未成年人的合法权益,尊重未成年人的人格尊严,适应未成年人身心发展的特点,对未成年人应教育和保护相结合;提出要对未成年人进行家庭保护、学校保护、社会保护和司法保护。其中,在学校保护部分,该法律文件对幼儿园在保护幼儿方面的职责做了明确的规定。该法律文件还对未成年人权利受到侵害提出法律责任的追究规定。

(二)其他可资借鉴的教育阶段法规

从我国教育法规体系的横向结构来看,义务教育、职业教育、高等教育、成人教育、民办教育等方面的教育法规对各级各类教育的实施做出了规定,推进了我国依法行政、依法治教的进程,为学前教育立法,构建完整的教育法制体系提供了可资借鉴的教育法规文本。

二、我国学前教育立法的任务

学前教育立法是教育立法的重要组成部分,也是对学前教育的发展具有重要影响的一项工作。一个国家学前教育立法的状况和学前教育法律、法规的完善程度从一定程度上反映了该国学前教育发展的水平。新中国成立后,中央政府注重教育的立法工作。1952年,新中国就颁布了第一个教育行政规章《幼儿园暂行规程》草案。我国的学前教育立法工作在最近的几十年中有了很快的发展,一些有关学前教育事业发展的学前教育法规相继颁布,学前教育的立法走上了正常的发展轨道。但由于我国的学前教育立法起步较晚,加上一些因素的干扰,学前教育的法规还不健全,学前教育的立法工作还面临许多困难。

(一)应建立一个与我国的国情相适应的、能充分满足我国学前教育事业发展需要的学前教育立法制度

我国是一个实行社会主义市场经济的国家,国家的各项事业坚持社会主义的基本原则。国家对学前教育有明确的原则和目标,国家对学前教育的发展和管理有宏观的和统一的要求。这种要求已通过一些学前教育法规加以明确。我国又是一个地域辽阔的国家,各地的社会、经济发展水平不平衡,学前教育的发展和管理不能一刀切,应从实际出发,确定发展的要求和原则。因此,我国的学前教育立法应从国情出发,既体现国家和中央政府的权

威,又注意各发展程度不同地区的学前教育现实,发挥地方政府在学前教育立法方面的作用,使地方的立法功能起到现实的作用,为学前教育服务。采取灵活多样的立法机制,使各种学前教育法规真正起到促进事业发展的作用。

（二）进一步完善我国学前教育法律、法规体系

我国的学前教育法律、法规体系目前还不完善,学前教育领域最具有法律约束力的只是行政法规,还缺乏学前教育的法律。立法者有必要从学前教育发展的现实出发,从我国学前教育事业发展的规模考虑,制定更加具有法律约束力的学前教育法,填补学前教育法律、法规体系中的法律空白,真正体现学前教育的社会地位和重要性。此外,涉及学前教育不同层面的法规还应加以充实和完善,如有关学前教育机构的课程、环境、家长工作、经费、设备等方面的法规。地方性学前教育法规是学前教育法律、法规体系的重要组成部分,应加强地方政府学前教育立法的功能,充实微观的学前教育法规及其他具有法规约束力的规范性文件的制定,使我国的学前教育法律、法规体系与我国学前教育事业发展的规模相适应。

（三）加强对各级各类法律、法规及具有法律约束力的文件之间的协调

随着学前教育立法工作的深入,学前教育的法律、法规将不断丰富和充实。由于我国行政机构的层级很多,各地学前教育发展的状况也各不相同,学前教育法律、法规的性质也多种多样,这样容易造成各层次的学前教育法律、法规及其他规范性文件之间的不一致和不协调。如何在坚持学前教育的基本方针和基本原则的前提下,充分体现学前教育发展和管理的灵活性和多样性是学前教育立法工作的一个重要课题。

第三节 我国学前教育法规的执行

法律规范的执行就是法律规范付诸实践的过程,简称执法。执法与立法相比,涉及的人员更多,是一项公众行为。执法是学前教育法规发挥作用的根本保证。学前教育法规是规范学前教育事业发展的重要指针,要使学前教育法规对学前教育起规范作用,就必须切实地执行既定的学前教育法规。执法是学前教育法规的合理性得以检验的根本途径,执法也是学前教育健康发展的重要保证。学前教育法规的执行是广大学前教育工作者的共同的任务,对学前教育事业的发展意义重大。学前教育法规的执行有一些基本的步骤,在执行的过程中应注意一些基本的要领。

一、学前教育法规执行的步骤

（一）宣传和解释

要使学前教育法规顺利地贯彻实施,必须加强对学前教育法规的宣传和解释。所谓学前教育法规的宣传,是指通过多种方式引导学前教育工作者及其他公众对法规的了解。学前教育法规的宣传还应包括向公众宣传学前教育法规的重要性。法规宣传的方式有很多,

主要的方式有：通过报纸、广播、电视等大众传播媒体进行宣传；直接面向学前教育工作者及大众的宣传和咨询；通过专门的会议、报告等方式进行的宣传，等等。通过宣传，学前教育法规的影响得到扩展，人们对学前教育法规的重要性有了更深入的了解。

学前教育法规的解释是一项会对法规的实施和执行产生直接影响的工作。法规的解释是指对法规整体或法规中相关条款的说明。法规解释是确保法规的精神得以贯彻落实的关键。每一个法规都规定了解释权的所属，法规解释权的拥有者往往要通过委托的方式下放法规的解释权。学前教育法规就是通过教育行政机构的层层解释，被公众尤其是学前教育工作者所接受和理解。这种由法规解释权拥有者授权的层层解释，被称为法规的正式解释，是法规贯彻、执行的重要依据。一些专家、学者对学前教育法规的解释可能与正式解释一致，也可能不尽一致，可作为法规贯彻、执行的参考。学前教育工作者及公众对学前教育法规所做的解释，同样可能与学前教育法规一致，也可能不一致，有时甚至会出现对学前教育法规的曲解。因此，应充分发挥正式解释的作用，确保学前教育工作者及公众对法规理解的准确性。

（二）学习和运用

解释和宣传法规主要是学前教育行政机构的工作，要使法规真正落实到学前教育的实践之中，必须引导教师努力学习法规，把握法规的精神实质，并在实践中努力贯彻和执行法规的精神。学前教育工作者学习法规，重点在于明确法规所倡导的基本教育理念和权利—义务关系，明确法规所界定的合规行为和违规行为，明确法规的制约措施等，并且应结合工作实践学，针对现实生活中的现象学，针对自己的不足学。运用法规的精神是法规产生实践成效的根本保证。学前教育工作者运用法规，常易模糊信息、出现差错，对一些习以为常的惯性行为缺少反思，对新事物和新关系缺乏协调能力。

（三）对照和检查

学前教育工作者在工作中应善于用学前教育法规的要求衡量和对照自己的工作，使学前教育法规对学前教育实践产生真正的指导作用，自觉地以法规的要求对照自己的教育行为，是对学前教育法规深入学习并内化的结果。因此，对学前教育法规的深入学习是学前教育工作者用法规对照自己工作的前提。通过学前教育工作者自己的对照和检查，以及学前教育管理人员进行的检查，学前教育工作者能找出在工作中行为与法规不一致的方面，及时发现问题和不足，从而改进工作。

（四）处理和帮助

通过对照和检查发现的比较重大的问题，应及时地进行处理，处理的依据是学前教育法规。处理也是重要的执法环节。处理必须从具体的与学前教育法规不一致的行为出发，从学前教育法规的具体要求出发，有针对性地提出处理的意见和措施，必须针对被处理者在思想和行为上的具体问题，进行有效的帮助，以提高被处理者对学前教育法规的认识水平，提高被处理者对学前教育法规执行的意识，同时又维护学前教育法规的严肃性。处理和帮助是两个相互联系的环节,切忌将它们人为分割开来。

二、准确把握学前教育法规中的法律责任

(一)法律责任及其特点

法律责任是指法律关系主体实施了违法行为而必须承担的否定性的法律后果。法律责任是同一定的违法行为联系在一起的,否定性的法律后果的承担者是实施了违法行为的法律关系主体,要求违法者承担否定性后果具有强制性。

法律责任的主要特点是:法律责任是法律文件中明确规定的,包括什么样的违法行为追究什么样的法律责任、追究的法律责任的类型及由谁来追究等;法律责任的规定和执行不是管理者个人意志的表现,而是国家意志和国家权力的强制性体现;法律责任的归结指向违法的法律关系主体,法律、法规也只对法律关系主体起作用;行使法律责任追究的主体是国家专责机关或国家授权机关。任何不经授权的机构无权从事依法追究法律责任的工作。

(二)一般教育法规中的法律责任

一般的教育法律、法规中的有关条款所表述的教育法律责任同样适用于学前教育,例如《中华人民共和国教育法》(2015)和《中华人民共和国教师法》(2009)中有关违法教育经费规定的法律责任,有关扰乱教育秩序,破坏、侵占教育机构财产的法律责任,有关使用危险教育设施造成人员伤亡或重大财产损失的法律责任,有关违反国家规定向教育机构收费和乱摊派的法律责任,有关违法向受教育者收费的法律责任,侮辱、殴打教师的法律责任,打击报复教师的法律责任,拖欠教师工资的法律责任,等等。这些法律责任的规定,同样适用于处理学前教育中的法律关系,同样适用于追究学前教育中的违法行为。

(三)学前教育法规中的法律责任

专门的学前教育法规确定了专门适用于学前教育的法律责任。在《学前教育管理条例》(1989)中,对以下违反该条例的行为规定了相应的行政处罚办法:(一)未经登记注册,擅自招收幼儿的;(二)园舍、设施不符合国家卫生标准、安全标准,妨害幼儿身体健康或者威胁幼儿生命安全的;(三)教育内容和方法违背幼儿教育规律,损害幼儿身心健康的;(四)体罚或变相体罚幼儿的;(五)使用有毒、有害物质制作教具、玩具的;(六)克扣、挪用幼儿园经费的;(七)侵占、破坏幼儿园园舍和设备的;(八)干扰幼儿园正常工作秩序的;(九)在幼儿园周围设置危险、有污染或者影响幼儿园采光的建筑和设施的。

三、学前教育法规执行中应注意的几个问题

(一)自觉执法

有关学前教育的法律、法规,无论是学前教育工作者个人,还是学前教育机构,都必须自觉地执行。只有个人和机构的行为能自觉地以法律、法规为准绳,才能确保学前教育

事业的顺利发展，避免受到法律强制手段的制裁。学前教育工作者和学前教育机构要把执行相关的学前教育法规作为自己的重要职责，自觉地以法律规范约束自己的行为。

（二）严格执法

无论是学前教育工作者，还是有关执法机构，都应严格地执行学前教育的有关法律、法规，避免有法不依、违法不究、执法不严，应从学前教育事业健康发展的高度看待学前教育法规的贯彻和执行。个人应严于律己，努力遵守学前教育的法规；专门的执法机构要严格地从法律规范出发，从确保幼儿健康和事业健康发展的高度出发，严格履行执法义务。

（三）公正执法

学前教育法律、法规的执行必须公正。公正执法意味着从具体的法律关系主体的违法行为出发，对违法行为的性质、后果等因素加以考虑，切实依照有关的学前教育法律文件，客观、公正地对违法主体给予必要的和适当的处理，应避免执法徇私和乱执法的现象。

（四）持续执法

学前教育法律、法规的执法不是一个即刻就能完成的行为，而是一个长期的过程。只要存在学前教育活动，就必然存在对学前教育法律法规的执行。只有把学前教育法律法规的执行看作是一项长期的工作，才能使各类学前教育法律关系的主体在各项工作中长期地努力维护法律法规的尊严，自觉地履行法律法规中规定的义务，尽可能地避免违法行为。只有全社会都有了持续执法的意识，学前教育事业才能不断前进。

思考题

1. 学前教育立法的重要性。
2. 我国教育法规体系中学前教育法规及相关规章有哪些？
3. 我国学前教育立法的基本原则有哪些？
4. 我国学前教育立法拟解决的主要问题有哪些？
5. 如何执行学前教育法规？

第九章 学前教育的人事与经费管理

第一节 学前教育人事管理

人是人类一切活动的主体，人是活动能否取得应有成效的决定性因素，也是管理活动的核心对象。以人作为管理对象的相对独立的管理领域称为人事管理。学前教育管理也有大量的人事管理内容。学前教育人事管理有其自身的特点，有必要对学前教育人事管理的内容、形式等进行深入的探究，以提高学前教育人事管理的成效。

一、学前教育人事管理的含义及特点

人事有广义和狭义之分。广义的"人事"是指在整个社会劳动过程中人与人、人与事、人与组织之间的相互关系；狭义的"人事"是指，用人以治事，力求人与事的协调。从社会生产、社会关系和社会管理角度来看，人事是指工作人员的录用、培养、调配和奖惩等工作事宜。我们把人事看作是因事而求才，因才而使用，达到人尽其用、事尽其功的目的。

人事管理是管理内涵的应有之意。人事管理是以国家机关工作人员、企事业单位管理人员和工作人员的录用、调配、安排、培训、使用、考核、激励、工作成绩评价等诸项事宜为对象的管理活动。

学前教育人事管理，是学前教育主管部门根据学前教育事业发展的需要，遵循教育事业发展的规律，运用科学的手段和方法，选聘符合一定素质和技能要求的学前教育工作者，并根据其特点及学前教育组织系统内发展的需求，合理配置人员，明确职责，严格考核，有计划、有目的、分阶段地对所聘人员进行培养和继续教育，直至达到学前教育人事管理目标的一种有序的活动过程。

学前教育人事管理主要包括两方面的含义：一是国家和地方政府学前教育行政管理部门对各级各类学前教育机构的人事管理，二是各级各类学前教育机构内部的人事管理。

学前教育人事管理的特点主要表现在以下三个方面。

（一）多层性

从作为国家最高教育行政管理机构的教育部，到作为地方政府行政管理机构的教育厅、局，直至具体的学前教育机构，如托儿所、幼儿园，学前教育人事管理所涉及的行政领域范围之广泛，也体现了学前教育人事管理的多层次特点。学前教育人事管理的每一层面均需根据其自身组织系统的权限、职能实施相应的人事管理。如省级学前教育管理机构，在

制定、实施人事管理的过程中，既要根据国家的有关政策、法规，又要结合本地区政治经济发展的状况、学前教育发展现状和下属学前教育机构发展的需要来制定。

2013年，教育部制定了《幼儿园教职工配备标准（暂行）》（以下简称《标准》），作为学前教育人事管理的基本依据。《标准》详尽规定了教职工和幼儿的比例、专任教师和保育员配备要求以及其他人员配备要求。各地区应当依据《标准》结合地区的实际发展水平，对人事配备情况、教师队伍建设实施管理。

我国的学前教育人事管理是十分复杂的。一方面，各级各类学前教育管理部门对学前教育中的人事问题都在以不同的方式实施管理。另一方面，由于我国经济发展的不平衡，在不同地区、同样层次的行政关系中，学前教育人事管理的内容、权限等也存在很大的差异。如南方和北方、东部和西部在学前教育人事关系及人事管理上就有很多不同的方面。层次不同的行政机构之间，人事关系是多样化的。有的机构之间在人事管理上有法律关系，有的有业务关系，有的有经济关系。从我国目前的情况看，越是基层的行政机构之间，人事管理的关系越复杂、越多样。

（二）多样性

学前教育人事管理的多样性有两个含义。一是由于机构类型性质的多样，人事管理也具有多样性。我国发展学前教育的基本方针是多渠道、多形式地举办学前教育机构，国家鼓励公民和各类社会机构参与学前教育机构的建设和发展。于是，学前教育机构的性质就呈现出多样化的趋势，这些多样化的学前教育机构在人事管理上也呈现出多样性的特点。目前，我国的学前教育机构有国家举办的，有企事业单位举办的，有公民联合举办的，也有公民个人举办的。国家和地方政府对这些不同类型的学前教育机构的人事管理都有相应的政策和措施，并体现了不同类型机构的特点。相应的，不同类型的学前教育机构在实际运行的过程中，也的确从自身的实际和特点出发，采取了多样化的管理手段和方法。二是由于当下社会转型各阶段的人事关系都不同程度地存在着，在有的机构中，存在着一个机构有两种或多种人事关系的现象。如在一个幼儿园中，有的工作人员是计划分配的，有的是招聘的，有的是临时代用的。这种现象在县、乡两级尤为明显。

（三）灵活性

学前教育人事管理的主要对象是"人"。这里的"人"是指学前教育系统这个特定范围内的全体工作人员，包括从事教育行政工作的人员、从事管理工作的人员、从事教学科研工作和后勤工作的人员。这些人不仅在生理特征上存在不同，而且更主要的是个性、心理素质及精神世界存在差异。要想调动人的积极性，发挥被管理者的最佳效能，就必须实施有效的管理，针对每一个工作人员的特点，灵活运用管理的方法，挖掘他们的最大潜能。要合理组织人力，做到人尽其才，才尽其用，不断地提高工作效率。另外，学前教育人事管理涉及很多与人有关的"事"，如教育工作人员的录用、培训、使用、考核、奖惩、评聘、职务任免、工资、福利、退休、调配等，这些"事"在一定时期、内容和具体要求上都有所不同,故而在运行过程中既要遵循其本身固有的特性及其运动、变化规律,又要考虑实际的需要和可能,灵活处理。学前教育人事管理要切忌教条主义和一成不变的思想。

二、学前教育人事管理的内容

人们常把人事管理的内容概括为三个字:"进""管""出"。所谓"进"就是根据本系统发展的可能和需要,对所需人才进行公开招收,择优聘用,即对工作人员录用过程的管理;"管"是对本系统中全体工作人员进行有计划、有步骤的培养、考核、任用、调动、奖惩、工资福利待遇等方面的管理;"出"就是对工作人员的退职、退休、辞退、辞职等的管理。

具体来说,人事管理的内容主要包括选人、用人、培养人、人事制度、人事规划、人事档案和人事统计等。

（一）选人

选人是人事管理内容的首要阶段。人事管理的主要对象是对人的管理。人的素质、能力直接影响整体事业的发展和管理目标的达成。

选择人员就是对候选对象的甄选。甄选是一种预测行为,它设法预见聘用哪一位申请者会确保工作成功。这里的"成功"意味着,按照组织评价人员绩效的标准衡量,能把工作做好。如对一教师职位而言,根据申请者学前教育专业素质状况,应当能预见哪位申请者是最有效的学前教育者。学前教育管理中人员的甄选,一定要考虑学前教育工作的特点,考虑学前教育对工作人员的基本素质要求,以最有利于幼儿发展为终极目标,择优选择相关岗位的人员。

（二）用人

用人是人事管理内容的重要阶段,它是"人尽其才,才尽其用"的关键所在。首先,我们必须要坚持"知人善任"的原则。所谓知人,就是要对所聘人员的德、识、才学以及性格、爱好、健康状况等方面有全面的了解与掌握;善任,则是在知人的基础上,大胆放手,委以重任,使其学识能得到充分的运用和发挥。其次,是建立一个能激励和调动组织成员积极性的内部运行机制及合理的人才流动机制,将用人与治事有机地结合起来,克服因人设事、人浮于事、职责不清的弊端,增加组织成员的竞争意识,激发其自强自立的信心,真正做到人尽其才、才尽其用、管尽其效,提高全体人员的整体素质。最后,在用人过程中,领导者应将人视为组织的一员,即把人当作组织人来看待,而不应将人看成是孤立的、静止的人,要深入研究人的"个体性"与"群体性"的辩证关系,并从人的行为中寻找出各种不同特性,有针对性地进行选拔、任用和培养。领导者还应努力克服自己不良的情绪性行为,尽量理性、科学地掌握用人之道,合理使用人才资源。

（三）培养人

随着科学技术的高速发展,知识更新周期的日益缩短。据有关统计资料表明:18世纪知识的更新周期为 80～90 年；19 世纪至 20 世纪初缩短为 30 年，近 50 年缩短为 15 年，有些学科甚至缩短为 5～10 年。知识量成几何级数增长，形成"知识爆炸"。因此，为了不断更新和补充学前教育工作者的知识和技能，开拓他们的视野，使之与社会发展同步，必须加强对人才的培养工作。

人才的培养是人事管理工作的中心任务。如果人事管理只注重人才的使用，而不注重人才的培养，就会使现有人才落后于时代的发展，不能及时掌握新的知识、技能，就不能更好地服务于社会，个人的发展也同样会受到阻碍。

从人事管理的角度出发，对专有人才的培养主要是通过培训的方式来达成的。培训是针对岗位职务和工作的具体要求，向受训者灌输特殊知识和传授专门技艺，其着眼点是工作的需要。因人事管理工作的重点在于开发人的能力，故在培训过程中应着重对以下三方面技能进行培养。

1. 技术技能

对于学前教育而言，技术技能既包括最基本的技能——读、唱、画、动作等能力，也包括科学研究、多媒体教学等较高层次的能力。

随着现代科学技术的迅猛发展，高科技的广泛运用，学前教育工作者不仅要具备基础的教育教学技能，更重要的是掌握更加先进的教学手段。例如，一名学前教育工作者，连最基本的电脑知识都不知道，又怎能在教学中加以运用呢？

2. 人际关系技能

每一个工作个体都从属于某个工作群体，个体的工作成绩既是其个人努力的结果，也取决于他与同事、领导等有效相处的能力，与他人的关系密不可分。一个集体团结、奋进，有助于个体才华的发挥、发展，以及良好人际关系的形成，有助于工作效率的共同提高。只有善于和他人相处的个体，才能在群体的工作实践中取得良好发展。

人际关系技能包括学会做个好听众，细心听取他人的意见、建议，更清晰地与他人进行思想沟通，以及减少摩擦与冲突，等等。

3. 解决问题技能

每个人在工作中都会遇到这样、那样的问题，需要自己独立地解决，特别是学前教育工作，面临的是正在发展的、富有个性特点的幼儿，更应如此。解决问题技能培训的具体方法包括：组织成员参加实践研究、观摩、座谈等活动，强化其理论思维、逻辑、推理和确定问题的能力；避免过多地强调专业技能，忽视专业思想、专业理论培养的倾向，也要避免理论脱离实际的倾向；要引导学前教育工作者尝试用理论分析实际的教育过程，会根据教育活动结果做出评价，会制订解决问题的可行性方案，并分析方案和选定最终的解决方法。

培训的类型可分为：在职培训和脱产培训，学历学习和非学历学习，长期培训和短期培训。

培训的方法有：邀请国内外知名的学前教育专家、学者进行讲学，或开办讲座和短期训练班，介绍有关科研成果和先进的工作经验；组织人员到某地区或单位进行进修，学习他人的先进教育教学、科研、管理方法；组织或参加有计划的成人教育学习活动。

在人才培养过程中，既要注意个体个性、专长的发展，又要注意整体素质的提高；既要注重实践能力的提高，又要注重理论水平、思维能力的发展；既要学以致用，又要讲求实效。在人才培养过程中，为使教育培训工作取得实效，必须要有经费和时间的保证，并使其与奖惩挂钩。

（四）建立和执行人事制度

人事制度是实施人事管理的重要依据和保障。人事制度包括：聘用制、岗位责任制、专业技术评聘制、分配制度、考核制度、奖惩制度等。

1. 聘用制

聘用制是按照一定的标准、原则，采用合同形式招收聘用人员的录用形式。组织有聘任和解聘的权利，个人有应聘和辞聘的权利。合同期满后，可以根据双方的意愿终止或续聘。聘用制因其明确了双方的权利与责任，使得受聘人员在工作期间的学习、工作、生活条件有了保障，保证了受聘人员工作的稳定性。同时，因聘用部门为受聘人员提供了充分发挥个人聪明才智的机会和良好的环境，调动了他们的积极性和创造性，从而促进了所聘人员素质的提高和整体优化，更进一步促进了人员的合理流动。

2. 岗位责任制

岗位责任制是对各个工作岗位及其承担者的资格条件、职责任务、工作程序、权限范围、纵横关系，以及对履行职责、行使权利情况的考核、奖惩等做出明确规定的一种既治事又管人的人事制度。岗位责任制对各种工作岗位的职、责、权、利做出了明确的规定，从而促使工作人员高质量、高效率地完成各自的工作任务。

岗位责任制的实质就是职、责、权、利四者的统一。在学前教育人事管理活动中，设立岗位责任制的目的在于，将整个教育管理职能最终分解并落实到每个具体的工作岗位和工作人员，并通过考核和监督，提高每位教育工作人员的效率，最终提高教育管理的效能。

由于岗位责任制是以"职责分析"为基础的人事管理制度，其克服了人事管理活动中的盲目性和随意性，实现了人事管理工作的科学化、制度化、规范化。岗位责任制将责任制、考核奖惩制度有机结合起来，促进了人力、物力、财力的有效使用，营造了竞争机制，提高了全体人员的素质和工作效率。

3. 专业技术评聘制

专业技术评聘制包括专业技术的评定与聘任。专业技术的评定是以专业技术人员的思想政治条件、业务能力、学历、身体健康为依据，对专业技术人员是否具备履行相应职务的能力所进行的鉴定。聘任则是在有一定专业技术职称的人员中按岗位需要，择优聘任职务，上岗履行职责。

专业技术的评聘既要坚持公开、公平、竞争的原则，又要坚持优化结构、双向选择的原则。专业技术评聘，应通过实行低职高聘、高职低聘等评聘分离的双轨制，促进人才合理流动，调动人员的工作积极性，稳定教育队伍，提高教育质量，促进教育事业的发展。

4. 分配制度

按劳分配是社会主义分配制度的主体，体现了奖勤惩懒、奖优惩劣，体现了脑力劳动与体力劳动、复杂劳动与简单劳动的差别。工资是实现按劳分配的一种形式，是劳动报酬的货币化表现。

现行分配制度包括工资、津贴和奖金三大部分。

国家现行事业单位（包括学校）的工资制度分为专业技术职务等级工资制、职员职务等级工资制和工人（技术）等级工资制三种不同类型。这三种不同类型的工资制在工资构成上，均主要分为职务等级工资和津贴两部分。职务等级工资是工资构成中的固定部分，是体现按劳分配的主要内容。职务等级工资标准，是按照不同类型职务的序列设置的，每一职务分别设立若干工资档次。津贴则是工资构成中活的部分，与不同系列人员的实际工作数量与质量挂钩，体现多劳多得。

津贴是我国职工分配制度的一个组成部分，也是一种辅助的工资形式，主要包括职务岗位津贴、地区性津贴（保证职工实际工资不因物价上涨而降低，从而影响正常生活的物价补贴）、奖励性津贴（如中小学教师教龄津贴、护士工龄津贴等）、健康津贴（对于从事有毒有害工种的职工给予的保障其身体健康的津贴），以及特殊行业津贴（如地质勘探野外津贴、井下作业津贴、高空作业津贴、环卫工人津贴、殡葬职工津贴等）。津贴一般是根据劳动者所处的劳动条件发放，不与劳动者实际劳动贡献相联系。

奖金也是一种辅助的工资形式，即对工作优秀或有突出成绩者给予货币形式的奖励。它直接与职工的实际劳动贡献大小相联系。

5. 考核制度

考核是人事管理的基础工作和重要环节。人事考核是指用人单位根据法律规定的管理权限，按照考核的内容、标准、程序和方法，考察和评价工作人员的德、能、勤、绩等情况。

人事考核制度是对考核的目的、内容、方法、程序和组织机构等做出系统规定的规章制度。科学、合理、完善的人事考核制度，不仅可激励工作人员积极进取、刻苦钻研业务，充分发挥工作的积极性、主动性、创造性，提高工作效率，而且是发现人才、合理使用人才、选拔人才的重要途径，是使"人适其职，职得其人"真正得以落实的保证，同时也是人事管理工作中有效克服凭"印象""经验""情感"办事的官僚作风的重要手段。

人事考核既要坚持实事求是、客观公正、民主公开的原则，又要坚持注重实绩、鼓励竞争、质与量统一的原则。学前教育人事考核除坚持以上原则以外，更重要的是坚持全面衡量原则、动态原则和上下结合多方参与的原则。

全面衡量原则：在对学前教育工作人员进行考核的过程中，既要看到其工作效果，又要看到其工作过程和原有素质，要从其所担任的全部工作着眼，不能把目光只放在其所从事的某一次的工作上。如在对幼儿园教师的考核过程中，既要看教师的教育教学工作，又要看教师的保育工作、家长工作；既要看教师的集体教育，也要看教师的个别教育；

既要看教师的上课，也要看教师组织的活动和游戏。

动态原则：就是要从发展的角度去评价学前教育工作者的工作。人事考核不但要了解学前教育工作者现有的水平和基础，还应了解其原有的水平和基础，只要在原有的基础上有了发展、进步，就应该加以肯定。如在教师职责考核中，甲、乙两位教师同是80分，但甲教师是合同教师，刚取得合格证书，而乙教师是工龄比甲教师长并经过正规学前教育专业学习的教师，在这种情况下，更应对甲加以表扬。

上下结合多方参与原则：如在对幼儿园教师的考核中，不能单靠园长，必须充分依靠教师、家长，才能真正客观、公正地对教师做出评价。单靠任何一种力量是无法进行真正科学的考核的。

6. 奖惩制度

奖励和惩戒是人事管理活动中两种不同而又缺一不可的管理手段。奖惩是指国家机关、团体、企事业单位依据法律、法规、章程对所属工作人员进行奖励和惩戒。在人事管理中的奖惩，主要针对有关工作人员的工作业绩和工作纪律方面。

奖惩制度的实质就是通过对奖励和惩戒具体条件的规定和执行，为实现管理的总目标服务。它是团体意志的反映。人事管理实施奖惩制度，其目的就是激发工作人员的热情，鼓励先进，鞭策后进，惩处滥用职权、以权谋私、玩忽职守、失职渎职等违纪行为，调动一切积极因素，促使权利与义务、权力和责任达到统一，提高工作效率。

在人事管理中，对于违反国家政策、法规，违反劳动纪律者，情节轻微的，应给以批评教育，对情节较重但未构成犯罪的，应给予纪律处分。当事人在其受处分期间，不得晋升职务，不得晋升工资档次。

实施奖惩，必须保证其公正性、严肃性和民主性，只有这样，其才能在人事管理活动中真正起到激励的作用，达到教育的功能。

奖励的程序：根据受奖的条件和考核的成绩，由群众评议、提名，经领导同意后，在认真调查、核实的基础上，整理出书面材料，填写奖励审批表，如授予何种奖励，授予奖励的理由，受奖人员的个人事迹材料，有关证明附件和群众座谈记录等，并向规定的审批机关呈报。审批通过后，以书面形式通知受奖人，并以一定会议形式宣布，或以书面方式登榜公布。奖励的审批表和审批机关的批复需存入个人档案，同时抄报上级主管部门备案。

惩处的程序：立案、调查、审理、结案。惩处关系到工作人员的政治地位、物质利益和前程，因此必须谨慎从事。对工作人员的违纪行为，要按人员管理的范围进行立案审查，在调查、核实其违纪事实后，整理出书面材料，做出处分决定，并与本人当面签署意见，按处分审批权限申报。经批准后，在一定范围内公布，并以书面形式通知本人，将处分决定记入其档案。若受处分者对处分有异议，可申诉，对申诉进行复议，经过复查，原处分确属不当的，应予以纠正。

（五）进行人事规划

人事规划是实现人事科学管理的重要内容之一，是对未来人事工作的预测，是对将来一段时期人事工作的安排,也就是通过预测未来、确定目标、决定政策、选择方案的一套连续程序,对一段时期人事工作做出安排,以获得人事管理工作的最大成效。人事规划的基本内容包括:确定总体目标,制定实现目标的政策和战略,贯彻政策和战略的具体计划和方案。

学前教育人事规划是依据国家教育事业的改革和发展的总体规划,结合教育内部的实际情况来确定其总体目标。

(六)建立人事档案

人事档案是人事管理工作的又一重要内容。人事档案是在人事管理工作过程中形成的,是真实地记载和完整地反映工作人员的个人自然情况、社会经历、政治思想面貌、专业技术职务的评聘、职务的任免、业绩考核结果、奖惩情况以及供组织上参考的材料;是以个体为单位,并进行整理后保存起来具有参考利用价值的文件材料。人事档案既是人事管理各项工作的基础,又是人事管理各项工作的终结性环节。

人事档案材料按中组部制定的《干部人事档案工作条例》(2018)共划分为10种类别:(一)履历类材料;(二)自传和思想类材料;(三)考核鉴定类材料;(四)学历学位、专业技术职务(职称)、学术评鉴和教育培训类材料;(五)政审、审计和审核类材料;(六)党团类材料;(七)表彰奖励类材料;(八)违规违纪违法处理处分类材料;(九)工资、任免、出国和会议代表类材料;(十)其他可供组织参考的材料。

上述十类人事档案材料的收集,主要来自以下六种渠道。(一)通过组织、人事、劳资部门收集各种履历表、登记表、简历表、录用聘用招工审批表、合同书、考核和调动工作登记表、鉴定表,干部任免表、入党入团登记表,调整工资级别、离退休、退职审批表等各方面的材料。(二)通过各级教育部门收集学历、学位、学衔、学习成绩、在校情况等方面的材料。(三)通过业务部门和科技管理部门收集专业技术职务评聘、业务考绩、技术发明、成果贡献评定材料。(四)通过纪律检查部门、司法部门、行政监察部门、公安部门收集个人违法乱纪所受的党内外处分、刑事判决书、个人检查以及撤销处分等材料。(五)通过军队有关部门和民政部门,收集曾在部队工作过的人员的档案材料,地方干部兼任部队职务的审批材料,复员和转业军人的档案材料。(六)向有关单位和个人收集其他按规定应予归档的人事材料。

人事档案材料的收集主要采取定向收集和追踪收集两种方法。

定向收集是指根据个人经历及其社会实践活动的实际情况,事先列出与之有关的单位、部门名单,再逐个部门收集相关材料。这种收集方法可避免人事档案材料的遗漏。

追踪收集是根据人事材料形成的特点及其相互之间的联系,通过调查了解,掌握相关线索和信息,将一次事件或一项活动中形成的一系列关于人事档案收集齐全的方法,如对奖惩材料的收集。

从各种渠道收集起来的人事档案材料,在进行分类整理的过程中,首先应对其进行鉴别。将人事档案材料与文书档案、司法档案及科技档案材料区分开来。例如,符合上述十类的材料属于人事档案材料。总结报告、会议记录、请示、批复、通知等,属文书档案材料；专业人员的著作、论文、译文、技术革新与创造发明的总结报告等，属科技档案；在司法案件处理过程中形成的案件调查、复查报告、本人申诉、判决书的原件、调查旁证材料、办案过程中的请示报告、审讯笔录等材料，属司法档案材料。将合乎要求、实事求是反映个人历史和现实情况的人事材料进行归档；将重复、不实和模棱两可、相互矛盾、观点不明、无价值的，以及恶意歪曲、诬陷等的虚假材料剔除，确保人事档案的真实性。另外，在鉴别时还要注意材料是否完整，对手续不全，无签字、盖章，有缺页现象的材料，应立即向有关部门申请补办。对于不属于归档的材料，要及时转出、退还或销毁。

其次，对所收集的材料进行分类处理后应按照一定的顺序进行排列。人事档案常用的排列方法有三种。一是按时间顺序排列。如履历、自传、鉴定、考核等材料按照时间的先后顺序，依次排列。二是按重要程度排列。如政审、参加社会组织、奖励、处分等材料，按其内容的主次排列，以突出重点，便于查找。三是按问题分别排列。如第九类材料中可分职务、职称、出国、工资、离退休等内容，每一内容再按时间先后顺序排列。

人事档案材料整理工作的具体步骤如下。第一，材料的集中。第二，材料的鉴别与归类。第三，材料的排列。第四，问题的处理。第五，技术加工，在不损害文字内容的前提下，对不适宜装订的材料，进行固定、加边等技术处理。第六，盖章标注。在符合归档要求的每份材料的第一页右上角空白处，加盖类页章，并用铅笔填写类号页等项目。第七，登记目录。按各种目录表的项目要求，分别登记填写。第八，装订成册。将已整理的归档材料，与目录核对无误后，按统一规定裁切整齐，并装订系带。第九，复查验收。在整理档案时，要严格对质量把关，入库之前进行一次全面系统的质量验收，合格后方可入库。第十，每份档案卷宗可按姓氏笔画、姓名的汉语拼音字母的顺序或单位部门的顺序排列存放入库保存，以便档案材料的利用。

保管人事档案应设立专门的保管处所，并由专人管理。管理人员应严格遵守保密制度，对转递和查阅的档案及时登记，避免档案的遗失、散落。管理人员应做好档案保管处所的安全工作，将档案库房与日常办公和调阅室分开，禁止无关人员随意进入；库房内要有防火、防盗、防潮等设施，严禁吸烟，严禁堆放杂物和易燃易爆品。

（七）人事统计

人事统计是以单位的全体人员为统计对象，应用统计理论和统计方法，对人员的数量、构成、变动，以及人员的考核情况进行数据的搜集、整理和分析。人事统计是人事管理的重要组成部分。

学前教育人事统计不仅反映了学前教育事业的过去和现在，还揭示了学前教育事业发展的规律，为各级政府部门制定教育方针、政策，编制教育发展计划提供了可靠的依据，能够有效地监督和检查学前教育事业的管理情况和计划的执行情况。

人事统计是通过一定的统计指标来实现的。统计指标又是由指标名称和指标数值两部分构成的。人事统计一般可通过对如下表中的统计指标数的搜集、整理及分析而获得（见表9-1、9-2、9-3、9-4、9-5）。

表 9-1 管理人员、专业技术人员基本情况统计表

项目		总数	女性	少数民族	中共党员	共青团员	民主党派	学历					年龄（岁）					
								研究生	本科	大专	中专	高中	初中及以下	35以下	36至40	41至45	46至50	51至55	56至60
各类人员																			
管理人员																			
其中	正处																		
	副处																		
	正科																		
	副科																		
	科员																		
园长	正职																		
	副职																		
专业技术人员																			
其中	高职																		
	中职																		
	初职																		
专职教师																			
其中	中学高级教师																		
	小学高级教师																		
	小学一级教师																		
其中	小学二级教师																		
	小学三级教师																		
保育员																			
其中	高级工																		
	中级工																		
	初级工																		
炊事员																			
财会人员																			
医务人员																			

表 9-2　幼儿人数变动情况统计表

上一学年初在园的学生人数	增加学生数					减少学生数			本学年初在园的学生人数
	小计	大班	中班	小班	托班	小计	上学年毕业人数	转出	
学生数									

表 9-3　调入、调出人员情况统计表

项　目		总数	女性	少数民族	中共党员	共青团员	研究生	本科	大专	中专	专业技术职务（资格）				工人岗位人员总数			
											高级	中级	初级	45以下	小计	本科及以上	大专	中专	高中及以下
总　计																			
调进	外省																		
	省内市外																		
	本市																		
调出	外省																		
	省内市外																		
	本市																		
事业单位																			
企业单位																			

表 9-4　退休情况统计表

项　目			总数	女性	中共党员	本科及以上	专科	中专	高中及以下
合计									
一、退休干部总数									
1.原管理人员享受行政级别待遇	小　计								
	副处及以上								
	科　级								
	副科级								
	科（办）员及以下								
2.原专业技术人员	小　计								
	高级职称								
	中级职称								
	初级职称								
	未评聘职称								
二、退休工人总数									

表 9-5　园所其他情况统计表

	园所占地面积（平方米）			教学参考用书	儿童读物	固定资产值（万元）		
	小计	室内	室外			小计	大型玩具	教学仪器设备产值
总计								

现行人事统计制度规定，每年的 12 月 31 日为全国工作人员年度统计人数的标准时间。

人事统计是了解、认识工作人员状况的重要手段，是通过对工作人员在数量表现、数量关系及界限方面的研究，达到对事物的认识。因此，为使人事统计能够科学、准确、系统地反映职工现状和发展的总体情况，在进行人事统计调查过程中必须确保调查资料的准确性、针对性和完整性；调查表的设计要符合逻辑，便于数字的填写和整理，并与汇总表格相一致；明确报表的报送程序和日期。加强对统计资料的管理工作，指定专人管理，建立和严格执行人事统计资料的借阅审批手续，确保人事统计管理工作的规范化、制度化。

人事统计资料的分析方法有对比分析法、相对分析法、平均分析法、平衡分析法、动态分析法等。

三、人事管理的原则

（一）需要与择优相结合的原则

组织对人的需要是多方面的，通过择优选才，可使人自我提升。

需要与择优相结合的原则是指学前教育人事管理在了解本系统人员分布与岗位设置的基本情况的基础上，根据社会发展和学前教育事业发展的需要，对哪些岗位需要哪种层次的人才做到心中有数；同时对众多的应聘者进行纵向和横向的比较，即在考核个人的才能、知识、品德、兴趣、特长及资格条件的基础上全面比较、区分，选择那些既适合岗位需要，又能胜任其职的人员。

在贯彻这一原则的过程中，要求在竞争中举优汰劣，挑选最佳人才。

（二）平等与"尽才"相结合的原则

平等是指在人事管理中，对所有人员要同样看待，一视同仁，不存主观偏见，给予所有人员公平竞争的机会。用人，要用其所长。"尽才"是指人的能力有大小，每个教职工都有其个性特点和才能上的优势，在人事管理过程中，管理者应根据各类人员的不同特点和专长，将其安置在相应的岗位上，使其才能尽可能地得以发挥。

在贯彻这一原则的过程中，在人事法规面前，人人平等，应实行公平竞争，适才适用。

（三）普遍与优先相结合的原则

人事管理在人才培养方面，要坚持普遍与优先相结合的原则。通过对全体人员有计划、有步骤地进行普遍再教育，提高所有人员的素质。只有全体人员的素质和技能普遍得到提高和发展，才能使整体教学质量得到提高。另外，在普遍提高的基础上，还应注意人才的优先发展。

（四）奖优与罚劣相结合的原则

应对在工作中认真负责、勇于创新、不断做出新成绩的人员给予奖励。反之，对违反纪律、工作失职的人员应给予一定的惩处。这是在人事管理中调动教职工积极性的有效手段。在人事管理中，只有将奖优与罚劣有机地结合在一起，才能表扬先进，激励和鞭策后进，惩处失职和违纪行为，从而达到提高工作效率和工作效益的目的。如果只对优秀者进行奖励，而不对违纪人员进行处罚，迁就姑息，必将导致纪律松散，影响全体人员的整体素质的提高。相反，如果只对不良行为进行惩处，不对那些在工作中不断进取、取得成绩的人员予以肯定，给予奖励，就会挫伤人们工作的积极性和进取精神。

在贯彻这一原则过程中，要求奖惩有度，坚持精神鼓励与物质激励相结合，通过精神鼓励，增强人们工作的光荣感和责任心；通过物质激励，满足人们的物质需要，从而更好地调动其工作的积极主动性。此外，不能滥用物质激励。惩处必须坚持教育与惩戒相结合，以教育为主。通过惩处，不仅要使犯错误者吸取教训，而且要使其他人员引以为戒，发扬正气，克服歪风邪气。

四、基层学前教育人事管理

我国的学前教育管理贯彻"地方负责、分级管理"的方针，人事管理的主要任务在基层。基层的学前教育人事管理又可以分为市（地区）、县（市、区）及乡（镇）等层次。这些不同的层次在学前教育人事管理方面有共同的任务，也有一些不同的职责。

（一）市（地区）级学前教育人事管理

1. 人事调配

人事调配是市（地区）级人事管理的重要内容。调配主要是指对学前教育专业人员的调配，包括对各级各类学前教育专业毕业生的分配，学前教育专业人员的调入和调出，尤其是对教育行政部门举办的学前教育机构中的专业人员的调配和安排。市（地区）级人事调配往往是宏观的，具体的人事调配往往需要通过下级的行政机构来执行。

2. 人事规划和人才培养

人事管理从本市（地区）学前教育事业发展的趋势出发，从学前教育专业人员的数量及质量的实际状况出发，从社会对学前教育发展的要求出发，对学前教育的各类专业人员进行规划，确定学前教育专业人员的未来需求，并通过多种渠道进行人才培养。如专门的职前学历教育，职后学历教育，各种非学历教育，各种形式的短期培训等。通过多种形式的人才培训，使学前教育专业人员的数量和质量满足学前教育事业发展的要求。与学前教育人事规划和培训有关的是对本市（地区）的学前教育专业人员进行的全面、准确的统计和分析，充分考虑影响专业人员状况的各种可能的因素。

3. 人事制度的建立

市（地区）级人事管理的内容还包括建立人事制度。从市（地区）学前教育的特点出发，从学前教育专业人员的实际状况出发，建立合理的、有效的人事制度，对学前教育专业人员进行宏观调控是市（地区）级人事管理的重要内容。通过建立合理的人事制度，从总体上稳定学前教育专业人员，同时又给人才的流动、优化及升迁创造条件。人事制度应有利于学前教育专业人员充分发挥作用，有利于调动学前教育专业人员的工作积极性，有利于建设和发展学前教育专业人员队伍。

（二）县（市、区）级学前教育人事管理

县（市、区）级人事管理在学前教育人事管理中起着十分重要的作用。这是因为县（市、区）级行政机构是学前教育基层管理的重点层次，许多学前教育的人事管理工作是在本层面上完成的。县（市、区）级行政机构也是真正具有人事权的基层部门，在乡镇工作的许多学前教育专业人员的人事档案都归于县（市、区）人事部门。县（市、区）级学前教育人事管理的重点工作表现为以下几个方面。

1. 学前教育专业人员的调配

与市（地区）级人事管理的调配相比，县（市、区）级人事管理中的人事调配更为具体，往往落实到具体的乡镇及学前教育机构。县（市、区）级人事调配涉及学前教育专业毕业生的分配、不同乡镇学前教育专业人员的流动、一些重点的学前教育机构中学前教育专业人员的流动等。调配的原则在不同的县（市、区）有所不同，在同一个县（市、区）的不同历史时期也有所不同。如有些学前教育专业人员的调配是为了突出重点机构，建设示范窗口，另一些人事调配可能是为了改造薄弱机构，提高整体水平。一个县（市、区）人事调配的方针往往是同一个县（市、区）学前教育事业发展的总体指导思想联系在一起的。

2. 学前教育专业人员的培养

经常化、制度化的学前教育专业人员培训是县（市、区）级人事管理的重要内容。在县（市、区）级人事培训中，培训的形式主要是短期的、非学历的培训。一般来说，每一个县（市、区）都会从县（市、区）学前教育发展的实际出发，从学前教育专业人员的素质出发，分层、分级地开展专业培训。如园长培训、骨干教师培训、一般教师培训、保育员培训、保健人员培训等。在学前教育机构较多的县（市、区）还可根据不同类型的学前教育机构分别开展培训。

3. 学前教育专业人员的考核和评聘

对学前教育专业人员进行考核，并从考核的情况出发进行评聘，是学前教育人事管理的又一项重要内容。作为县（市、区）级学前教育行政机构，对学前教育专业人员的考核往往是有重点的、抽样的或大致的考核。这是由县（市、区）级教育行政管理的职能和事业发展的规模决定的。真正的具体的考核往往是在乡镇或机构层面上进行的。目前，县（市、区）级的评聘更多的是突出评，聘的职能，有时更主要地表现在机构和乡镇的层面

上，而评的重点是针对学前教育专业人员的工作状况，与此联系在一起的往往是评比、评优等。

（三）乡（镇）级学前教育人事管理

乡（镇）是学前教育行政管理最为基层的单位。乡（镇）学前教育管理的最主要特点是直接性和具体性。乡（镇）学前教育人事管理的主要内容有以下几点。

1. 吸收和聘用学前教育专业人才

乡（镇）的人事管理往往直接面对一个个具体的学前教育专业人员，管理是具体的、有针对性的、涉及个人利益的。乡（镇）的学前教育人事管理又是多样的。这是因为，在乡（镇），往往有不同性质的学前教育专业人员，如上级分配来的人员、乡（镇）自己招聘的人员和其他借用的人员等，对不同人员要采用不同的人事管理方式。

2. 组织学前教育专业培训

乡（镇）学前教育的专业培训是一种与学前教育实践联系十分紧密的培训。有时乡（镇）的培训要依托县（市、区）级的培训。乡（镇）的培训主要是短期的、非学历的培训，也往往是单一主题的培训。这类培训往往由最基层的学前教育工作者参加，具有真正的群众性，且大都是通过公开示范等实践形式展开的。许多乡（镇）都将学前教育专业人员的培训经常化、制度化了。

3. 考核学前教育专业人员

与县（市、区）级学前教育专业人员的考核相比，乡（镇）学前教育专业人员的考核更为深入、具体，往往是在现实工作中进行考核。这类考核的主要依据不是文字材料，而是专业人员自己的工作表现。乡（镇）的学前教育专业人员考核是全面的考核，是针对每一个人的考核。这种考核是专业人员聘任的真正基础。

第二节 学前教育经费管理

教育经费是教育资源中制约其他资源扩展和教育质量提高的主要因素，教育经费的多少，直接影响教育质量是否能提高。因此，只有对教育经费实施科学的管理，才能确保教育事业持续有效地发展，培养出不同层次的后备劳动者和专业人才，并使现有劳动者的知识和技能得以提高。

一、学前教育经费管理的意义

教育经费是指为教育事业实施所支出的费用。教育经费有广义和狭义之分。广义的教育经费是指在一定时期内投入教育事业的财力的总和。学前教育是我国教育事业的重要组成部分，是我国学校教育的预备阶段，同时又是一项社会公共福利事业，具有福利事业的性质。因此，学前教育事业的发展，除地方政府举办幼儿园外，主要依靠部门、单位和集体、个人等方面的力量。学前教育实行"地方负责，分级管理和有关部门分工负责"的原则，其经费主要来源于社会资助。另外，根据财政部1980年制定的《国家预算收支科目》规定，在地方教育事业经费中列有幼儿教育专项，教育基建投资也包括幼儿教育项目。所以，学前教育经费是教育经费的一个部分，学前教育经费更多地属于广义上的教育经费。

学前教育经费是指为实施学前教育事业所需要的人力、物力、财力总和的货币表现。和教育经费一样，学前教育经费也包括两大部分：学前教育事业费和学前教育基本建设费。

学前教育经费管理主要是对学前教育经费的分配和使用，也就是教育行政机关对学前教育经费收支的管理，其包括预算、使用、决算、审计监督的全过程。学前教育经费管理分为宏观管理和微观管理两大部分。宏观管理是指逐步建立健全学前教育拨款投资制度，各级教育部门有计划地编制学前教育事业费和学前教育基本建设费的预算。微观管理是指学前教育财务管理，具体包括筹集资金、分配资金、协调平衡和审计监督。

在我国，教育事业经费的管理体制，经历了三个阶段：（1）1950—1953年，实行的中央统一财政三级管理体制，即中央、大行政区和省（市）三级管理，专署及县（市）的财政列入省财政之内；（2）1954—1979年，实行"条块"结合，以"块块"为主的管理体制，国家财政预算是按照"统一领导、分级管理"的体制安排的；（3）1980年以来，财政体制改革，实行"划分收支、分级包干"的新财政体制，各县所需的教育事业经费就由政府统筹安排，实行预算包干。

学前教育经费管理要求建立预算和决算审核制度，严格执行有关财务制度，使经费按规定的使用范围合理开支，坚持专款专用，不得挪作他用。学前教育经费管理具有重要的意义，主要表现在以下方面。

（一）开源节流

当前，教育经费紧张，教育投入不足，尤其是学前教育，因其不属于义务教育，国家的投入有限，大多需依靠社会资助。因此，对学前教育经费实施科学管理，就是使有限的学前教育经费得到合理分配，提高经费的使用效率；通过多种渠道增加教育经费，注意节约开支，从而起到开源节流的效能；对经费进行计划管理，建立高效的财务管理机构，严格财务纪律，完善预算包干制度，提高经费的相对使用效率。

（二）保障教学

教育经费包括教育事业费和基本建设费，事业费中又包括人员费和公务费。对教育经费实施管理不仅可使教育经费在不同项目上科学合理地分配，为从教人员提供稳定的经济来源和生活保障，改善教职工的工资待遇，稳定教师队伍，而且可使办学条件得以改善，有计划地购置教学仪器和修建校舍，从而为教学的顺利开展提供人力、物力、财力的保障。

（三）预防腐败

1986年1月13日《世界经济导报》报道在被调查的12个省、市中，1985年教育经费有5%~10%被挪用；有的地方挪用教育经费高达40%，被挤占和挪用的教育经费达8238万元。这些资金大都用于教育行政机关盖办公大楼、修家属宿舍、建招待所、购买汽车、开办公司及机关其他行政费用开支。由此可见，建立健全教育经费的预算、决算、审计制度，对教育经费合理使用并实施有效管理是十分必要的。经费预算计划要坚持"量入为出，收支平衡，略有结余，不留缺口"的原则，按比例使用人员与公用经费，按比例使用教育事业经费与教育基本建设费。年度决算应坚持实事求是的原则，做到记清账、算清账、报清账、数字准、科目清、资料可靠、上报及时。基建经费管理应坚持"轻重缓急，抢修危房，保证重点，兼顾一般，分期分批"的原则，有计划地安排和使用基建经费。坚持上述原则不仅可以克服对教育经费的挤占、挪用、滥发钱物、铺张浪费等，还可防止腐败现象的发生。

二、学前教育经费的筹措

（一）学前教育办学方针与经费筹措

我国教育经费是以国家为负担主体的多层次多渠道的教育投资。1997年7月17日，国家教委印发的《全国幼儿教育事业"九五"发展目标实施意见》明确指出，幼儿教育是我国学制的第一阶段，是基础教育的有机组成部分，各级政府要将幼儿教育工作列入地方经济、社会发展的总体规划中。幼儿教育事业具有很强的地方性和群众性，发展这项事业必须由地方政府统一领导，坚持国家、集体和公民个人一起办的方针，按照地方负责、分级管理和有关部门分工负责的原则，在地方政府举办幼儿园的同时，应积极鼓励和大力支持企事业单位、社会团体、街道居委会、农村乡镇和村委会、公民个人举办幼儿园或投资助园。该实施意见还指出幼儿教育属非义务教育，发展这项事业应坚持政府拨款、主办单位和个人投入、幼儿家长缴费、社会广泛捐助和幼儿园自筹等多种渠道解决幼儿教育经费问题。2010年11月21日，国务院印发的《国务院关于当前发展学前教育的若干意见》明确指出，应利用多种渠道加大学前教育投入，各级政府要将学前教育经费列入财政预算，各地根据实际研究制定公办幼儿园学生人均经费标准和人均财政拨款标准，制定优惠政策，鼓励社会力量办园和捐资助园，家庭合理分担学前教育成本。因此，学前教育经费的筹措和其他教育经费一样，除通过国家财政拨款外，更主要的是通过以下几种方法进行筹措。

1. 举办者投入专项经费

必备的办园资金和稳定的经费来源，是设立幼儿园的基本条件之一，也是举办者的义务。《幼儿园管理条例》（1989）明确指出举办幼儿园的单位或个人必须具有保育、教育以及维修或扩建、改建幼儿园的园舍与设施的经费来源。《幼儿园工作规程》（2016）规定："幼儿园的经费由举办者依法筹措，保障有必备的办园资金和稳定的经费来源。"从而确定了举办者负责筹措并予以保证的责任。依幼儿园举办者的情况，幼儿园的经费来源大体有两类。

（1）国办幼儿园的经费以财政拨款为主。国家财政对教育的拨款，是教育经费的主渠道，必须予以保证。国办幼儿园举办者——地方各级人民政府或行政部门，必须根据本级政府财政预算中教育经费支出预算的用途和金额，按预算法规定的程序，及时、足额地拨给各有关幼儿园，以保证其保育、教育工作的正常进行。

当然，国办幼儿园的举办者——地方人民政府或其行政部门还可以通过"其他多种渠道"为所办幼儿园筹措资金，但其他渠道不能代替财政主渠道，国家所办幼儿园的经费来源"以财政拨款为主"这一法定的渠道不变。

1986年《国家预算收支科目》关于"教育事业费"预算支出的14项科目中，就有幼儿教育经费。各地区的教育部门可据此列出学前教育的专项费用，专款专用，以发展学前教育事业。

（2）企业、事业组织、社会团体及其他社会组织和个人依法举办的幼儿园的办园经费由举办者负责筹措。有关企业、事业、机关团体、部队、院校，或单独举办幼儿园，或联合举办幼儿园，必须投入必备的办园资金，有稳定的经费来源。城镇街道办的集体性质的幼儿园，可酌情从地方自筹开办，或由地方帮助购置大型设备及房舍修理。农村学前教育，由乡镇人民政府通过各种渠道，采取乡（镇）统筹、村自筹、乡镇财政收入划出适当比例用于幼儿园等形式，作为举办者的经费投入。

2. 教育经费附加

1993年2月13日，《中国教育改革和发展纲要》在进一步完善城乡教育附加征收办法中指出，凡缴纳产品税、增值税、营业税的单位和个人，按"三税"的2%~3%计征城市教育费附加；农村教育费附加征收办法和计征比例，由各省、自治区、直辖市政府制定，上述所征款额主要用于普及九年义务教育。地方政府还可根据地方教育发展的实际需要、经济状况和群众承受能力，开征其他用于教育的附加费。

学前教育虽不是义务教育，但它是我国社会主义教育事业的一个重要组成部分，并且有地方性和群众性的特点，需要依靠国家、集体和公民个人共同举办。因此，在国家教育经费紧缺的情况下，通过教育费附加形式来筹措学前教育经费，是使学前教育得到健康发展的一条重要途径。

3. 家长缴纳的保育、教育费

1988年8月15日，国家教委、国家计委、财政部、人事部、劳动部、建设部、卫生部、物价局《关于加强幼儿教育工作的意见》指出，养育子女是家长依照法律规定应尽的社会义务；幼儿教育不属于义务教育，家长送子女入园理应负担一定的保育、教育费用。《国务院关于当前发展学前教育的若干意见》（2010）明确指出，家庭应合理分担学前教育成本。各地在调查研究的基础上，兼顾实际需要和家长的经济承受能力，制定各类幼儿园的收费标准。因此，家长缴费也是学前教育经费筹措的一个基本方法。

在幼儿园收费方面，要注意以下几点。

（1）坚持按标准收费，杜绝乱收费现象。幼儿园的收费，是由省、自治区、直辖市或（地）市级教育行政部门会同物价、财政等有关部门按教育成本，如人员工资、固定资产、设备折旧等，进行核算后，确定收费项目、标准和办法的。收费标准应既考虑幼儿园实际需要，又兼顾家长的经济承受能力。因此，收费标准一经确定，幼儿园就必须严格执行，不得擅自作主乱收费。

（2）评估定类，按类收费。幼儿园收费应考虑不同类别、不同条件的办园成本，制定各类幼儿园的收费标准。教育行政部门根据各类幼儿园的教育成本和改革的实际需要进行分级分类，确定收费标准。经评估定类的幼儿园，按优质优价、类别收费。教育经费有了稳定的来源，办园条件的改善就有了较大的经济保障。

（3）幼儿园不得以幼儿为牟利手段。《中华人民共和国教育法》（2015）规定任何组织和个人不得以营利为目的举办学校及其他教育机构。《幼儿园工作规程》（2016）也明确提出，幼儿园不得以培养幼儿某种专项技能为由，另外收取费用；不得以营利为目组织幼儿表演、竞赛等活动。幼儿园是向幼儿实施保育、教育的教育机构，组织幼儿的歌舞表演、美术手工活动，是促进幼儿全面发展的手段，也是幼儿之间，幼儿与教师、与家长之间的"同学习、同娱乐"的活动。以培养某项技能为借口多收费用，以幼儿对外表演为手段去营利，都是不道德的，也是违反国家法规政策的行为。

4. 社会捐助

《中华人民共和国教育法》（2015）规定，国家鼓励境内、境外社会组织和个人捐资助学。《幼儿园管理条例》（1989）也明文规定，鼓励和支持社会各界捐资助园。《中共中央关于教育体制改革的决定》（1985）指出：地方要鼓励和指导国营企业、社会团体和个人办学，并在自愿的基础上，鼓励单位、集体和个人捐资助学，但不得强迫摊派。《国务院关于当前发展学前教育的若干意见》（2010）明确指出，鼓励社会力量办园和捐资助园。社会资助是我国筹措教育经费的重要方面，也是增加幼儿园经费、改善办园条件的重要渠道。

由于学前教育是非义务教育，政府的投入有限，所以在城镇要鼓励和倡导厂矿企业、行政事业单位和社会团体等集资、捐资办学，或在人力、物力和财力诸方面资助，支持所在地举办幼儿园；在农村县、乡政府，除按规定征收教育附加费外，可根据本地学前教育事业发展的需要，向农村经济组织、专业户和村民个人筹集办园资金。根据国务院1957年专门制定的《华侨捐资兴办学校办法》的规定，港澳台同胞、海外侨胞等可以对学前教育提供资助和捐赠或联合办园。

动员社会捐助，或向群众集资办园，要贯彻自愿、量力、群众收益的原则。为了做好捐资助园工作，受捐助的幼儿园，对捐赠的内容、数量、用途，要充分尊重捐赠者的意愿。为了有利于国家、社会和幼教事业的发展，捐赠方式、内容等都必须符合我国法律、法规和政策，不违背我国的教育方针。

为鼓励境外社会组织和个人捐资助学，国家还规定了相应的税收优惠措施。《中华人民共和国个人所得税法》（2018）第六条第六款指出，个人将其所得对教育事业和其他公益事业的捐赠部分，捐赠额未超过纳税人申报的应纳税所得额百分之三十的部分，可以从其应纳税所得额中扣除。

(二)学前教育经费筹措中应注意的问题

1. 在学前教育经费筹措的过程中应注意合法、合理、合情

所谓合法、合理、合情,就是指在筹措经费的过程中,其手段要符合法律规范,要晓之以理,动之以情。在广泛宣传学前教育的重要性,让全社会在了解学前教育发展的现状、需求的基础上,动员社会各方力量,支持、捐助学前教育事业。另外,要努力提高学前教育经费的使用效益,合理规划学前教育事业发展的规模,调整其结构和布局,避免浪费;要建立健全学前教育经费管理制度,加强经费管理过程中的监督和审计,使学前教育经费管理落到实处。

2. 禁止向社会硬性摊派或乱收费

幼儿园在教育经费筹措的过程中必须严格遵照国务院1988年颁发的《禁止向企业摊派暂行条例》,1990年颁发的《中共中央、国务院关于坚决制止乱收费、乱罚款和各种摊派的决定》和《国务院关于切实减轻农民负担的通知》规定,不得自行向社会硬性摊派或乱收费。1991年国务院颁布了《关于坚决制止中小学乱收费的规定》,重申违反规定,巧立名目乱收费的学校,除必须退还全部乱收的款项外,还应追究经办人员和学校负责人的责任,并予以严肃处理;并且规定各地教育行政部门应会同有关部门,结合本地具体情况,制定实施细则。如上海市教育行政部门在1995年连续出台了一系列文件,1997年又颁布了《上海市教育委员会、上海市财政局、上海市劳动局关于调整本市幼儿园、托儿所收费标准的通知》。这些规定从组织上、措施上防止了硬性摊派、乱收费现象的发生。

3. 加强对筹措到的学前教育经费的统筹管理

《中华人民共和国教育法》(2015)指出:"各级人民政府及其有关行政部门应当加强对学校及其他教育机构经费的监督管理,合理使用各项经费,任何单位不得克扣、挪用幼儿园的经费。"《幼儿园管理条例》(1989)和《幼儿园工作规程》(2016)也分别提出"幼儿园应当加强财务管理,合理使用各项经费,任何单位不得克扣、挪用幼儿园经费""省、自治区、直辖市或地(市)级教育行政部门应会同有关部门制定各类幼儿园经费管理办法。幼儿园的经费应按规定的使用范围合理开支,坚持专款专用,不得挪作他用"。

三、学前教育经费的管理措施

(一)建立、健全学前教育经费管理制度

建立、健全学前教育经费管理制度是经费管理得以落到实处的重要保障。只有建立健全的经费管理制度,才能使整个管理过程有章可循,有据可查,提高经费的使用效益。

经费管理制度包括:财务会计制度、经费预算决算制度和经费审计监督制度。

1. 财务会计制度

国家应建立健全财务会计制度,加强经费管理。国家财会制度规定,幼儿园和其他各级各类学校一样,必须设置财务机构或财会人员,严格执行会计制度。会计要设置幼儿园会计账簿,做好记账、算账和编制各种会计报表的报账工作。

为严格园所财务管理，必须建立完整的表册制度，健全会计制度，做到一切账目有据可查，会计管账不管钱，出纳管钱不管账，严格实行财会人员岗位责任制。

园长要抓好幼儿园经费的收支管理，合理使用经费，以有限的投入取得最大的效益；维护财经纪律，坚决执行好财政政策，定期公布收支情况，增加透明度，奖惩分明，坚持账目公开；认真编制经费预算，认真执行预算并做好决算。园长特别应该遵循幼儿园经费开支的审批规定，坚持"瞻前顾后、统筹安排、保证重点、照顾一般"的原则，合理使用有限资金，力争少花钱，多办事，办好事。园长应了解园所收支项目，注重对经费的收支管理，要做到合理使用经费，必须建立健全财务会计制度，加强经费使用的计划管理。

2. 经费预算决算制度

国家应建立健全经费预算决算制度，加强民主管理。《幼儿园工作规程》（2016）规定幼儿园应建立经费预算和决算审核制度，严格执行有关财务制度；经费预算和决算应提交园务委员会审议，并接受财务和审计部门的监督检查。

根据《中华人民共和国预算法》（2018）第四章"预算编制"、第八章"决算"的有关精神，幼儿园建立预、决算制度，应该做到以下几点：（1）编制预算应该参考上一年预算执行情况，参考有关支出绩效评价结果和本年度收支预测；（2）编制预算要遵循统筹兼顾、勤俭节约、量力而行、讲求绩效和收支平衡的原则；（3）编制各级预算支出，应当贯彻节约、勤俭办园的方针，做到统筹兼顾，一般应以教养工作的需要作为预算的重点；（4）预算要留有余地，有一定机动性，以便解决计划外的特殊需要；（5）预算由财会人员编制，园长审批，并上报有关部门，园长应懂得理财，亲自过问并参与预算，与财会人员共同分析研究经费的分配计划；（6）按照规定，预算、决算由园务委员会审议，执行时若需要调整，也须经园务委员会或职工大会研究同意。这是加强财务民主管理、执行群众参与理财的重要措施，在此基础上认真执行预算，并做好决算工作。通过决算可以了解全年经费使用的情况，做出分析，总结总的收支平衡情况，提出各项经费之间的比例关系，并探索经费的使用规律，为下年度预算的制定提供依据和指导。

3. 经费审计监督制度

国家应建立健全经费的审计监督制度，接受财务和审计部门对学前教育经费的审计监督与检查，提高经费使用效益。经费的审计、监督是对幼儿园财务收支活动、业务活动及生产经营活动的检查、监督，是幼儿教育事业财务工作的一个重要组成部分，是国家财政监督的基础。对幼儿园财务监督的目的，在于保证幼儿园的社会主义办园方向，保证党和国家的有关方针政策、财经法令、规章制度的贯彻执行，维护财经纪律，保护幼儿园资产，加强财务管理，促进增收节支，合理使用资金。幼儿园的财务监督和审计，包括预算执行的监督、收入的监督、定员额的监督、开支标准的监督、财政财务制度的监督。

经费审计监督制度，是由全国人大常委会颁布的《中华人民共和国审计法》（2006）确定的。对幼儿园来说，主要是接受审计部门依法对本园"财务收支的真实、合法和效益"的审计监督。在接到审计通知后，幼儿园必须配合审计部门，提供必要的工作条件，根据审计要求呈送有关财务收支的资料，并且如实反映情况，接受审计人员对资产的检查。

（二）学前教育经费收入管理

学前教育经费收入是指幼儿园开展保育、教育及其他活动依法取得的非偿还性资金。学前教育经费收入主要包括以下几项。

1. 财政补助收入

财政补助收入是指幼儿园从财政部门取得的各项事业经费，包括教育事业费、地方教育附加费、公费医疗经费、住房改革经费等。上述财政补助收入应当按照《国家预算收支科目》等管理规定，进行管理和安排使用。

2. 上级补助收入

上级补助收入是指幼儿园从主管部门和上级单位获得的非财政补助收入。

3. 事业收入

事业收入是指幼儿园开展保育、教育及其辅助活动依法取得的收入，包括幼儿家长缴纳的入园学杂费、全托儿童的住宿费，按照有关规定向家长收取的其他费用等。其中，按照国家规定应当上缴财政纳入预算的资金和应当缴入财政专户的预算外资金，要及时足额上缴，不计入事业收入；从财政专户核拨的预算外资金和部分经核准的上缴财政专户的预算外资金，计入事业收入。

4. 经营收入

经营收入是指幼儿园在教学及其辅助活动之外取得的收入。

5. 附属单位上缴收入

附属单位上缴收入是指幼儿园附属独立核算的校办产业按照有关规定上缴的收入。

6. 其他收入

其他收入是指上述规定范围以外的各项收入，包括社会捐赠等。幼儿园在收入管理上，必须严格按照国家有关政策规定依法组织收入，各项经费必须严格执行国家规定的收费范围和收费标准，并使用符合国家规定的合法票据；各项收入必须全部纳入幼儿园预算，统一管理、统一核算。

（三）学前教育经费支出管理

学前教育经费支出是指幼儿园开展保育、教育及其他活动发生的各项资金耗费和损失。学前教育经费支出主要包括以下几项。

1. 事业支出

事业支出是指幼儿园开展保育、教育及其辅助活动所产生的支出。事业支出的内容包括基本工资、补助工资、其他工资、职工福利费、社会保障费、公务费、设备费、购置费、修缮费和其他费用。

2. 建设性支出

建设性支出是指幼儿园用于建筑设施方面的支出，包括用专项资金和社会捐赠等新建、改建、扩建建筑设施所发生的支出。

3. 经营支出

经营支出是指幼儿园在教学及其辅助活动之外开展非独立核算经营活动发生的支出。

4. 对附属单位补助支出

对附属单位补助支出是指幼儿园用财政补助收入之外的收入对附属单位补助发生的支出。

幼儿园开展非独立核算经营活动，必须以不影响正常保育、教育活动为前提。开展非独立核算经营活动，应当正确收集实际发生的各项费用，不能直接收集的，应当按照规定的比例合理分摊。经营支出应当与经营收入配比。

幼儿园在支出管理上要注意，从有关部门取得的有指定项目和用途并且要求单独核算的专项资金，应当按照要求定期报送资金使用情况；项目完成后，应当报送资金支出结算和使用效果的书面报告，并接受有关部门的检查和验收。

幼儿园支出应当严格执行国家有关财务规章制度规定的开支范围和开支标准。国家有关财务规章制度没有统一规定的，由幼儿园结合本园情况规定，报主管部门和财政部门备案。幼儿园规定违反法律和国家政策的，主管部门和财政部门应当责令改正。幼儿园要加强对支出的管理，各项支出应按实际发生数列支，不得虚列虚报，不得以计划数和预算数代替。

（四）学前教育经费结余及专用资金管理

1. 学前教育经费结余

学前教育经费结余是指幼儿园年度收入与支出相抵后的余额。经营收支结余应当单独反映，可以按照国家有关规定弥补以前年度经营亏损，其余部分并入幼儿园结余。

应当注意，幼儿园的结余还包含实行预算外资金结余上缴办法的预算外资金结余。除专项资金按照国家规定结转下一年度继续使用外，可以按照国家有关规定从经费结余中提取职工福利资金，剩余部分作为事业基金用于弥补以后年度收支额；国家另有规定的，服从规定。

2. 学前教育经费中专用资金

学前教育经费中的专用资金，是指幼儿园按照规定提取和设置的有专门用途的资金。专用资金包括修购基金、职工福利资金、医疗基金、基教基金等。修购基金是按照事业收入和经营收入的一定比例提取、在修缮费和设备购置费中列支，以及按照其他规定转入，用于固定资产维修和设备购置的资金。职工福利资金是按照结余的一定比例提取，以及按照其他规定提取并用于职工集体福利设施、集体福利待遇等的资金。医疗基金是按照规定标准提取的，并参照公费医疗制度有关规定纳入公费医疗开支范围的职工医疗开支的资金。基教基金是接受社会捐赠等专门用于奖励教职工的必须保留本金的基金。

幼儿园可以按照国家有关规定，根据事业发展需要提取或者设置其他专用资金。各项资金的提取和管理办法，国家有统一规定的，按照统一规定执行；没有统一规定的，由主管部门会同同级财政部门确定。

（五）学前教育经费管理中应注意的问题

管理的实质即合理组织利用人、财、物、事、时间、信息等，最大限度地发挥各要素作用以取得最佳效率和效益。经费管理实际上就是对财政的管理，其离不开其他因素的配合与支持。在经费管理过程中管理者须注意以下事项。

1. 勤俭办园，财尽其效

勤俭节约、艰苦奋斗是我国人民的优良传统和美德。改革开放的时代仍需坚持并发扬这种精神。我国是发展中国家，人口多，地区发展不平衡，教育经费短缺的情况仍然存在。因此，发扬艰苦创业、勤俭办园的精神，反对铺张浪费，反对盲目攀比，注意节约开支，财政量入为出，应作为幼儿园经费管理的指导思想。

有些地区的幼儿园，在设计、建造时，既力求为幼儿提供足够的、符合卫生要求的室内活动空间，又讲究降低成本、减少浪费，发挥园舍多功能的作用。在为师生提供教、玩具时，既考虑数量足够，符合教育、卫生要求，又大力提倡师生自己动手制作，不仅节约了幼儿园的经费开支，更重要的是培养了师生勤俭节约的思想，同时又锻炼了他们的动手操作能力和创造能力。

2. 要注意处理好三方面的关系

（1）要处理好事业发展的需要和资金供给的关系。我们必须立足国情，量力而行，不能盲目追求正规化、贵族化。有的地方为了造一个外形美观、富丽堂皇的幼儿园，不惜投入重金，借贷大量的资金。由于债务拖欠较多，以致幼儿园建成后，只能把较多的精力放在创收还贷上，根本无暇顾及幼儿园正常的保教工作，更谈不上师资队伍的建设和学科发展。华丽的外表与教育教学的薄弱形成强烈的反差，结果搞得家长怨声载道，园长和教师苦不堪言，最终受害的仍然是幼儿。因此，一定要根据地区需要和自身的经济力量，因地制宜，创造性地发展形式多样的幼儿园或学前班，以满足更多的幼儿接受学前教育的需要。

（2）处理好社会效益和经济效益的关系。大力发展学前教育事业、办好幼儿园是社会主义现代化建设的需要，是幼儿全面发展的需要，是广大劳动人民群众和幼儿园一切工作的终极目标。重视提高社会效益，不仅能增强广大教职工的工作责任心，而且能引起家长和社会对幼儿园的关注和支持。

有些幼儿园一味追求经济效益，无视国家的有关规定，盲目招生，使班级幼儿数量大大超过国家限额，有的甚至高达50～60人/班，在这种情况下，提高教育质量、促进幼儿发展无从谈起；有的幼儿园违背学前教育规律，大办有偿"艺术班"和"兴趣班"，对幼儿进行唱歌、舞蹈、美术、手工、拼音、英语等知识和技能技巧训练，打破了幼儿园正常的教育和生活秩序，加重了幼儿的学习负担，也加重了家长的经济负担。上述做法在短时期内虽然取得了一定的经济效益，提高了教师的福利收入，但是也影响了教育效益和社会效益。对于这种有违幼儿成长与幼儿教育事业发展的短视行为应坚决予以制止。

（3）要处理好国家、集体和个人之间的关系。幼儿园在搞财务工作，编制幼儿园预算，管理使用经费的过程中，要以国家利益、集体利益为重，本着"对社会负责、对人民负责"的精神，正确处理国家、集体和个人的关系，反对小团体主义、本位主义；反对损公肥私，损人利己；反对私自截留应上缴国家和集体的资金，私设小金库；反对将应用于幼儿身上的费用挪作他用。如幼儿的伙食费一定要用在幼儿身上，做到专款专用，调配余缺，不能与成人伙食混在一起。这样才能保证幼儿的营养需要。在学前教育经费管理过程中，处理好国家、集体和个人三者之间的关系至关重要。我们要大力提倡顾全大局，诚实守信，严格遵循学前教育经费管理的有关规定，维护举办者、幼儿园、教师和幼儿的合法权益，促进学前教育事业健康发展。

思考题

1. 学前教育人事管理的特点及内容是什么？
2. 基层学前教育人事管理的内容有哪些？
3. 如何管理学前教育经费？

第十章　学前教育评价

现代教育科学研究有三大领域，即教育理论研究、教育发展研究和教育评价研究。学前教育评价作为教育评价的重要组成部分，具有反映幼儿发展水平是否达到教育目标要求，评定教师的素质和教学效果，检查学前教育管理水平，考察幼儿教育改革和实验结果，为幼儿教育决策提供反馈信息等重要作用。在学前教育改革的进程中，教育评价问题已提到了重要议程上。近年来，我国学前教育评价的理论研究和实践活动得到了很大的发展，其科学体系正逐步形成。本章将初步介绍学前教育评价的理论与实践。

第一节　学前教育评价及其作用

一、学前教育评价

（一）教育评价

1. 教育评价的含义

要探讨什么是教育评价，首先要了解什么是评价。《宋史》中载"市物不评价，市人知而不欺"，"评价"在这里的原意是讨价还价、评论货物的价格。今天，"评价"一词已被用来表达更广泛的概念，评价就是判断事物的价值，如人们对各种食物、服装、住房的价值进行判断并做出选择。

教育评价是1929年由美国教育家泰勒（R.W.Tyler）首次提出的科学概念，但迄今为止尚无统一的定义。综合国内外对教育评价概念的讨论，我们认为，教育评价就是根据一定的教育目标，运用科学的方法和手段，对教育现象及其效果进行测定，形成价值判断，从而为教育决策提供依据。理解这一定义要把握以下几点。

（1）教育评价的对象是教育现象。教育评价是以教育现象为对象进行的一种价值判断活动。教育现象是指人们通过感知可以认识到的教育的外部表现形式。从宏观上看，教育现象有教育体制、教育目标、教育发展以及一个地区乃至一个国家的教育水平等；从纵向结构看，有幼儿园、小学、中学、中等专业学校及高等教育等；从横向结构看，有普通教育、职业教育、成人教育等；从办学角度看，有办学条件、管理水平、教学效果；从人员看，有领导、教师、各种工作人员以及学生等。现代教育评价突破了早先的以学生的学业成就为评价对象的狭小视野，评价涉及教育背景、投入、过程、效果等各个方面的人和物，各有关的活动与现象，其广泛性和综合性是前所未有的。

（2）教育评价的依据是教育目标。教育评价是以教育目标为基准进行的价值判断活动，教育目标是教育评价的标准和依据。教育目标有总体教育目标、一般教育目标和具体教育目标之分。总体教育目标是指全领域的、涉及宏观决策方面的教育目标，如党的教育方针、教育目的等就属于这类目标；一般教育目标是指各级各类学校的培养目标；具体教育目标是指根据总体教育目标和一般教育目标，结合受教育者的实际情况确定的目标，如课程目标、活动目标。教育目标是确定教育评价指标的依据。作为对评价形成直接参照的评价目标和标准体系，教育评价指标虽然有不同于教育目标的独特的存在形式，但它的精神与内涵的实质应和教育目标、发展目标或与之有关的目标相一致。

（3）教育评价的手段是科学方法。教育评价是运用科学的方法和手段，对教育现象及其效果进行测定所做出的价值判断活动。教育评价的科学性在很大程度上取决于评价方法和手段的科学性，在评价指标体系和评价标准的确定，信息的收集和处理，评价的组织和实施等方面都存在方法技术的科学性的问题。科学的评价方法是做出科学价值判断的关键。

（4）教育评价的目的是改进教育。教育评价的根本在于做出价值判断，从而为教育决策提供信息和依据，不断改进教育质量。早期的教育评价目的是"选拔合适教育的儿童"，现代教育评价目的是"创造适合儿童的教育"，它是为不断完善和改进教育过程，提高教育质量服务的。

综上所述，教育评价的定义，包含了四个组成部分，即评价的对象——教育现象，评价的依据——教育目标，评价的手段——素质调查、教育测量、教育统计及定性定量收集资料的一切方法，评价的目的——为教育决策服务。教育评价的实质就是根据教育目标，运用科学方法，测定教育效果，判断教育价值，提供决策依据，改进教育工作。

2.教育评价与教育测量、教育评价与教育评估

（1）教育测量与教育评价。教育测量与教育评价是两个关系密切，而又相互区别的概念。教育测量是借助一定的工具，对教育现象的实态做出事实判断，并赋予一定的数值的过程。教育评价则是在进行素质调查和测量所获取的信息数据的基础上进行价值判断的过程。测量的目的在于取得数据，是为了对事物现象进行客观描述，并区分客体在数量上的差异。因此，测量是一个纯客观的过程，在测量中，应尽可能避免或排除任何主观因素。评价的目的，则是要以测量所得到的客观描述为基础，在一定的价值观的指导之下，以评价主体的需要和目标为准绳来评判这些属性和实态的价值。因此，评价同时具有客观性与主观性，它超越了客观描述，而试图以评价者的价值观来确定事物或行为的价值。一方面，教育测量是教育评价取得数据资料的重要手段，教育评价只有在教育测量的基础上才能有所依据，没有测量所提供的资料，教育评价将成为无源之水；另一方面，教育测量的结果只有通过评价才能获得实际意义，成为对决策者有参考价值的信息。事实上，教育评价正是在教育测量的基础上不断深化而发展起来的。

（2）教育评价与教育评估。教育评价与教育评估是两个意义相近的概念。评价就是要明确地评判或评定对象的价值高低、质地优劣，这就需要在一定程度上较严格准确地把握对象的价值，经过有效的测量，对客观事实进行价值判断。评估则是一种严格、准确程度相对较低的模糊定量的评价，其判断过程中含有相对较多的揣度、推测、估量含义。可

见，教育评价与教育评估并无本质上的差异，因而在实际运用中，两者常被人们当作同一概念使用。

（二）学前教育评价

1. 学前教育评价的含义

学前教育是一种有目的的活动。而教育活动是否针对教育目标而展开，是否能满足社会的需求，是否能反映正确的价值观与儿童观，有没有达到预期的效果，能不能促进幼儿按照社会的要求而健康地发展……这一切都需要通过学前教育评价来获取答案。

学前教育评价就是对与学前教育活动相关的各个方面进行科学的价值判断的过程。例如，幼儿园教育目标评价，课程目标评价，教育内容、形式、手段、方法、效果的评价，保教人员工作质量评价，学前教育环境评价，托幼机构管理工作评价，幼儿发展状况评价等，都属于教育评价的范畴。

2. 常见的学前教育评价类型

常见的学前教育评价有等级评价、幼儿园质量评价、学前儿童发展评价等。等级评价是各省当前经常使用的评价方式，它在评定前会针对不同等级设置定义和描述，评价者依据每一个评价指标给定等级，最终形成对评价对象的总体评价，如：某区县给予该区域幼儿园五个等级（省级示范园、市一级幼儿园、市二级幼儿园、市三级幼儿园、未入级幼儿园），评定各级别的幼儿园需要在办园资质、园所硬件设备等10个指标上进行评估，每个指标相应计分，最终划分等级。等级评价中评价指标的建立非常重要，指标需关注评价依据的核心要素，同时指标还需要有区分度。

幼儿园质量评价是当前学前教育评价领域的热点问题，它关注幼儿园的教育活动能否满足幼儿身心发展的需要。当前该领域时常以班级为基本单位展开评价，指标主要关注幼儿园半日活动安排、师幼互动过程、教师行为及儿童活动等[1]，该领域典型的评价工具为中央教育科学研究所学前教育研究室出版的《幼儿园教育质量评价手册》(2009)。

学前儿童发展评价以3~6岁儿童的教育目标和发展目标为依据，运用教育评价的方法对幼儿的身体、认知、品德和社会性等方面的发展做出判断，以期了解儿童的发展状况，为下一步的教育提供信息。学前儿童发展评价能够帮助教育者了解幼儿的实际发展状况，方便教育者对幼儿实施有针对性的教育；同时该领域评价也是不断提高幼儿园教育质量的重要手段，是幼儿园教育评价工作中不可或缺的组成部分。评价者在实施此类评价时一定要注意明确评价的目的，大多数情况下，学前儿童发展评价不是为了评价而评价，而是为了诊断和改进教育教学现状，促进幼儿在原有水平基础之上的提高和发展。总结起来，学前儿童发展评价的目的在于为发展而评价、对发展进行评价、在发展中进行评价。

---

[1] 刘占兰，《我国幼儿园教育质量的现状——与1992年幼儿园质量状况比较》，《学前教育研究》，2012年第2期。

二、学前教育评价的作用

学前教育评价具有多维度多层次的组织结构，包括评价目标、评价指标、评价人员、评价对象、评价方法等多方面，在系统内部各个方面相互联系、相互制约，同时又与外部环境相互作用，从而产生多种功能。一般来说，学前教育评价的作用主要有反馈、改进、激励、导向等。

（一）反馈作用

学前教育是在一定的教育目标指导下实施的。实际的教育活动是否达到了既定目标，以及在什么程度上达成了目标，需要通过评价来做出鉴定，提供反馈。通过评价，管理者就能全面地把握学前教育的各种状况和现实水平，及时了解教育结果及其与目标偏离的程度，为教育行政部门督导、学前教育管理、教师教育等活动的进一步开展提供现实的依据。

（二）改进功能

通过评价提供的信息反馈，被评者可以及时地发现问题与不足，评价的这种诊断功能可以使被评者清楚地意识到自己的短板，从而自觉地采取改进措施，促进保教工作质量的提高。此外，对幼儿在德、智、体、美各方面的能力和实际发展状况的诊断性评价，既有利于一般化教育教学计划的制订，又有利于个别化的教育和辅导。

（三）激励功能

科学合理的评价不仅能使幼儿教育工作者清楚地意识到自身的成绩与缺点，还能强化他们的内在需求和动机，产生一种心理上的激励作用，从而调动他们的积极性。当合理的评价和适宜的奖励制度相结合时，评价的激励作用将更为明显。

（四）导向功能

鉴于评价有可能产生的激励作用，会促使被评对象产生追求肯定的评价结论的欲望，从而有意识地时常对照评价的标准和目标，调节与控制教育活动的方向，所以评价就在客观上对教育活动起着一种导向作用，它不断指引人们沿着正确的方向展开教育活动。

当然，导向作用的正确发挥必须以制定科学的评价标准为前提，否则也可能是错误的导向。如"课堂秩序井然，无混乱现象"的评价标准就有可能使教师的活动设计不能充分发挥幼儿的主动探索能力。

第二节　学前教育评价的理论模式

学前教育评价是一个有目的、有计划的活动过程。评价活动可能有各自不同的评价目的，根据评价目的，评价者采取相应的评价理论框架或方法性思路。以下介绍当代学前教育评价中的几种理论框架或模式。这些模式不只可被用于学前教育机构或课程的评价，也可被用于对学前教育领域中其他方面的评价。

一、鉴定性评价模式

（一）定义

鉴定性评价，是由国家各级主管部门按已定的标准，对各级各类学前教育机构进行达标鉴定的评价活动，是一种较大规模的系统的评价活动。例如，我国的各级学前教育主管部门每年都会接受当地学前教育机构的申请，并按一整套预定的标准和程序进行鉴定性评价，对合格者定级升类。

（二）特点

鉴定性评价的主要目的是衡量被评对象是否达标。一般而言，这里的标准是指能满足该类、该级机构要求的最低水平（如教职工的专业训练资历、图书资料的数量、师生比率等）。评价通常由一组专家对照标准做出判断，强调的是对教育过程而非教育结果的评价，评价尤其应注重各种教育活动的内容方法的呈现和各类资料的提供。

（三）过程

鉴定性评价应周期性进行，如每4~7年进行一次，评价过程通常包括以下步骤。

1. 机构自身评价

评价机构内部开展自评，学习与对照评价部门颁布的标准及细则，对本机构达到标准的情况做出自我鉴定。这些标准往往涉及教育观念与教育目标、课程特点、儿童的活动安排、教职工情况、行政管理、督导机制、设备设置、宣传工具、服务项目等。

2. 专家组现场访察后做出评价

由一组专家组成的现场访察组，根据标准考察被评机构自身评价的结果，观察机构的运行实况，访谈领导班子、教职工、儿童及其他有关人员，实地参观设备设置与资料贮备等。在现场访察后，专家写出书面报告。如果被评单位有重要缺陷，则不予合格鉴定，责令被评单位在一定时限内加以调整改进，重新进行自评和接受评价，直至获得合格鉴定。

鉴定性评价在学前教育评价实际运用时，除了教育主管部门以外，通常还需社会其他部门的协助评价。如卫生部门负责鉴定卫生设施、厨房区域等，财政部门负责鉴定幼儿园收费、账目等。

二、目标获得性评价模式

（一）定义

目标获得性评价，是以目标为出发点收集资料，判断实际教育活动达到目标的程度，从而确定课程成效的评价活动。目标获得性评价模式的倡导人泰勒认为，考察儿童的学习和发展是评价课程效益和教师工作最直接最有效的手段。课程设计就要将教育目标转变为个体的行为目标，并据此来开展教育过程和教育评价。换言之，教育评价就是判断实际的教育活动达到目标的程度。目标教育过程与评价者之间构成一个"闭环结构"（见图10-1）。

图 10-1　目标教育过程与评价者之间的"闭环结构"

预定的目标决定了教育过程，而评价就是找出实际教育活动偏离目标的程度，然后通过改进措施，尽可能地逼近目标。

（二）特点

目标获得性评价要求将一般概括的教育目标转变为具体明确的行为目标，并对这些目标加以系统的测量，其强调的是对教育结果的考察，而对教育过程、前提条件、组织计划及其他与行为目标无直接关联的现象和方面就不太关注，这一点，与鉴定性模式形成鲜明对照。

（三）过程

用目标获得性评价模式进行课程评价，首先要把课程目标（或主题目标）具体化、明确化，用可操作的"行为术语"来表述。然后，找出能显示达成目标程度的具体行为项目，进行测量。最后，将测量结果和行为目标加以比较，然后判定教育活动并做出解释。

目标获得性评价通常包括以下七个步骤：（1）确定教育目标（课程目标或主题目标）；（2）给目标下行为定义，即将目标转变为可以观察或测量的行为指标；（3）选取评估这些目标的合适手段与情境；（4）确定客观有效可靠的测量方法和测量工具；（5）测查行为表现的变化；（6）将测查结果和行为目标加以比较，判定达成目标的程度并做出解释；（7）修正或调整方案，重复循环过程。

三、CIPP 评价模式

（一）定义

CIPP 评价模式，又称决策类型评价模式，实际上就是 Context（背景）、Input（输入）、Process（过程）、Product（结果）四个英文单词的首字母的组合，是一种以决策为中心的评价模式，是把背景评价、输入评价、过程评价和结果评价结合起来，为判断决策描述、获取、提供有用信息的过程。

（二）特点

CIPP 模式的创始人斯塔费尔比姆（D. Stufflebeam）强调，CIPP 模式的独到之处在于"为有不同努力方向的决策服务"。无论是平衡稳定的决策、连续增进的决策、不断更新的决策还是近似变形的决策，都必须在评价所提供的信息基础上，做出关于教育改革的决定。CIPP 就是一种不断地收集和利用新信息的持续循环的过程，这些信息不仅影响未来的决策，而且还会通过反馈让决策者重新考察已有决策的效益。

（三）过程

1. 背景评价

CIPP 评价模式是在试图改进泰勒模式的弊端的过程中发展起来的教育评价模式。泰勒提出评价的中心和依据是目标，而目标的合理性和可行性本身是需要接受评价的。背景评价即根据社会需要对教育目标计划本身做出价值判断，发现教育目标与社会实际需要之间的差距，这是一个为制定实现预期结果的目标决策提供信息的过程。例如，"重视幼儿社会性的发展"就是现代幼儿教育背景评价的调整结果。

2. 输入评价

这是对于达成教育目标所需要，并且可以获得的条件的评价，也可以理解为是对教育方案、计划的可行性的评价。它涉及的问题主要有：实现目标的可能性，各种方案潜在的成本，各种人员的利用以及对外界资源的需要等。这是为选择预期使用的资源和方法提供信息的过程。

3. 过程评价

这是对教育计划或方案的实施过程的评价，它主要用于发现计划或方案在实施过程中的潜在问题，为人们提供进一步修改计划或方案所需的反馈信息。这是一个为实际工作的调整、控制、管理等决策提供信息的过程。

4. 结果评价

与目标获得性评价相似，结果评价是对教育效果达到目标程度的考察，以便判断方案或活动的价值并为进一步的工作决策提供信息。但在 CIPP 模式中，这一步主要是向决策者提供信息，让决策者在评价提供的信息基础上形成自己的重要判断。

四、外貌模式

（一）定义

心理测量学家斯塔克（R. Stake）于 1967 年提出了教育评价的外貌模式，即一种兼具描述和判断两种成分，通过搜集评价事物的前提因素、过程因素、结果因素，能对机构与课程做出全面完整判断的评价模式。外貌模式的框架见图 10-2。

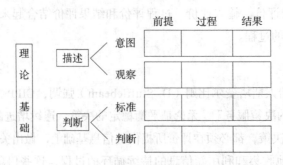

图 10-2　外貌模式的框架示意

描述和判断是构成外貌模式的两大矩阵。其中，描述矩阵中的"观察"要符合"意图"，判断矩阵中的"判断"要依据"标准"做出。无论是描述还是判断，评价都要搜集被评对象的前提因素、过程因素和结果因素。所谓前提因素，是教育实施之前任何可能与教育结果有关的因素与条件，如儿童的年龄、经验、智力，以及机构的资源条件、师资条件等。所谓过程因素，是教育过程中有关对象的活动、交往、相互作用等，如各类教育活动、游戏、人际关系、人物关系等，此类因素最具动态性。所谓结果因素，是教育所产生的影响，表现为儿童的学习效果、态度、能力，以及课程实施对于儿童的学习环境、设备材料的影响。这三个因素之间的界限是相对的，教育可视为上述因素的许多系列的循环，前一系列的结果也就是后一系列的前提。除了搜集描述和判断的具体资料，评价者还应该了解教育方案的理论基础，即它的哲学背景是什么，基本目的是什么，从而有助于评价教育方案的意图和实际效果。

（二）特点

外貌模式认为，要想适宜地理解与评价某教育机构课程等教育现象的价值，必须考察评价的全貌，不只给出对其详尽的描述，还要进行合理的判断；不只要考察结果，还要考察前提与过程。因此，完整、系统地考察被评对象的全景是外貌评价模式的主要特征。

（三）过程

1. 获取资料

评价者通过各种途径掌握外貌模式框架中的具体资料。具体而言，"意图"代表了教育目标及预定的材料、环境和教育教学；"观察"代表了实际的目标和实际采用的材料、环境和教育教学活动；"标准"意指可供参照的行为标准，可分为绝对标准和相对标准。绝对标准即由专家或有关人员制定的被视为理想的行为水平、环境状况；相对标准则是以某一机构的特征、结果作为评价别的机构的参照。"判断"即对是否达标及达标程度的判定。

2. 处理资料

对描述部分评价资料的处理主要是考察意图与观察之间的一致性。在课程设计时，"意图"中的前提因素、过程因素和结果因素之间应有逻辑关联性。在这里就得考察"观察"中的前提因素、过程因素和结果因素的实际关联性和"意图"中的逻辑关联性的一致程度，考察"观察"是否针对了预期的意图。对判断部分的评价资料的处理主要是将从"描述"中获得的结果与某种标准相比，并对比较结果加以判断，写出评价报告。

五、无框架模式

（一）特点

无框架模式指的是哲学家斯克里文（M. Scriven）的评价思想。"无框架"顾名思义是指没有形成正式的评价框架，只是阐明了一系列的评价观点，但这些观点在很大程度上影响了学前教育评价实践，主要表现在对课程目标、课程内容与教学方法、教职工及幼儿园与家长联系等方面的评价上。

（二）观点

1. 评价的目标是决定价值

斯克里文将评价的目标与作用做了重要区分。评价的作用是多样化的，或为改进课程提供依据，或提高教师工作效益，或促进对即将出现问题的解决。而评价的目标却很单一，就是确定被评对象的价值，发现优点，涉及的是判断。如这一课程是否比另一课程更能促进幼儿发展，直观教具的使用是否能产生明显的效果等。

2. 评价分为形成性评价与终结性评价两类

这一对重要概念的提出与区分是斯克里文对教育评价的重要贡献。形成性评价是由教职人员在课程、机构的运行过程中持续进行的评估，它将所获评估信息即刻反馈到发展过程中，从而达到改善的目的，是一种诊断性质的评价。终结性评价则多由外部人员在某一活动终结点或关键决策点做出总结性判定，用以判断活动的总体价值，是一种鉴定性质的评价。

3. 教育评价首先应对目标的适宜性做出判断

如果课程目标本身不适宜，即便活动的达标程度是百分之百，也无价值可言。因此，在课程实施之前首先要对目标进行评价。

六、目标游离模式

（一）定义

目标游离模式是由斯克里文提出的一个评价程序，又称"无目标评价"。在这种评价中，评价者事先并不知道活动的目标及其应有的效应，而是直接收集实际教育活动效果的全部信息，包括期望之中的和预料之外的信息，并对之加以评价。这是"有目标评价"的一种有用的附加程序。

（二）特点

在目标游离评价中，评价的重点是实际教育活动的全部效应，而不是教育的预期效果。因此，评价能不受预定目标的影响，避免先入为主的偏见，考察的视野则更为广泛，能注意到各种预期与非预期的效果，使评价趋向全面客观。

（三）过程

目标游离评价的实施过程是在某个教育活动结束后，评价者不必去了解活动方案制订的预期目标或工作设想，而是从活动的执行者、参与者及各有关方面大量收集的关于该活动实际效应或成果的信息资料，然后判断它们在满足教育的各种需求方面的重要性程度，最后再了解方案制订者的预定活动目标。在实际的系列效应中，如果未包括原来预定的主要目标，或其在效应总体中处于不重要地位，则要对计划与方案加以修改和调整。

七、差距模式

（一）定义

差距模式是由普罗佛斯（M. Provus）为评价学校课程而设计的。所谓差距模式，也就是将课程标准与其实际运行状况相比较，分析其间的差距，以便利用差距信息辨明课程的不足，并反馈到课程发展和决策之中，使课程得以改善的评价方式。

（二）特点

差距评价的各个阶段都在进行着一种比较。第一阶段是把设计方案的内容与方案应具有的内容进行比较，第二阶段是把已实现的方案内容和设计的方案的内容进行比较，第三阶段是把中间目标和最终目标进行比较，第四阶段是把实际的最终结果和理想的最终结果进行比较，第五阶段是把目前完成的方案与其他相当的方案比较。可见，不断比较"标准"和"表现"，分析二者的差距，是差距评价模式的主要特点。这使得评价工作步步为营，不至于偏离轨道。

（三）过程

差距评价可分为以下五个阶段进行。

1. 设计课程标准

所谓课程标准，是指课程方案制订者所知觉的性质，包括以下三个方面的内容：预期结果，即方案规定所应达到的目标；先在因素，即实现方案所需的人员、设备、材料等；过程因素，即为达到教育目标而开展的教育活动。只有对上述三个方面的内容加以描述与界定，才能确定方案是否按照标准运行，是否需要终止或调整。

2. 课程装置

这一阶段执行课程计划，收集正在执行方案的运行资料并与设计的标准对照，了解所执行的课程方案与原计划的符合程度。这一阶段主要判断教师是否按照标准行事，一旦发现重要不符，则需重新培训师资或终止整个方案。

3. 中间目标评价

这一阶段了解影响课程最终目标的中间目标是否达成，从而进一步了解先在因素、过程因素和学习结果之间的关系并做出反馈性调查，以期产生更好的效果。

4. 最终目标评价

这一阶段考察课程方案所造成的实际效果，判断方案的最终目标是否达成。此阶段的评价应详细对照规定的方案标准，如儿童发展的标准、学前教育管理的标准，进行全面的终结性考核。

5. 成本效益分析

成本效益分析阶段又称方案比较阶段，其目的在于通过比较目前完成的方案和其他相当的方案，找出最经济有效的方案。

八、应答模式

（一）定义

应答模式也是斯塔克提出的。这是一种通过与各类人员的自然接触，以自然的观察和反应方式评价事物，从而满足评价者的信息需求的评价方式。这是一种不断进行观察与反馈的评价过程，故而称为"应答模式"。

（二）特点

应答模式具有以下三方面的特征：（1）更直接地指向课程或方案的活动过程而非内容结构；（2）尽量满足评价者对信息的需求和兴趣；（3）评价报告更能反映各类人员不同的价值观念。

（三）过程

应答模式的评价程序是：第一步，制订一个观察与商谈计划，安排各类人员对课程实施情况进行观察；第二步，综合观察结果，从中提取可能对评价者有价值的方面，广泛收集不同的人对它的看法，并核实记录质量，考察资料的准确性；第三步，听取权威人士的意见及评价者对这些结果的意见。可见，整个评价过程自始至终都在不断进行着观察与反馈。

以上各评价模式各自具有不同的侧重方面与操作特征，适用于不同的学前教育评价活动。在实际的评价活动中，评价者要根据现实的条件与需求，选择适宜的模式作为构思评价框架的参考，并在此基础上设计具体详细的评价方案，使评价工作合理可行。

第三节　学前教育评价方法

教育评价方法是教育评价主体为完成教育评价任务所采用的手段，是实施教育评价的关键。学前教育评价方法是对与学前教育活动有关的各个方面进行科学的价值判断的方法，它受到评价目的和评价内容的制约。学前教育评价的方法主要有以下几种。

一、绝对评价、相对评价和个体内差异评价

根据评价的参照标准，可选用绝对评价、相对评价和个体内差异评价。

（一）绝对评价

这种方法以某种既定的客观标准为参照，判断评价对象是否达到标准。标准的确定并不考虑评价的总体水平，而是根据需要，由有经验的专业人员拟定指标集合。例如，某地区教育主管部门协同专家与有经验的教师，对照《幼儿园管理条例》（1989）与《幼儿园工作规程》（2016）精神，拟定本地区优质幼儿园的标准，用来对申请优质园资格的单

位进行评价裁定。凡达到标准的均可授予"优质幼儿园"称号，表示它们已达到某种绝对的标准。

（二）相对评价

这种方法根据被评对象的整体状况来确定标准，判断其他对象是否达到标准，以及达标的程度。例如，对某市全部 6 岁儿童进行随机抽样测试，计算出他们的平均身高、体重。然后以该均值为标准，衡量某一个幼儿园 6 岁幼儿的身高、体重状况，判断他们在总体中的相对位置。由于标准受对象总体水平的制约，此种标准也就只适用于它所来自的对象总体。

（三）个体内差异评价

个体内差异评价是以个体的过去为参照，评价个体的现在，或以个体的某一方面为参照，评价个体的其他方面。总之，评价参照的对象既不是别人的水平也不是外在的标准，而是个体自身，如把某幼儿学期初和学期末的动作发展测试成绩相比较，评价其进步程度；或将某幼儿园各方面工作达到该种工作统一标准的程度相互比较，以考察其优点与不足之处。

二、定性评价和定量评价

（一）定性评价

定性评价采用等级、评估等非数量的方式来鉴定评价对象的特征。如对照某种指标将某园长的组织工作成绩评定为"良好"，或用"善于设计与组织教育活动，有一定的科研意识与科研能力"等语句来评定一位教师的业务能力。

（二）定量评价

定量评价则用数字来表示评价标准和结果。定量评价的基础是测量，定量评价其实就是对评价对象进行测量并用数字来表示。

定量评价有多种基本形式：（1）加权求和。该方法是把对象在各项指标上的原始得分与相应的权重相乘得到各项权重分数，再把各项权重分数累加得到被评者的总分。（2）标准分数。该方法用原始分数减去平均数再除以标准差即得到标准分数，这样即可判定被评对象在团体中的准确位置，还可以把不同测验的得分放在一起进行比较。（3）统计分析。该方法用概括性数字（如平均数、标准差等）来表示分数集中或差异的分布状况，并对不同群体对象的均分和频次进行差异显著性检验（如 t 检验、Z 检验、X^2 检验等）。（4）模糊评价。该方法适用于一些难以精确量化的指标。先将各项指标的评分组合为一个模糊矩阵，然后赋予指标以权重系数，形成模糊集，再经运算得出评价结果。

定性评价与定量评价各有利弊，适用于不同内容。现代教育评价提倡定性与定量相结合，兼收并蓄。

三、分解评价和综合评价

（一）分解评价

这种方法把要考察的内容分解为几个方面，分别加以测量与评定。例如，幼儿绘画作品可以从构思、线条、色彩、创造等方面分别加以评定，给出各自的等级。

（二）综合评价

这种方法是对评价内容的整体状况进行评定。仍以幼儿绘画作品为例，在定性的综合评价中，教师凭借丰富的经验，对绘画整体印象加以直观判定，给出等第或评价结论。

四、正式评价和非正式评价

根据评价目标的预设性和评价设计的系统性程度，学前教育评价分为正式评价和非正式评价。

（一）正式评价

正式评价是指评价者严格执行评价前制订的完整评价方案，收集评价所需信息，依据评价方案中的标准给出评价结果的评价方式。该种评价方式在教育政策评价中占主导地位，它是教育部门考察教育公共政策的主要依据，如江苏省各区市教育行政部门严格规范按照《江苏省优质幼儿园评估标准及评估细则》（2014）对幼儿园的基本情况进行核查。在正式开始评价前，评价方案的制订尤为关键。一个好的评价方案需要有先进、正确的指导思想，需要明确评价目的、评价内容、评价方法。在实行评价方案前还需明确参与评价的人员，有时还需依据评价方法的难度对评价人员开展专门的培训。

（二）非正式评价

非正式评价是指评价前没有形成既定的评价方案，由评价者在评价过程中开展的自发性评价。非正式评价是日常教育教学中常用的评价方式，它往往体现在教师与学生的日常互动过程中，教师时常采取的观察、与学生口头交流等方式是获取评价所需信息的来源，在这些来源中，教师能逐渐形成对学生的判断，从而形成非正式评价的结果。

五、整体评价和局部评价

根据评价的对象和范围，学前教育评价分为整体评价和局部评价。

（一）整体评价

整体评价是对较大范围内的学前教育现状进行的综合评估。如对某地区幼儿园教育质量的全面评估，对某类学前教育机构课程的评价等，此类评价因对象范围广，测评因素多，进行综合性价值判断的难度大。

（二）局部评价

局部评价是对学前教育活动的某个方面或某些对象进行的价值判断。如园舍评估、学前教育管理工作评估、幼儿教师能力评估等。较之整体评价，此类评价简单易行。

六、诊断性评价、形成性评价和终结性评价

根据评价的时间和功能，学前教育评价可分为诊断性评价、形成性评价和终结性评价。

（一）诊断性评价

诊断性评价是在教育活动之前进行的摸底性评价或预测性评价，目的在于了解对象的基础情况，发现问题，为制订教育计划和解决实际问题做准备。

（二）形成性评价

形成性评价是在教育过程之中持续地进行，目的在于了解教育动态过程的效果，及时做出反馈性调节，以便达到教育的预期目的。

（三）终结性评价

终结性评价是在某个阶段教育活动之后进行的，目的在于全面了解该阶段教育的效果，对达成目标的程度做出总结性评鉴。终结性评价注重教育活动的结果，一般不涉及过程，这种事后的评估对改进当次工作无能为力，但能够为决策者提供信息。

七、自我评价和他人评价

（一）自我评价

自我评价是被评者对照某种标准，对自己的工作、学习状况进行自我分析并做出判断的评价。一个教师在完成一个教学活动的组织后进行的自我总结属于自我评价，教职工对自己全年的工作进行回顾反思，也属于自我评价。由于被评者就是评价者，其更容易接受评价结论，也有助于被评者提高自我认识，自觉改进工作。

（二）他人评价

他人评价是由有关方面人士组成评价小组，或由专门人员对被评者实施的评价。例如，上级部门对幼儿园工作、园领导对教师、幼儿对教师、家长对幼儿园进行评价等都属于他人评价。他人评价比自我评价更为客观、严格，但要花费大量人力、物力。

两者结合起来使用，先对照标准进行自我评价，再由他人客观地予以鉴定。

八、三角测量法

三角测量法是一种多侧面、多层次的评价策略。它主张运用多种理论作为评价的基础，综合运用各种方法，由多个评价人员参与评价，在不同的时间、空间内，搜集各种层次的资料以做出判断，从而使评价结果更为可靠有效。

三角测量法实际上是一种系统的综合性评价方法，其综合表现在以下四个方面：

（一）理论的综合

理论的综合主要是指运用多种理论作为评价的基础。对同一教育现象的解释可以有多种理论，所有这些理论都至少可以从某一角度、某一侧面反映所解释的教育现象，所以，以多种理论作为基础，就可以了解教育现象的全貌，正确评价教育现象。

（二）方法的综合

方法的综合主要是综合运用各种方法（如实验、问卷调查、访谈、观察等）进行评价。这些方法既可以顺序使用，也可以融合使用。

（三）人员的综合

人员的综合是指由多个评价人员对同一教育现象进行评价。一般来说，进行教育评价时应组织一些有专长的人员参与，如组织长于实验的、长于观察的、长于调查的人员参加。在条件不允许时，至少也要选用两名以上的评价者去评价，以相互检查资料的正确性。

（四）资料的综合

资料的综合又包含三个方面的内容，即时间、空间、层次。时间的综合是指不仅要了解评价对象的现状（横向研究），还要了解它的发展过程（纵向研究）；空间的综合是指评价工作应在各种可能的空间中展开；层次的综合是指评价者要尽可能搜集各个层次的资料以便评价。

第四节 学前教育评价的内容

一、幼儿发展评价

为了更好地贯彻落实《幼儿园工作规程》（2016）的精神，促进幼儿自身全面和谐地发展，幼儿教育工作者应学会全面客观地了解和评估每个幼儿的发展状况及其特点，以便及时发现问题，采取相应的措施，使每个孩子的潜能实现最优发展。因此，重视和开展幼儿发展评价是幼教实践的需要。

（一）含义

所谓幼儿发展评价，就是对幼儿的身体、动作、认知、语言、情感、社会能力等方面的发展状况加以测量，并对照某种发展标准，对其做出某种判断。

（二）目的

幼儿发展评价的目的主要有四点：（1）评价幼儿教育课程或文案的效益；（2）检测某项调查或实验研究的假设；（3）鉴定幼儿某些方面的发展是否正常或异常，并说明其在团体中所处的相对位置；（4）提供信息以促进幼儿学习和发展，改善幼儿教育的实施。

（三）指标设计

学前教育评价要对幼儿的发展做出价值判断，要以我国的教育方针、培养目标以及《幼儿园工作规程》（2016）的目标要求为准绳。但是，这些目标的表述往往是概括的、抽象的、原则性的，很难直接用作评价的依据，因此有必要把它们转化成更加精细具体、可通过实际观测而获得明确结论的内容，这就是幼儿发展评价指标的设计。设计的指标应该是一系列具体指标所组成的指标集合以及相应的权重集合，它既是衡量幼儿发展情况的标准，也是反映学前教育机构教育水平的标准。

设计、完善和确定幼儿发展指标体系是一项技术很强的工作，其间要经历以下步骤。

1. 分解目标

评价指标必须与目标相一致，因此，可以通过分解目标的形式形成指标体系。由于学前教育活动的复杂性，对目标的一次分解常常并不能达到评价的可测性要求，因此评价目标可借助若干中间环节层层分解，使评价指标集合呈现一种多层次的金字塔型（见图10-3）。

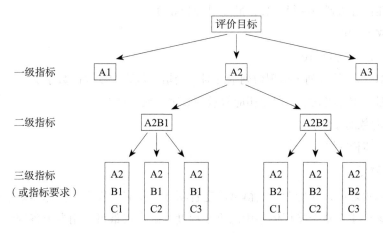

图10-3 评价指标集合的多层次结构

例如："全面发展"指标体系可见图10-4。

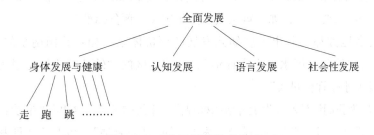

图10-4 "全面发展"指标体系

在领会和分解目标的过程中，评价者可广泛征询专家意见，并经若干轮的结果反馈，不断确定评价要求，产生初步的指标方案；同时，还应当注意收集参阅相关文件资料，尤其是国家制定的法规、条例等指导性文件，重视理论与实践人员的相互协作，尽可能提高目标合并工作的效率和科学性。

2. 改善指标

经目标分解形成初步的指标体系之后，评价者应慎重而仔细地分析各项指标的内涵，审查其是否具有相互独立性、整体完备性、结构合理性和可测性等必要特点。

3. 定义指标

对已经拟定的指标要求，评价者要准确地揭示其内涵，并在此基础上，用文字明确说明为达到该要求所要进行的测量活动、操作过程及达成标准，以使评价具体可行。

例如，在幼儿发展评估指标体系中，对于"认识数量的实际含义"这一评价要求，可以规定如下操作性定义（仅供参考）。

要求名称：认识数量的实际意义。

要求含义：能进行 10 以内唱数、点数、数物匹配及数量守恒。

测量方式：日常观察记录与个别测查。

评分标准：每达到一项得 1 分，最高得分为 6 分。

①会唱数 1～10。

②手口一致点数 1～10。

③掌握 10 以内的数列（出现数列卡片时，会填出数列中缺少的数字）。

④能根据实物（或数字）取出相应数量的数字（或实物）。

⑤10 以内数的守恒。

⑥长度、体积守恒。

4. 确定权重

审定指标集之后，评价者还应慎重确定各项指标相应的权重。指标体系中各要求的权重，标志着该要求在整个指标体系中的重要程度。确定权重可采用专家咨询法，由有经验的专业人员来评定指标权重，再经统计处理确定结果。

5. 定案成文

指标体系多以表格的形式呈现，这样可使各层级指标形式统一、排列美观，但要注意表格中要纳入一些重要信息，如权重系数、操作定义、评分标准等。

目前，很多地方都研制出一些幼儿发展的评价体系，如：我国南京的"幼儿发展评估"、上海的"幼儿发展水平观察评估"、台湾地区的"幼儿行为评定量表"，国外的"KPAG 幼儿发展水平评价量表"。

上述量表都为我们设计幼儿发展评价指标提供了系统的参考。这里我们仅介绍南京师范大学教育科学研究所与南京实验幼儿园合作开发的"幼儿发展评估"指标体系（见表 10-1）。

表 10-1 "幼儿发展评估"指标系统

指标领域	一级次元	二级次元	项目数	最高总分
健康与动作	生长发育	身高、体重、血色素	3	108
	身体适应力	发病率	1	
	大肌肉动作	走、跑、平衡、拍球、跳、悬吊等	8	
	小肌肉动作	画、捏、折、撕、剪贴、穿插等	6	
			18	
语言能力	理解	听的习惯养成、发音能力辨析、指令理解、语言记忆力、阅读准备	5	72
	词汇	词汇掌握、词汇使用	2	
	表达	语言积极性、问题回答、表达方式、表达水平、文学作品理解	5	
			12	
认知发展	数量经验	数的实际意义理解、数的关系与运算、形体与时空认识	4	108
	环境经验	社会经验、自然经验	2	
	艺术经验	音乐与美术经验	4	
	感知能力	颜色视觉、听觉、观察力	3	
	思维能力	分类、排序、概括能力,思维品质	1	
	探究能力	探究欲望、想象与创造能力	2	
			16	
社会性能力	社会性认知	对自我与周围人的认识、日常规则、人际规则、对他人见解的理解	4	108
	情绪情感	爱周围人、爱集体、控制、表达、交流情感	4	
	个性表现	自信、成就感、表现欲、坚持性	4	
	交往能力	与老师和同伴的关系、交往策略、角色地位、解决矛盾能力、与陌生人交往	6	
			18	
习惯	生活卫生习惯	如厕、进餐、睡眠、穿戴、个人整洁、公共卫生、安全意识	7	108
	品德行为习惯	礼貌、遵守规则、关心他人、劳动、独立活动、爱护物品、诚实	7	
	学习习惯	学习兴趣、注意力、学习姿势、任务意识	4	
			18	

（四）实施手段

评价的目的不同,评价的方法和手段就有所不同。通常以检验、鉴定为主的评价需要采取某种标准化的测量量表,经过严密统一的程序予以计分,然后对照常规模型做出鉴定评价或经统计检验获得结论。而以反馈改善为主的评价则应当以教师的观察为主要手段,因为教师与幼儿朝夕相处、交往频繁,有条件进行大量的正式或非正式观察,并随时可利用观察评估的资料来改善教育过程。而相对于学龄儿童,学龄前儿童的自我表达能力十分有限,所以对幼儿发展的评价,只能强调以其自然呈现的可观察的外部行为为主要依据。此外,根据不同评价项目的需要,还可以采用其他一些辅助手段,如情境测试、家长问卷等。总之,幼儿发展评价要遵循以观察为主的原则。

以下逐一介绍幼儿发展评价常用的几种实施手段。

1. 观察

这里的观察不仅包括教师在日常教育活动中随时抓住观察时机，注意幼儿的某些行为表现及其特征，如观察他们的生活卫生、社会能力、品德行为、学习习惯等方面的表现，为终结性评价提供依据，也包括有计划、有准备地系统观察。一般是根据教育计划拟定评价工作日程表，定期地对某些发展指标加以观察，并记录观察结果。如观察不同教育阶段幼儿语言发展的某些指标方面的状况。

2. 情境观测

对于一些日常观察或定期观察中不易集中观察到的行为现象，可以有意识地安排某种情景，引发幼儿的行为反应，从而加以观察和测量。例如，要评价幼儿"情绪识别"的能力，教师可展示几种表达不同情绪的脸谱图向幼儿提问，或直接让幼儿自己拼出不同情绪的人脸并说明。

3. 个别测试

对一些在集体活动中难以记录和观察的项目，需要进行个别测试。个别测试多适用于对幼儿动作和技能等水平的精确测定，通常测定会由若干个项目组成，每个项目或以谈话方式进行或以操作材料的方式进行。

例如，考察幼儿的认知概括能力，可提供一幅图片，让幼儿观察片刻，然后提问："这幅图片说了一件什么事情？请你用简单的话把它讲出来。"根据幼儿的回答判断其概括能力是不会概括、基本会概括还是能精确概括。

4. 家长问卷

对幼儿社会性能力及习惯等方面的评估，常需从家长那里获取有关的信息，作为评估的参考依据。家长问卷的项目应根据评估项目内容的需要来设计。

二、工作人员评价

《幼儿园工作规程》（1996）明确指出：幼儿园实行保育与教育相结合的原则，以促进幼儿身心和谐地发展。保育与教育是幼儿园的两大任务，幼儿园保育与教育的质量取决于保教工作的组织者和实施者的工作成效。换言之，保教人员工作的优劣直接关系到幼儿园的质量和教育目标的实现。因此，必须对保教人员进行评价。

（一）定义

所谓工作人员评价，就是对幼儿园各类工作人员，包括园长、教师、保健员、营养师、保育员、后勤工作人员的工作态度、业务素质、成绩实效等方面进行科学测定，给予客观公正的评价，为决策等提供依据的过程。

（二）目的

工作人员评价的目的主要有四点。（1）指明正确方向。通过评价指标体系的引导，教师会更自觉地按目标要求组织各类教育活动。（2）激励良好行为。评价可激发教师满足自身内在成就感的行为动机，使工作朝积极方向发展。（3）改进保教工作。评价信息的反馈可以使工作人员明了工作的现状，发现成绩与问题，为改进工作提供事实依据。（4）鉴定工作实效。只有通过评价工作才可能客观公正地鉴定工作实效，判断达标程度，从而为确证、筛选和管理服务。

（三）指标设计

幼儿园工作人员评价指标是以《幼儿园管理条例》（1989）《幼儿园工作规程》（2016）的精神为依据设计，并参照国内外幼儿教师素质的基本要求来构思，其设计方法同前（"幼儿发展评估"指标系统，见表10-1），是将工作的总要求步步分解，层层细化为具体的指标要求。下面介绍教师、保育员、保健员的工作评价指标案例以供参考。

1. 教师评价指标

这里介绍的"幼儿园教师日常保教工作评估指标体系"，是由上海市教育科学研究所1992年12月拟制的，详细内容见表10-2。

表10-2　幼儿园教师日常保教工作评估指标体系（试用稿）

序号	一级指标名称	序号	二级指标名称	二级指标参照标准	
				合格	优秀
Ⅰ	教育思想	1	热爱幼儿	（1）对幼儿态度亲切，爱幼儿；（2）能耐心倾听幼儿的表述，了解幼儿的需要；（3）坚持正面教育，不体罚和变相体罚	（1）面向全体，关心照顾每个幼儿，为幼儿提供机会，对特殊的幼儿给予特别的关心；（2）满足幼儿的合理要求；（3）善于发现幼儿点滴进步，予以鼓励、肯定
		2	目标意识	在日常工作中能体现幼儿园保育、教育目标	在实施保教目标过程中能考虑要求、内容、方法、手段等方面的整体性
		3	保教结合	能做好幼儿园所规定的日常保教教育工作	能根据幼儿的不同特点做好保育、教育工作，做到保教结合
Ⅱ	保教能力	4	制订计划	（1）能独立地制订幼儿园各类计划（学期计划、月计划、周计划、日计划以及各类活动设计等）；（2）各类计划中能体现幼儿园的教育目标，有要求、有内容、有措施	（1）能根据幼儿园的教育目标和班级幼儿的实际，有针对性地制订各类计划；（2）目标明确，措施具体，能体现因材施教和个体差异
		5	观察分析	在日常保教工作中能注意观察了解幼儿在德、智、体、美诸方面总体发展水平	（1）具有观察、分析幼儿发展水平的能力，并能给出相应的教育对策；（2）能根据教育目标抓住典型，做好案例记录
		6	组织活动	能按幼儿一日生活作息时间组织各类活动，幼儿在活动中感到愉快	（1）一日活动安排，内容丰富、形式多样、过渡自然、有童趣；（2）让幼儿自主地开展活动，教师参与和指导，发挥幼儿的主动性，使幼儿既活泼愉快又井然有序
		7	保健护理	（1）做好幼儿日常生活的护理工作，关心体弱儿童；（2）及时发现幼儿身体、情绪异常情况，并能及时处理	（1）能对幼儿进行自我保护方面的教育；（2）重视幼儿心理健康，发现幼儿生理或情绪上的异常状况，并能采取相应措施，实施有效果

（续表）

序号	一级指标名称	序号	二级指标名称	二级指标参照标准	
				合格	优秀
Ⅱ	保教能力	8	创设环境	（1）能按教育、保育要求创设安全、整洁、美观的教育环境；（2）能利用已创设的室内外的环境进行教育	（1）能为幼儿创设优美、宽松、富有儿童情趣的教育环境；（2）能有目的地吸引幼儿积极参与共同创设环境的活动；（3）能较好地利用周围自然和社会环境对幼儿进行教育
		9	指导游戏	（1）为幼儿提供开展各类游戏的时间、场地、玩具、材料；（2）让幼儿自由选择玩具、角色和伙伴，幼儿玩得愉快；（3）积极参与幼儿游戏	（1）熟悉各类游戏的指导方法；（2）能按不同幼儿特点采用启发、暗示、建议等方法指导游戏；（3）及时发现幼儿游戏过程中的需要并予以帮助，但不过分干预
		10	灵活应变	利用显而易见的教育机会随机进行教育	善于抓住有利时机和教育机遇向幼儿进行教育
		11	语言表达	（1）坚持讲普通话，言语表达清楚，音量、语速适宜；（2）书面表达语言通顺流畅、文字规范	（1）能使用教育标准普通话，言语自然、语句规范、简洁；（2）书面语言中心突出、层次清楚、文章结构合乎逻辑
		12	驾驭教材	掌握教材中心内容和目的要求，教法符合幼儿认知特点	（1）能根据教育目标和幼儿实际选择或改编教材，抓住教材的重点难点，发挥教材内在教育因素；（2）教法得当，调动幼儿学习的主动性、积极性
		13	艺术技能	具有开展幼儿艺术教育的基本技能（包括：弹、唱、跳、画、制作教玩具等）	在幼儿艺术教育中有某方面专长
		14	家长工作	（1）能独立地开展家长工作（包括：家庭访问、家长会、向家长开放活动等）；（2）能比较及时地向家长反映幼儿在园情况，倾听家长意见	（1）有针对性地做好家长工作，积极主动地争取家长配合；（2）根据不同类型家长的需要，有效指导家庭教育
Ⅲ	自我提高	15	学习进修	（1）能关心幼儿教育信息，阅读有关的专业书报、期刊；（2）能参加业务学习和教研活动；（3）完成规定的进修任务	（1）主动关心国内外学前教育信息和专业理论，能做摘记；（2）在教研活动中起指导和骨干作用；（3）虚心学习他人经验，联系实际，改进工作
		16	研究总结	定期记录和总结保教工作中的成功经验和不足之处	（1）积极投入教改实践，开展专题研究，有一定质量的专题研究总结；（2）能做个人业务资料积累
		17	言行举止	（1）按时完成园内规定的工作；（2）在幼儿面前恰当地控制个人的情绪、情感；（3）仪表端庄、大方、举止文明	（1）工作主动、积极、有责任心；（2）严以律己，能以自己的言行教育幼儿；（3）态度宽容，待人诚恳，人际关系和谐

2.保健人员评价指标

根据《幼儿园工作规程》（2016）中对幼儿园保健人员的要求，评价者可以从以下几方面对保健人员加以评价：（1）协助园长建立幼儿园各项卫生保健制度；（2）对幼儿进行晨检，定时为幼儿体检，并做好登记、统计、分析工作；（3）对体弱儿童的特殊照顾；

(4)对幼儿食品的验收、营养调配、营养分析;(5)做好传染病的预防、隔离及消毒工作;(6)药物、医疗器材的保管;(7)对全园工作人员及幼儿家长定期宣传幼儿的保健卫生知识;(8)建立各类幼儿保健档案资料(包括幼儿健康卡、各类报表等)。

3.保育人员评价指标

将保育人员的主要职责进行分解后可得出以下几个评价方面:(1)环境卫生和消毒工作、教室通风、采光、防暑保暖等;(2)幼儿生活护理,包括供应饮水、帮助幼儿进餐、盥洗、如厕,午睡前后帮助幼儿穿脱衣服、整理仪表等;(3)配合教师开展幼儿各类活动,包括户外游戏、体育锻炼或外出散步、参观、游览等,在活动中注意幼儿安全;(4)关心与照顾幼儿;(5)保管园内或班内的用品、玩具、器材,发现损坏及时报修;(6)注意个人仪表与对幼儿的影响。

(四)实施手段

考虑到幼儿保教工作的性质和特点,形成性评价和个体内差异评价是适合学前教育工作人员的评价。这两种评价不脱离个人原有基础和工作环境,能有效促进教师自身素质的提高,同时又能动态及时地为教育过程提供反馈,促进保教工作的改善。其实施手段主要有两种。

1.自我评价

自我评价是由保教人员本人对照保教工作评价指标,对自己的保教工作进行价值判断。自我评价有两种形式:一是根据评价要求自我总结、汇报;二是填写根据评价目的和要求拟定的评价调查表。

自我评价有利于发扬民主,增强评价内容的客观真实性;有利于教师认识自己的优点以促进工作,提高工作质量;有利于增进保教人员的主动精神,消除对评价的疑惧心理和抵触情绪。

2.他人评价

他人评价是指在保教人员自我评价的基础上,按相应的评价标准与指标,由领导、教研组或其他保教人员对保教人员的工作进行价值判断,然后给出评价与评分。

实际的学前教育评价有时会采用"顾问制"的形式开展教师日常工作评价。所谓顾问,往往是一些在学前教育领域有专长的教师或权威人士,幼儿园会聘请几位顾问和园领导、骨干教师共同组成评价小组,对园内保教人员予以评价。

三、课程评价

20世纪80年代后期,我国学前教育领域的研究进入一个以课程改革为中心的活跃时期,各种课程模式争相问世,如活动课程、综合课程、单元课程、分科课程,呈现出百花齐放的局面。然而这些课程模式是否合理,其与传统的或其他的模式有何差别,其效果如何,是否值得推广,要回答这些问题,必须通过课程评价以获得关于课程合理性和有效性的论据。

（一）含义

在对学前教育课程评价定义之前，我们首先得澄清学前教育课程的含义。学前教育课程是一个广泛的概念，它是指学前教育机构中一切保育和教育活动的总和。学前教育课程评价，就是针对学前教育界课程的特点和组成要求，通过比较系统、全面地收集和分析有关资料，科学地判断课程的价值和效益的过程。评价内容既包括课程目标、方案，以及教育内容、材料、效果，也包括教育过程的实际运行状况，如教学方法、师幼互动等，力求全面透视课程各方面的价值。

（二）目的

学前教育课程评价的目的有两种：一是改善课程，在新课程的发展过程中进行课程评价，目的主要是调整和改进课程方案，影响课程形成，使之趋于完善；二是验证课程，对业已形成（有一定的稳固模式结构）的课程进行评价，目的主要是检验课程的特点与效益，为各级各类教育行政、教育决策部门提供判断其是否值得推广的决策依据。

（三）方案设计

课程评价是一项复杂的系统工程。在着手实施课程评价之前，评价者必须设计翔实的评价方案，即整个评价过程的蓝图，指明课程评价的目的，规定评价的框架结构、程序方式及内容等，这是严密科学地实施评价工作的前提。

课程评价方案的设计内容有以下几项。（1）明确课程评价的目的及要解答的问题：方案设计者要在深入细致地分析评价的指导思想、价值取向、对象特征和主客观条件的基础上提出评价的目的。在方案中应清楚地阐明每一具体课程评价的目的，作为评价过程的指南。（2）选择适宜的课程评价模式并做出说明。评价模式是与一定评价目标相联系的评价理论性框架或总体指导体系。不同的评价模式具有不同的评价逻辑框架、参照标准、操作方式、强调方面，适用于不同目的的课程评价，设计者要选择或创建适宜的评价模式并做出说明。（3）确定评价中所需采用的测量与分析工具，规定具体的测量方法与步骤，以及评价工作人员的分工，并制作时间安排表。（4）确定处理评价资料的方法和程序，设计出主要结果的统计图表。（5）制订评价费用预算与支出计划。（6）拟定未来评价报告的简要提纲。

四、管理评价

在我国幼儿教育改革的进程中，幼儿园的管理越来越受到人们的关注，抓好科学管理、确保管理质量已成为广大幼教工作者的共识，而学前教育管理评价是达成这一目标的重要手段。

（一）含义

学前教育管理主要是指幼儿园园长针对本园人、财、物、事、时、空等因素所进行的计划、组织、检查、调整、总结等工作。学前教育管理评价就是指从管理工作的基本环节和基本规律出发，收集并分析处理与管理过程相关的资料、素材，科学地判断管理工作的成效，进而判断管理思想或管理价值。

（二）目的

概括地说，学前教育管理评价的目的就是促进管理水平和管理质量的提高。这种目的具体表现在以下几个方面：（1）指向评价指标作为一种方向标，会不断地指引学前教育管理人员趋近这种价值体系；（2）通过评价，可以考核学前教育管理工作与上级主管部门要求之间的一致程度，可以考核学前教育管理工作与幼儿园自身确定的管理体制目标之间的一致程度，并以此作为奖惩依据；（3）通过管理评价，可以反馈管理过程运行的全部信息，把握学前教育管理工作的现实状况，发现成绩与问题，以便做出调整。

（三）指标设计

学前教育管理评价的指标体系，包括指标内容及其权重（见图10-5）。指标条目处理办法见表10-3和表10-4。

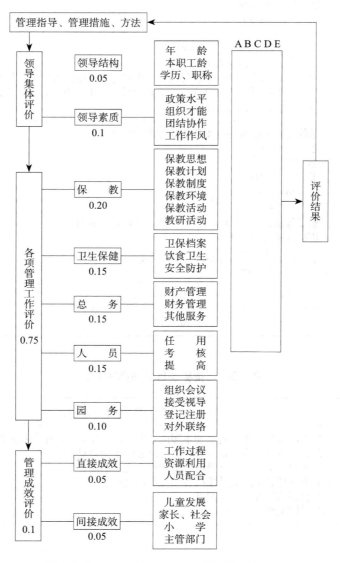

图10-5　学前教育管理评价指标体系示意图

表 10-3　指标条目处理办法（一）

指标条目名称	本职工作年限
指标内涵	在幼儿园、学前班或托儿所等幼教机构中从事工作（含管理工作）的年限
等级标准	K = 被评价幼儿园领导集体的平均工作年限 A：$15 < K \leq 20$ B：$10 < K \leq 15$ C：$8 < K \leq 10$ D：$4 < K \leq 8$ E：$1 < K \leq 4$
评分标准	X = 被评价幼儿园某领导个人的等级分值 A：$90 < X \leq 100$ B：$76 < X \leq 90$ C：$60 < X \leq 76$ D：$30 < X \leq 60$ E：$0 < X \leq 30$
测评方法及说明	（1）$K = \dfrac{\text{领导工作年限总和}}{\text{领导人数}}$ （2）以 K 值为参照，根据评等标准确定等级，用插入法计算等级分值 X。 （3）工作年限以年为单位，大于 6 个月计一年，小于 6 个月不计。 （4）$K > 20$ 则以 20 计算。
实评举例	某幼儿园 3 位领导的本职工作年限如下： 张××：24 年 李××：11 年 王××：6 年 $K = \dfrac{24 + 11 + 6}{3} \approx 13.7$ 根据等级标准，$10 < 13.7 < 15$，因此应为 B 等 用插入法计算分值： $X = 76 + \dfrac{90 - 76}{15 - 10} + (15 - 13.7) = 80.1 \approx 80$
评价结果	等级　B　　备注 分值　80

表 10-4　指标条目处理办法（二）

指标条目名称	保教制度的建立和执行
指标内涵	1. 根据保教工作的特点和本园的客观条件，建立、健全合理的规章制度； 2. 充分发扬民主，规章制度能反映教职工的意见； 3. 能根据情况的变化及时调整和修改规章制度； 4. 班主任教师理解并掌握各项规章制度； 5. 督促执行各项规章制度； 6. 及时奖惩

（续表）

指标条目名称	保教制度的建立和执行		
等级标准	条目的等级评分以各项内涵的等级为依据。 内涵 1：A. 健全、合理；B. 较健全、合理；C. 一般；D. 健全、不合理，合理、不健全；E. 不健全，不合理。 内涵 2：A. 完全能；B. 较能；C. 一般；D. 基本不能；E. 完全不能。 内涵 3：A. 完全能；B. 较能；C. 一般；D. 基本不能；E. 完全不能。 内涵 4：A. 完全能；B. 较能；C. 一般；D. 基本不能；E. 完全不能。 内涵 5：A. 完全能；B. 较能；C. 一般；D. 基本不能；E. 完全不能。 内涵 6：A. 完全能；B. 较能；C. 一般；D. 基本不能；E. 完全不能。		
评分标准	X_A（X_1……X_6）= 幼儿园某领导个人在某一内涵上的得分，评分标准如下： A：$X_A > 90$ B：$76 < X_A \leq 90$ C：$60 < X_A \leq 76$ D：$30 < X_A \leq 60$ E：$X_A \leq 30$ X= 某一领导的条目分值 且：$X=0.2X_1+0.15X_2+0.17X_3+0.13X_4+0.2X_5+0.15X_6$ A：$X > 90$ B：$76 < X \leq 90$ C：$60 < X \leq 76$ D：$30 < X \leq 60$ E：$X \leq 30$		
测评方法及说明	（1）应有 30% 的教职工及 5% 的家长参与测评，计平均分； （2）问卷，个别谈话，座谈等方式均可，可参照有关文字档案及记录； （3）所有领导的所有条目均为 A 等或 E 等则无效； （4）最后得分是园长的加权平均得分		
实评举例	某幼儿园 3 位园长的等级及得分如下： 张××（园长）：内涵等级：A、A、B、A、A、C 相应的内涵分值（X_A 取中值）：95、95、83、95、95、68 其条目分为： $X=0.2×95+0.15×95+0.17×83+0.13×95+0.2×95+0.15×68=88.91$ 李××（业务副园长）：内涵等级：A、A、B、A、A、A 相应的内涵分值（X_A 取中值）：95、95、83、95、95、95 其条目分为： $X=0.2×95+0.15×95+0.17×83+0.13×95+0.2×95+0.15×95=92.96$ 王××（总务副园长）：内涵等级：A、B、C、A、D、C 相应的内涵分值（X_A 取中值）：95、83、68、95、45、68 其条目分为： $X=0.2×95+0.15×83+0.17×68+0.13×95+0.2×45+0.15×68=74.56$ 3 位领导的权重分别为：园长 0.35，业务副园长 0.5，总务副园长 0.15。 由此得出 3 位园长的加权平均条目分（四舍五入）： $88.91×0.35+92.96×0.5+74.56×0.15≈89$		
评价结果	等级	B	备注
	分值	89	

其中主要指标条目的内涵说明如下。

"本职工龄"：幼儿园的园长、副园长或园长助理在幼儿园、托儿所、学前班等机构中从事幼儿教育（含管理）工作的时间，以年为单位，超过 6 个月计为 1 年。

"学历、职称"：园长及副园长或园长助理受教育的程度或被认可的专业水准及其相应的称谓。

"政策水平"：全面贯彻、落实《幼儿园工作规程》（2016）和《幼儿园管理条例》（1989）两个法规；贯彻上级主管部门的政策、指示，并从本园实际出发确定行动方案；坚持正确的政治方向，坚持科学办园，坚持全面发展教育；有科学的教育观、教师观和儿童观；模范带头，克己奉公，遵纪守法。

"组织才能"：有全局观念，工作有计划、分步骤；有很强的统筹协调能力，知人善任；善于思考问题，分析问题，善于处理一些实际问题，善于从实际出发，灵活决策；善于调动教职工的积极性，有很强的激励和鼓动能力；工作深入，坚持从实际出发，有实干精神，工作有成效。

"团结协作"：园长之间分工明确，默契配合；坚持民主集中制，不搞一言堂；坚持批评与自我批评；相互支持，勇于承担责任；充分依靠和团结教职工。

"保教思想"的确立：组织教师学习和讨论两个法规中的基本教育观点；使全体教师都明确幼儿保育和教育目标；使教师能联系保教工作，理解科学的教育观、儿童观。

"保教计划"的制订：幼儿园全面工作计划及有关特殊工作计划齐全；检查过每个年龄组及每班的保教工作计划；有针对性地指导班级保教工作计划的制订；组织教师收集、整理和研究各学期、各年份的保教工作计划。

"保教制度"，即"保教工作的建立和执行"：根据保教工作的特点和本园的客观条件，建立健全合理的规章制度；充分发扬民主，使规章制度能反映教职工的意见；能根据情况的变化及时调整和修改规章制度；帮助教师理解并掌握各项规章制度；督促执行各项规章制度；及时奖惩。

"保教环境"创设：引导教师明确环境教育价值；指导全园及班级教育的创设；指导并督促教师充分利用环境因素进行保教；指导并督促教师根据季节教育内容及重大社会活动及时改变和更新保教环境。

"保教活动"的开展：引导教师贯彻保教工作计划；指导教师创造性地设计幼儿教育活动；鼓励教师促进自身与幼儿、与环境材料、与规则之间的多向互动；鼓励教师有效使用各种教育手段和方法；督促教师做好教育笔记及自我评价。

"卫生保健"：了解地方性托幼机构的卫生法规、政策或要求；指导建立并执行健康检查制度、疾病预防制度和卫生消毒制度。

"卫保档案"，即"卫生保健档案"：指导保健人员为每一个幼儿建立卫生保健档案，及时记录幼儿的健康状况；指导建立全国保健统计表，及时反映卫生保健情况；定期查阅和分析卫生保健档案。

"饮食卫生"：指导制订并严格执行与幼儿身体发展相适应的食谱，确保幼儿有适当的营养摄入；检查按时为幼儿提供饮水的情况；确保食品的卫生、安全；指导自制食品的色、香、味、形俱全。

"安全防护"：确保幼儿园无危险房屋；确保沟渠、井田、台阶等不危及幼儿，督促幼儿园内设备的安全检查及增设相应防护设施；注重消防安全，强化工作人员和幼儿园的消防意识。

"财产管理"：指导建立并督促执行财产管理制度；从教育工作需要出发，确保园舍、场地、设施的更新维修；定期清点财产，确保实际与账目一致；确保园内财产有专人负责；通过适当的形式引导教职工爱护公共财产，并指导教职工对幼儿也进行相应的引导。

"财务管理"：指导建立并监督执行各项财物管理制度；指导建立财务档案，注意保存各类财务凭据及财务预、决算方案；注重民主理财，教职工代表应参与财务预决算，随时接受上级及教职工的财务检查，接受家长代表的财务监督；严格执行国家及地方性财务法规及法律，不挤占、挪用、滥用各项固定基金；指导和监督会计、出纳工作，杜绝贪污。

"其他服务"：督促后勤人员确保水、电、教玩具等卫生教育物品的及时到位；教育后勤人员主动、积极地为保教第一线排忧解难，力争随需随供，随坏随修。

人员的"任用"：根据教职工个人的特点及幼儿园各项工作的特点合理搭配和任用教职工，人尽其才；教职工的任用和安排应有一些基本的原则，并确保其相对稳定；教职工的任用有利于相互协作和提高；坚持任人唯贤，杜绝任人唯亲。

人员的"考核"：建立并执行教职工的考核制度；注重对教职工的素质考核，定期对教职工进行绩效考核；及时向教职工反馈考核情况，并把考核情况存入个人档案；根据考核情况决定任用奖惩和进修安排。

人员的"提高"：建立教职工的培训制度，有计划、多种形式地进行教职工培训；坚持业务提高和文化提高并重的原则，全面提高教职工素质；激发教职工进修的自觉性和积极性；创造条件，开展灵活多样的园内培训。

"组织会议"：建立幼儿园各类会议制度并严格执行；坚持定期召开全园会议，园务会议；监督指导各班的家长会，并定期召开家长代表会；确保会议精简、务实、民主、有效；做好并保存会议记录。

"接受视导"：秉持接受视导、检查的积极合作的态度；从幼儿园工作的实际出发，实事求是，不弄虚作假；主动反映存在的问题，寻求指导和帮助；积极听取、认真对待视导意见；建立视导档案，保存每次的视导评语。

"登记注册"：热情接待要求注册的家长和幼儿，耐心回答各种问题；主动向家长宣传本园情况及幼儿园教育的意义；详细掌握幼儿的家庭状况及社区环境特征；尽可能考虑家长的希望和要求；综合考虑幼儿的年龄、性别及其他状况，合理分班。

"对外联络"：应同社会、同其他幼儿园主动联络、密切交往，主动学习别人的长处；从幼儿园办园的实际出发，开展对外联络，以取长补短，增进了解和互助；在对外交往中尊重集体利益、社会利益和个人利益，尤其要保护这些利益不受侵害。

"直接成效"：幼儿园保教工作及其他各项工作是否有计划地顺利进行；幼儿园教职工同家长之间，同其他社会成员之间是否相互配合、团结协作，是否为幼儿园创造了最适宜的物质环境和精神环境；幼儿园的人、财、物、事、时、空是否得到了充分的利用和配合。

"间接成效"：幼儿的发展水平；家长、社会对幼儿园的评价；小学对幼儿园的评价；上级主管部门对幼儿园的满意度。

思考题
1. 学前教育评价的作用。
2. 学前教育评价的方法。
3. 学前教育评价的内容。

第十一章　学前教育研究的管理

教育研究的管理，在教育研究日益成为教育者的普遍行为，成为教育文明的一种普遍现象时，引起了学校和教育行政部门的重视。

第一节　学前教育研究的范围和意义

一、学前教育研究的含义与特点

（一）学前教育研究的含义

教育研究是运用科学的研究方法，有组织、有计划、有系统地围绕教育现象收集资料、分析信息的过程。当教育研究日益成为教育文明的一种普遍现象，成为教育工作者的一种普遍行为时，每一个教育工作者都会感受到它的影响。教育许多领域的进步都应归功于教育研究。教育研究发展到今天，愈来愈深入人心，人们对教育研究的认识和理解随着教育研究的发展而不断提高。

首先，教育研究的过程应是有系统的。麦克米兰（McMillam）和苏马克（Schunmacher）将研究定义为，为某一目的而收集分析信息（资料）的系统过程。克林格（Krlinger）将研究定义为，对自然现象系统的、控制的、实践的批判性调查，这种调查是受到理论和有关自然现象关系的假设指导的。研究的基本过程大致可分为这样几个步骤：（1）确定问题（2）查阅文献（3）收集资料（4）分析资料（5）推导结论。研究过程的第一步是确定被研究问题的性质，建立一个研究的框架，其中包括明确研究的假设和研究的条件。第二步是查阅别人研究类似问题的信息，从他人的研究中获得启示。文献研究就是这种信息的来源。第三步是收集资料，收集资料不能带着实用的、随意的、无准备的态度进行，而应当适当地组织和控制，以便对手头的问题做出有效的决策。第四步是对收集到的资料进行整理、分析。第五步是对问题进行总结，得出具有普遍意义的结论。结论必须是在研究的框架里，在资料和对资料的分析的基础上获得。

应当指出的是，某个具体或特殊的研究步骤，与上述研究步骤可能会有不一致的地方，但这毫不影响教育研究过程的系统性。

其次，教育研究的方法应是科学的。虽然从教育研究的结果看，所有的研究者都是把获得合乎要求的高质量研究成果作为自己的目标，但研究者清楚地知道，高质量的研究成果必须依靠科学的研究方法。换句话说，在教育研究中，人们不仅关注研究的成果，而且关注研究的方法。比如，在教育研究中，人们对研究对象的确定，不仅要回答"研究对象是谁"，更要回答"用什么方法确定"。用错误的方法确定研究对象，或是抽样的方法不科学，研究的结果就会缺乏可信度。再比如，在教育研究过程中，对资料的收集采用什么方法、运用怎样的工具；对资料的分析能否有效地控制定性分析中的主观色彩，准确地表达事物的数量，而不是滥用数学和数学公式……诸如此类的问题，都是方法是否科学的问题。一个在方法上出现了科学性问题的研究，其结果是不可信的。因此，教育研究的方法必须是科学的。

学前教育研究，作为教育科学的一个分支、教育研究的一个组成部分，是以探索学前教育科学的认识过程、揭示和发现学前教育领域里各种现象的客观规律、研究学前教育科学的知识体系为目的的。由于学前教育的对象是学前儿童，因此，学前教育研究的对象自然也就无法离开学前儿童。由于学前儿童身心未完全成熟，有着不同于成人的身心发展规律和特点，学前教育研究就要适合学前儿童的特点，采用适宜的方法，这就使学前教育研究有了自身的特点。

（二）学前教育研究的特点

1. 学前教育研究中的研究对象

学前教育学是一门应用性学科，应注重作为社会现象的学前儿童教育的研究。由于学前儿童的心理处在动态的发展之中，一切尚不定型，学前教育研究的难度很大。在实际的研究中，儿童的发展和教育问题常常紧密地联系在一起，使人感到既有研究儿童发展的成分，又有研究儿童教育的成分，在研究对象上有重叠现象。因此，学前教育的研究，不能就事议事，停留在个体发展的一般规律上，而要处理好"教育中的儿童发展"和"发展中的儿童教育"两者的关系。

2. 学前教育研究中的教育观察

教育观察是研究教育现象的方法之一。在学前教育研究中，教育观察有其特殊的地位和作用，其最适用于幼儿研究，因此是学前教育研究最基本的方法。

首先，观察法不需要幼儿做出超出自身水平的反应。幼儿因其年龄特点和身心发展水平，言语表达和理解能力低、行为的随意性强、自控能力差等，使一些研究方法在幼教研究中受到限制。观察法可以了解自然状态下幼儿行为的真实表现，考察其心理的外部表现，受到的限制会相对较少。

其次，观察法可以直接了解并客观记录幼儿的行为表现，所得资料较少受研究者主观因素的影响。作为观察对象的幼儿，较少掩饰自己，所以观察的结果也较为真实。

最后，教育观察可以考察幼儿与周围事物相互作用的过程。由于幼儿处在身心快速发展的阶段，教育观察适应了幼儿的这一特点，不仅可以考察行为的结果，而且可以考察行为的过程。

3. 学前教育研究中的研究设计

由于学前教育研究对象自身的特点，研究设计极为困难。幼儿的身心处在快速发展时期，无论是生理还是心理都会有成熟程度的问题，这是困扰我们研究设计的因素之一，有时我们的教育研究很难控制幼儿成熟所带来的影响；由于我们的研究对象是儿童，因此，我们的设计又不能不受到道德伦理的制约。比如，研究不同家庭教养方式对儿童的影响，我们就不可能设计一组家长进行放任型教育，研究母爱剥夺，又不可能对一些婴儿进行隔离……所有这些，都使我们的研究设计更为困难。

二、学前教育研究的范围

谈学前教育研究的范围，不能不涉及学前教育科研和幼儿园教研这样一对概念。

关于学前教育科研的概念，目前的认识较为统一，其是运用科学的方法，认识学前教育的客观规律的过程。这一特殊的认识过程具有明确的目的性，其对问题的研究强调普遍性，强调方法的科学性。幼儿园教研则无明确的界定。

在实际的教育研究中，人们对学前教育科研和幼儿园教研的认识尚不一致，归纳起来有下面几种看法。（1）学前教育科研和幼儿园教研属于不同的范畴，因为二者的研究对象不同。学前教育科研关注的是学前教育现象及其规律；幼儿园教研关注的是教材教法的研究。（2）学前教育科学研究和幼儿园教研在研究对象上有重叠，但二者对研究方法的要求不同。持上述观点的人认为：学前教育科研对研究过程的系统性、科学性有着较高的要求，而幼儿园教研对此要求并不严格，或者说，它的研究较为零散，方法也较为随意，多用研讨、总结的方法。（3）学前教育科研和幼儿园教研是同一范畴的不同层次，二者并无严格的界线。持这种观点的人认为，学前教育科研与幼儿园教研都属于教育研究，其最终的研究目的都是运用对教育的规律性认识，能动地改造世界。教研是教育科学研究的基础，研究方法科学与否也不是绝对的，应视其是否适合研究的目的、任务，是否适合研究主体的实际。

在实际的操作中，二者是有区分的。

（1）两者的研究侧重点不同

幼儿园教研侧重于教材教法的研究，关注园本教研和具体领域的教学实践。研究目的是针对园所的实际环境，幼儿的实际发展水平，以及具体的教育活动提出优化方案以实现教师的专业发展，提高园所自身的反思与建设能力。因此，幼儿园教研的选题往往来源于园内教师共同的困惑，选题具体明确，教研多以案例的方式呈现（文字、图片、视频都将成为具体的呈现方法）。由于问题来源于实践，教师往往能提出真问题，案例呈现也十分完整，存在的挑战是理论支撑有待提高。

学前教育科学研究则侧重于科研课题的研究，关注学前教育学科发展和学前教育总体质量。研究目的指向学科建设和教育质量发展，因此选题广泛，如学前教育经费研究、学前教育政策研究等，研究最终将形成科学、系统的研究报告。此类研究报告往往会检验某时期固定范围内学前教育的发展水平（有时会指向固定领域），成为下一步相关政策制定的来源。

（2）两者的管理方式不同

幼儿园教研往往由园所依据本园实际情况进行管理。幼儿园一般会设置教研室，配备教研主任、教研员等岗位，划拨专款，设立制度以确保教研活动开展。幼儿园常见的教研形式有集体备课、听课评课、同课异构、观摩分析、参加培训、案例分析。随着幼儿园对教研工作逐渐地深入，参与式教研、体验式教研、辩论式教研和网络教研等新的教研模式纷纷出现。①

　　学前教育科学研究往往由教科所、科研院进行管理，由专人负责课题的申报、规划和管理，如在《国家中长期教育改革和发展规划纲要（2010—2020年）》颁布后，陕西省将组建教育科学研究院写入省委省政府文件，将教育科学研究工作纳入地方规划，以承担全省基础教育和职业教育科学研究。此类研究指向更系统的科研课题，在开展的难度、专业性要求上会更高，所以由专门人员负责课题的选择、督促课题的实施能更好地保证研究的顺利进行。

　　事实上，由于教学研究具有广泛的群众性、普及性和实用性，因此从"教研"入门，过渡到科研层次，不失为一条成功经验。当把学前科学研究和幼儿园教研结合起来时，我们不难发现学前教育研究有着十分广泛的研究范围。

　　（一）学前教育的课程研究

　　近年来，学前课程的研究逐步深入，愈来愈关注课程的广义概念，并认为其有显性和隐性之分；注重探索学前课程不同于学校阶段的特点与规律，研究各种教育理论模式指导下的课程方案，并评价其效果。比如，开端教育及各种补偿教育的课程设计及效果。关于补偿教育的效果，有人认为，初期水平最低的儿童受益最大。以皮亚杰认知理论为基础的学前教育课程研究和新蒙台梭利课程模式等出现了。在我国，随着贯彻《幼儿园工作规程》（2016）的深入，教育研究者与一线教师共同摸索幼教规律，提出并进行了多种课程模式的实验研究，如综合主题课程、活动课程、活动区教育等，除此以外，还注重探索能促进幼儿发展的教育环境的研究、游戏的研究等。在农村，学前教育者侧重研究学前班课程以及与小学衔接的课程方案。有关学前课程方面的研究课程还涉及关于不同的组织形式及效果的研究，如小组活动、混龄班教学的研究。

　　（二）学前教育的教学研究

　　教学是双边活动过程，包括教师的教和儿童的学两个方面，教学方法对提高学前教育质量有着重要的意义。学前教育的教学研究应注重研究适合幼儿特点的方法和手段，应注意学前阶段的儿童不同于学龄儿童，学前教育也不同于小学教育，教育的途径绝不仅仅是教学，而应该是多样化的。由于学前儿童更多是在非正规课程中、在游戏和日常生活中学习的，所以需要研究如何利用游戏促进其发展，引导幼儿从自发学习到有意识地学习，培养他们的学习兴趣。学前教育的教学研究，还应注意考察日常生活常规的教育功能等。教师是教育方法和手段的实施主体，教师的教育观念和教育技能、行为等问题都是很值得研究的课题。除此之外，如何发挥教育环境的教育功能，创设能促进幼儿发展的教育环境以及活动材料的投放等都是值得研究的问题。

---

①　董嘉城：《幼儿园园本教研管理的现状及对策》，内蒙古师范大学硕士学位论文，2018年。

(三)学前教育的环境研究

学前教育的环境,有着十分丰富的内涵,关于其的研究也是多样的。

学前教育的环境,依照不同的分类标准,被划分为不同的类别。根据学前教育的主体——幼儿活动的空间,可以把教育环境分为校园环境、家庭环境和社会环境。根据学前教育的主体——幼儿,以及与之交互作用的方式,可以把教育环境分为物质环境和精神环境,或称之为硬环境和软环境。

学前教育环境的研究,越来越重视精神环境给幼儿发展带来的影响,认为教师、家长和成人的关系、观念、行为方式、语言、人格等对儿童的影响是不容忽视的;越来越重视对幼儿所处的文化背景的研究,而不再局限于对幼儿园环境的研究。与此相应,社会传播媒介对幼儿的影响越来越引起人们的重视,研究者开始关注广播、电视录像、广告、卡通片等对幼儿发展的影响。除此之外,近年来,由于生态学对教育的介入,研究者开始从生态学的角度透视幼儿生存的环境,这是环境研究的又一特点。

(四)学前教育的师资研究

在教育过程中,教育者愈来愈重视教师的态度、与幼儿的互动对于儿童身心发展及教育效果所产生的影响。这方面的研究开始作为保教人员职前或在职培训的重点。职前教育在我国主要是师范教育,近年来重点对幼师课程结构与内容、师生的特点进行研究,以便改革幼师的课程设置,使之更能适应幼教改革的实践需要。在职培训包括学历教育及各种形式的在岗培训,这项工作与管理、评价等紧密相关,如何形成完整的在职培训体系,也成为研究的重要领域。随着我国农村幼教事业的发展,依照实际需要,探索培训师资的有效途径将日益受到重视。

(五)学前教育的社会支持系统研究

学前教育的社会支持系统主要包括教育行政部门和社区共同体。

教育行政部门作为政府管理教育的职能部门,担负着当地政府对有关幼儿教育决策的参与者及贯彻执行的组织者的指导、影响作用,其职能为综合管理、社会协调和业务指导。幼教管理的社会化对教育行政部门的职能要求会愈来愈高。社区是幼儿园最直接的生存环境,在我国主要是由社区兴办学前教育,兴办幼教机构。城镇的各类幼儿园,有很大一部分是乡镇、街道等社区集体兴办的,或是由社区的单位部门兴办的。社区通过多种渠道筹措办园经费,而学前教育事业的发展又直接为社区的发展服务。幼儿园与所在社区是一种互惠互利的双向服务关系。因此,学前教育对社会支持系统的研究应当关注教育行政部门的协调职能研究,应当关注幼教机构与所在社区的双向服务,应加强对如何挖掘社区资源,如何争取家长和社区各方面力量支持的研究,要积极探索幼儿园服务社区的措施和途径,坚持为所在社区服务,实现教育资源的社区共享。

(六)学前教育的管理研究

学前教育对管理的研究应包括对广义的学前教育管理和狭义的学前教育管理的研究。

广义的学前教育管理包括学前教育行政和学前教育管理两部分，其以整个国家的教育系统作为自己的管理对象，以教育的法令、法规为指导，遵循教育的客观规律，对整个教育行政系统及各类学校组织进行规划、组织、指导和控制，使有限的办学资源得到合理的配置，以实现管理目标优化。狭义的教育管理是以一定类型的学校组织作为自己的管理对象，探索社会环境与学校之间的关系和学校内部诸因素之间的关系，以及学校组织如何为提高教育质量提供必要的环境、秩序和措施，以使学校组织按照教育规律正常运行。学前教育学对管理的研究不仅局限在对管理本身的研究，还越来越重视对环境和文化的研究。

管理学把环境分为两大类：一是一般环境，即社会环境；二是工作环境，又称为组织环境。学前教育管理对环境的关注主要在于教育组织如何适应环境和控制环境，利用积极因素，控制消极因素，推动幼教事业的发展。另外，民族文化的影响也是不容忽视的。在吸纳西方先进的教育思想的同时，必须重视对"文化"的研究，才能做到"洋为中用"。

近年来，随着幼教实践和学前教育概念的扩大，学前教育研究的范围也在扩大，人们不仅重视研究正规学前教育，而且研究各种形式的非正规教育、社会教育。人们普遍关注补偿教育和预备教育，对于儿童的社会性、情感与个性全面发展的研究也受到普遍重视。

三、学前教育研究的意义

对于许多不堪重负的一线幼教工作者来说，"教育研究"着实是一个负担，他们中间的许多人会想：为什么一定要搞"研究"，不搞研究不行吗？当我们对学前教育研究及其与诸多教育问题之间的关系进行剖析之后，我们便会对上述问题做出明确而肯定的回答：不搞教育研究不行。

（一）学前教育科学理论的丰富和发展需要教育科研

从认识论的角度看，理论来源于实践，理论是在实践的基础上形成和发展起来的。但是，实践绝不会自然地生成理论，而是要靠人们不断积累与创新实践，对感性不断抽象与概括，才能形成理论，为此，必须进行教育研究，并用大量的研究成果去丰富我们的学前教育理论，促进教育科学的发展。学前教育科学理论的丰富和发展，正是依靠大量的、科学的、逻辑的、实证的学前教育科学研究才得以实现的。

（二）教育行政部门的决策需要学前教育研究

现代教育行政所面临的问题日益复杂，单凭教育行政人员的个人经验和主观判断，往往不能解决复杂的教育问题。采用科学的工作方法，实行科学决策，是国际教育行政管理发展的趋势。回顾我国学前教育的发展历程，我们不难发现：重视教育科学研究，尊重教育发展的规律，学前教育就能健康地发展，否则，学前教育事业就要遭受损失，走入歧途。教育决策不能离开对教育的研究，实现科学的教育决策必须以教育研究为先导，这是教育行政领导素质和管理水平提高的重要标志。

（三）学前教育管理的改革和发展离不开教育研究

我国的教育正处在一个改革和发展的新时期。在教育的现代化过程中，面临着许多新问题。比如，在市场经济下，学前教育改革和发展的规律及特点是什么？在新的市场经济条件下，学前教育体制的改革往哪里走？改革的目标如何定位？如何构建新形势下的学前教育课程体系和幼儿园的课程标准？这些问题如何解决，没有现成的结论，也不能凭空想做出决定，必须以教育研究为先导，在正确的教育思想指导下进行教育改革的实践活动。没有正确的教育理论指导的实践，是盲目的实践。从这种意义上说，教育的改革和发展是一个不断进行教育研究的过程。

（四）学前教育的教学实践需要教育研究

教育研究是人们揭示教育科学客观规律的有效途径。人们通过教育研究将感性认识上升为理性认识，然后指导实践，为教育教学实践提供理论指导。

美国社会学习理论家班杜拉（Bandura）通过大量的实验研究，提出了以观察学习为主的社会学习理论观。他认为人的个性是在观察过程中形成的。在这个过程中，人们首先观察榜样的活动，观察的结果在人们的头脑中形成一种意象，正是这种意象指导着人们在处于与榜样的活动相似的情景时，做出与榜样相似的活动。在观察学习过程中，人们形成了各种各样的行为，从而形成了个性。同时，他还强调认知、自我调节、自我效能在学习中的作用，个人、行为和环境交互作用决定个性的形成。班杜拉的这一研究从理论上指导教育实践不仅要重视显性教育，还要重视隐性教育。隐性教育特别强调教师人格特征对儿童发展的重要作用，同时也为家庭教育提出了理论指导。家庭的环境、情绪氛围，家长的言谈举止、价值取向等对儿童有重大的影响。

（五）教育者自身素质的提高需要教育研究

教育研究是一个科学的、系统的过程。教育工作者在教育研究中，学习教育理论，提高理论水平，形成科学的态度，掌握教育研究的技能方法与独立思考、独立工作的能力，从而促进了教育者自身整体素质的提高。在教育研究者的队伍中，无论是普通教师、管理人员，还是各种专家和大学教授，尽管他们研究的类型和参与程度各不相同，但都是研究成果的享用者和教育研究的受益者。因此，教育工作者应将教育研究视为一种有用的机制，因为它以不同的方式改善着教育过程，改善着教师的教育行为。

第二节 学前教育研究的步骤

科学研究需要经历一定的步骤、程序或环节，教育研究或学前教育研究也不例外。一般说来，学前教育的研究包括以下几个基本步骤：选择和确定研究课题；查阅相关文献资料；确定收集和分析资料所采用的方法；制订研究计划或方案；实施研究过程，收集事实资料；整理加工资料，总结研究过程，以及撰写研究报告。以下部分具体地分析这几个环节。

一、学前教育研究课题的确定

从事教育科学研究首先要解决研究对象的问题。研究对象包括研究方向和具体课题。

（一）课题的来源

教育研究课题的来源有很多，归纳起来大致有三种。

1. 来源于理论

古今中外的文献记载了大量的教育理论，我们通过对这些理论的分析、评价、验证，从中发现问题，提出新的课题。对理论课题的选择又具体有这样几种：承袭已有的研究成果，使教育理论不断完善；批判已有的研究成果，矫正教育理论的缺陷和错误，使教育理论不断完善；重复已有的教育理论，探讨不同文化背景下教育的共同规律和差异；从学术观点和争论中提出新的课题；从学科分化、交叉学科中发现新的课题。

2. 来源于实践

从教育实践中发掘选题是教育研究最重要、最基本的选题途径。人们在实践中遇到了现有理论不能解释的新现象，或者是理论指导实践产生了矛盾，这就出现了问题。而研究课题的形成常常是从发现问题开始的。为了认清矛盾，解决问题，人们必须深入地了解情况、审慎地思考、分析与问题有关的材料，并且用经验和事实来检验自己已形成的对问题的认识，逐步把握事物发展的规律，再用正确的认识去指导实践。

教育实践迫切需要解决的问题很多，而只有那些具有普遍性、代表性的问题才应该是研究课题的重要来源。

3. 来源于规划

在教育研究中，由科研机构、学术团体、国家教育行政部门制订的科研规划，是研究课题的又一来源途径。近年来，国家及各级教育行政领导根据国家建设、改革开放的需要，根据教育自身发展的需要，定期制订教育科学研究规划，提出教育研究的目标和任务。各级研究学会、各种教育杂志也会定期提出该领域选题的范围以及需要研究的问题供我们选择。

（二）选题的依据

近年来，由于教育科研的广泛被重视，可供选择的课题也越来越多。研究者根据什么来确定"选择 A 而不选 B"呢？可以从以下几方面做出判断。

1. 课题是否具有价值

课题的价值是我们在选择课题时必须首先关注的问题。那么，什么样的课题是有价值的课题呢？首先，要看课题研究在理论上的贡献（特别是理论课题的研究），是完善了原有理论，还是提出了新的理论。完全重复的研究，是没有价值的。其次，看课题的研究对教育实践有无指导意义。教育研究只有为社会、教育实践服务才有生命力，只有从为社会、教育实践服务的角度选题，才具有重要的现实意义和应用价值。最后，看课题有无创见。选择课题要着眼于前人没有解决或没有完全解决的问题，选择有争议而尚未定论的问题，或者是选取新的角度。要善于在理论和实践的矛盾中发现问题，在知识的空白处发现问题。学前教育相比于其他学科更年轻，无论是在宏观还是微观领域，均有许多理论空白需要去填补。比如，关于学前美育的研究、游戏的研究都很不够，我们要善于发现有价值的课题。

2. 研究是否具备条件

教育研究要具备一定的条件，才能保证课题研究的顺利进行，最终高质量地完成任务。如果主客观条件的某些方面尚不具备，研究就不能进行或者会半途而废。

课题研究的主观条件是指研究者的科学知识、专业水平、兴趣爱好、科研能力、实践经验和进行科研的时间。课题研究的客观条件，是指完成课题所必需的实验场地、被试、资料、设备、仪器、资金等。我们应从实际出发，扬长避短，选择那些社会、教育实践需要，有价值、有创见又能胜任的课题进行研究。

在教育研究的实践中，不少园长和一线教师参加了各类课题的研究。仅就选题而言，除了考虑上述两个问题外，还应克服一些对教育研究有害的、违反科学性原则的不良心态和行为，例如，急功近利，热衷于"新潮"课题，好做大课题。

二、学前教育研究方法的选择

课题确定以后，就要构造研究假设，接下来就要选择课题研究的具体方法。

(一) 研究方法的种类

教育研究的具体方法很多，有人把其分为两大类：收集资料的方法和分析资料的方法。收集资料的方法主要包括：观察法、调查法，实验法、临床法、行动研究法、个案法等。分析资料的方法包括：定性分析和定量分析。定性分析的方法主要有：经验总结法、文献资料法、比较法、逻辑分析法等。定量分析主要指统计分析法。下面介绍一些主要的、在学前教育研究中被广泛使用的一些方法。

1. 观察法

观察有广义和狭义之分，又有直接和间接之别。广义的观察，除了包括直接观察外，还应包括收集资料的一些其他方法，如谈话、测验等。狭义的观察是指直接观察。在学前教育研究中，我们对研究对象——幼儿的观察，主要是直接观察，即狭义观察。它是研究者在自然条件下，直接用自己的眼睛、耳朵等各种感觉器官去感知和观察研究对象的方法。随着现代技术的发展，当今的观察还可以借助仪器等"延伸感官"来进行，克服人类感官的局限性，增强和延伸人类的认识能力，提高观察效率，使得观察到的资料更加客观、精确。

2. 调查法

调查法是教育研究中常用的基本方法之一。它是通过各种形式，有目的、有计划地，周密地去了解教育工作某一方面的情况，发现成绩，总结经验教训，最终弄清问题的一种研究方法。教育研究者从对调查到的大量事实的研究分析，概括出有关教育现状的规律，以及教育现象之间的联系。在调查研究的基础上，预见教育发展的趋向。

调查法适用于研究现实的教育问题，适用于描述一个大的总体的性质、倾向，适用于研究人们对教育的态度等问题。

调查法在实际的使用过程中，主要包括问卷、访问、谈话、测查、评价和书面材料分析等手段。

3. 实验法

实验法是在人为的、严密的控制条件下，有计划地逐步操纵实验变量，观测与这些实验变量相伴随的现象的变化，探究实验因子与反应现象之间的因果关系的一种方法。

实验法必须在理论假设的指导下进行，在教育实验中，控制无关变量，操纵自变量，观测因变量，在一定时间内，将收集到的教育效果资料进行比较分析，反复验证，揭示教育的因果关系，揭示教育与人的发展之间的规律。因此，实验法的实质是通过对各种变量、自变量、因变量、无关变量的处理，开展教育研究。

实验法的突出特点是能够主动地干预研究对象。因为实验法是由研究者人为地创设情境，引发某种现象，然后进行观察研究的方法。它通过"干预""控制"，可以大大加速研究进程。实验法还可以创造条件使某一现象重复出现，对结果进行重复验证。

4. 行动研究法

行动研究法是由研究人员和教育实践工作者针对教育活动或教育实践中的问题，不断提供改进教育方案或计划，用以指导教育实践或教育活动，同时针对教改研究计划实施进程中出现的新问题，进一步充实和修正、完善计划或方案，不断提出新目标的一种研究方法。一方面，教改行动以研究指导行动，以改革方案作为指南；另一方面，教改行动又反过来成为研究的向导，推动研究的进展，二者交替进行，反复无穷。

行动研究法在实际的操作中是按如下步骤将研究与实践不断推向前进的：计划→实施→计划执行的记录和评价，新的事实的发现→再计划→计划的实施→计划执行的记录和评价。

行动研究法是对即时问题加以研究，研究的目的是为了改进教育工作，提高教育质量和效益，它有益于将教育研究与实践紧密结合，有益于推动群众性的教育研究。

5. 经验总结法

经验总结法是研究者在不受控制的自然状态下，依据教育实践所提供的事实，分析概括教育现象，使之上升到教育理论的高度而采取的一种有效方法。

经验总结法没有严格的假设和实验因子的人为控制，主要是在自然状态下进行。它的研究对象侧重于感性认识、主观体验和感受，而调查法则偏重于事实。

经验总结法一般是由果溯因，它是教育工作者对其所从事的完整教育活动的全过程加以回顾总结、分析思考，认识现象与本质的联系，并探讨其规律的活动。

6. 个案法

个案法是对一个或少数个体（如儿童或教师、教育机构等）进行的系统、深入的调查。

它是在儿童发展与教育研究中运用比较广泛的、具有特殊价值的一种研究方法。

个案法需要综合运用观察、调查问卷、谈话和作品分析等多种方式，去收集特定个体的资料，或是反映关于特定问题较全面的信息。个案法是将研究的焦点集中在某个特定个体上，最大限度地搜集研究对象的详细材料，对其心理发展过程与个体特点等进行细致、系统地考察，并且随着时间的推移，追踪研究其发展变化。

个案法在实施时，资料的获取常常采用日记法或传记法，除了用笔、纸记录外，还可以借助现代化手段，利用一些仪器、设备，录音、录像或者摄影，更准确和多方面地收集特定研究对象的资料。

（二）选择方法的依据

当研究课题和目标确定之后，方法就起着决定性的作用。选择研究方法实际上就是确定适宜的收集资料和分析资料的方法。一般说来，每一个具体问题和具体的研究对象，都有着不同的性质和特点，需要运用不同的研究方法来研究，每一种具体的研究方法又都有着自己特定的适用范围。

研究者应当根据研究题目，以及具体的研究任务、内容和研究对象的性质、特点，结合各种研究方法的特点，综合考虑各种因素，来确定研究方法。选择方法的主要依据为以下几点。

1. 研究内容的性质

对不同性质的研究内容、资料进行研究，所采用的方法不完全相同。比如，对儿童户外游戏的研究，应选择观察法而不是调查法，因为对儿童的户外游戏研究属于行为研究，有着明显的外部行为特征，便于观察。如果研究的内容是"幼儿喜欢什么样的老师"，就应当采用谈话法而不是观察法，因为这一内容所需要收集的资料是属于态度、情感方面的，谈话法较适用于这一类内容。而对幼儿园课程的研究，较为理想的方法应当是行为研究法和经验总结法。总之，研究内容的性质不同，研究的方法就应不同。

2. 研究对象的特点

研究对象不同，就会对研究方法有不同的要求。比如，对超常儿童的研究，就不宜采用常态儿童研究方法。这是因为，超常儿童数量少、分布散，需要长期跟踪观察研究，多采用个案法。再比如，对家长所进行的教养方式的调查，我们的调查手段有时会因家长的文化程度不同而不同，问卷法只适用于有文化的家长，而对那些连问卷都看不懂的家长，采用问卷调查是没有办法完成任务的。对这一部分家长，我们通常要采取谈话法去获得资料。

三、学前教育研究的组织

学前教育研究的组织主要是对研究实施之前的一系列的准备工作的考虑和安排。它具体包括以下内容。

（一）研究对象的确定

在课题及研究方法明确以后，研究者就要对被试进行选择：研究场所是一所幼儿园还是两所，在什么类型的幼儿园；研究对象是打破班级抽样选择还是利用现有班级；怎样抽样，样本的容量多大；如何编组，是按年龄还是按性别，等等。

（二）研究人员的分工

对一项多人参与的综合性研究项目，课题组成员进行合理分工是非常必要的。一些综合性课题，在组织成员时，就应考虑到各方面人员的合理配备。

（三）研究的准备

教育研究需要研究者具有某些专门的知识、技术，有时还需要一定的设备、器材、材料以及测查工具等。为了研究需要，研究者应该去学习不具备的知识、技术，应该去配置相应的设备。

（四）研究的步骤与时间分配

教育研究中，整个研究进程共需要多长时间，各个步骤或阶段如何确定，时间如何分配，每个阶段讲究的内容、目标是什么等都要在研究计划中明确下来。如果是协作性研究，还要明确分工，确定各环节的工作内容，限定完成时间，明确负责人。

（五）规章的拟定

教育研究过程是一个需要相关人员协调与协作的过程，为了确保研究工作的顺利开展，处理好研究过程中出现的问题和矛盾，必须确立与特定的教育研究相适应的规章，以保证研究任务的圆满完成。

（六）制订研究方案

研究方案的制订，可以使研究者进一步明确研究课题、任务，确定研究对象、方法、步骤及时间安排，从而使研究者有条理地进行工作。制订方案主要包括以下内容。（1）研究课题的具体名称，即研究的题目，要简单、具体、确切，要对任务或所要解决的问题进行明确表述。（2）前言，要写出三个方面的内容：问题的提出，方案中首先要说明所要研究的问题是在什么背景下提出的，其意义是什么；研究综述，扼要地介绍前人对该课题的研究情况，说明本人对该问题的看法；确定研究任务，陈述假设。（3）研究对象和研究方法。（4）研究的步骤和时间分配。

一份完整的研究方案大体包括以上四个方面的内容，实际上是把研究者对研究实施之前的组织工作过程形成文字，使其书面化。

四、学前教育研究的实施

学前教育的实施阶段，是研究者根据制订好的计划，开展研究活动，收集有关事实材料的过程。如果计划制订得较为周密、详细、完善，实施阶段的工作就比较顺利。在教育研究中，材料的可靠性、准确性、科学性是研究成功的关键。因此，研究者必须认真做好资料的收集工作，努力做到以下几点。

（一）客观、全面地收集资料

在依照计划收集事实材料的过程中，研究者要坚持实事求是，不夸大，不缩小，避免按主观愿望去挑选"事实"，避免对观察到的"事实"进行"加工"，力求材料的客观性。不能为了证实假设或达到预期结果，只收集符合自己愿望的材料，如不如实记录儿童的言行，而是由成人对其语言进行"加工"以后再记录。诸如此类的做法，都违反了教育研究中的客观性原则，影响研究材料的真实性。

（二）及时整理记录，不断检查和评价

教育研究活动在每次观察、调查或实验后，研究者应力争当日就对记录的材料进行整理，对一些突出的、典型的材料，要及时归类。及时整理记录的另一个好处在于，由于研究者是现场记录，往往因时间仓促无法周详描述，因此可以利用整理记录的时间，趁热打铁重新回忆，及时补充被遗漏的却有价值的资料。

在及时整理记录的同时，研究者要对材料进行分析和思考，以便发现问题、提出问题，使问题得到及时纠正。因此，收集材料的过程，又是一个不断检查和评价的过程。通过对前一阶段实施过程的检查、评价，研究者得以发现方案在实施过程中的问题，明确下一步的工作方向，并采取相应的调整措施，避免走不必要的弯路。

五、学前教育研究的总结

教育研究的总结阶段，是教育研究的最后一个环节。对研究工作的总结，应反映研究工作的全过程。从教育研究的最后结果看，这是完成研究报告的过程，而从整个过程的操作来看，其又是一个对研究工作全面评价和总结的过程。

对一个较大项目的研究，研究者在总结时，首先要组织研究人员对研究过程进行全面评价，将研究活动的全过程作为分析对象，分析其是否取得了明显的效果，在时间、人力或精力及物质条件等方面是否发挥了较大的效益，是否具有典型性、代表性和可推广性。其次，在全面评价的基础上，研究者可以进行多层次总结。对一个全校或全园性参与的课题研究，可以进行个人总结、小组总结、部门总结、全校或全园性总结，还可以按小课题进行总结。从研究的全过程来看，还可以进行阶段总结。最后，研究者在全面评价和多层总结的基础上，完成项目的研究报告。研究报告是研究的成果展示形式。由于研究的内容和方法不同，研究报告的类型就不同。不同类型的研究报告由于选题、方法、过程、逻辑推理及结果的不同，各自具有特点，但研究报告的基本组成部分和顺序结构是相同的，即都应包含题目、署名，以及前言、正文、参考文献三个部分。

研究报告完成的质量水平，直接影响研究的成果，所以研究报告的撰写也是一件十分重要的事。虽然文字表达水平是影响研究报告质量水平的因素，但决定研究报告质量水平的关键绝不是作者的文字表达水平，而是整个研究的科学性、合理性和系统性。在撰写研究报告之前，研究者必须对全部资料加以汇总，分门别类组合，使之系统化，然后在此基础上进行逻辑的和统计的分析，推导出结论。这种对资料整理加工、逻辑推导的过程，是十分重要的，但在实际的操作中，人们容易忽略这个环节而看重研究报告本身的撰写。

思考题

1. 如何组织学前教育研究？

主要参考文献

1. 张燕著:《学前教育管理学》,北京师范大学出版社 1995 年版。
2. 孙葆森、刘惠容、王悦群著:《幼儿教育法规与政策概论》,北京师范大学出版社 1998 年版。
3. 唐淑、虞永平主编:《幼儿园班级管理》,南京师范大学出版社 1997 年版。
4. 王坚红主编:《学前教育评价》,人民教育出版社 1994 年版。
5. 向宏业主编:《现代教育督导学》,湖南教育出版社 1995 年版。
6. 虞永平著:《学前教育学》,江苏教育出版社 1996 年版。
7. 金含芬主编:《学校教育管理系统分析》,陕西人民教育出版社 1993 年版。
8. 张斌贤主编:《现代国家教育体制》,上海教育出版社 1996 年版。
9. 江山野编:《简明国际教育百科全书·教育管理》,教育科学出版社 1992 年版。

附　录

学前教育管理自学考试大纲
（含考核目标）

Ⅰ 课程性质与设置目的

《学前教育管理》课程是全国高等自学考试学前教育专业选考的课程之一，是为了让考生了解学前教育及学前教育管理的一般知识而设置的一门选修课程。

学前教育管理是教育管理的一个分支学科，它是一门以辩证唯物主义和历史唯物主义为指导，应用现代管理科学的理论和方法，针对学前教育管理这一特定的现象和活动，研究其一般的特点和规律的科学。由于该课程是针对学前教育专业的学习者，所以，课程的内容有注重普及性和一般性的特点，对有关学前教育的基本知识作了一定的铺垫。本课程具有综合性、应用性及理论性的特点。

设置本课程的目的是：使考生比较全面系统地掌握学前教育管理的基本理论、基本知识和基本方法，了解我国学前教育管理的有关法规和政策，了解学前教育管理的特点和规律，培养和提高学习者发现、分析和解决学前教育管理中的问题的能力，推进我国学前教育管理的科学化、现代化。

Ⅱ 考试内容与考核目标
（考核知识点、考核要求）

第一章　学前教育管理的研究对象和内容

一、学习目的和要求

通过本章的学习，了解学前教育管理的发展，理解学前教育管理的意义，掌握学前教育管理的对象和内容。

二、课程内容

第一节　学前教育管理的研究对象

（一）学前教育的界定

幼儿、学龄前儿童。学前教育、早期教育。

（二）学前教育管理的界定

管理。教育管理。学前教育管理。

（三）学前教育管理的对象

（四）学前教育管理的特点

管理对象的特殊性。管理目标、内容的特殊性。管理方式、方法的特殊性。

第二节　学前教育管理的发展

（一）我国学前教育管理的发展

学前教育机构的产生。学前教育管理的探索。学前教育管理体制的雏形。

（二）国外的学前教育管理的发展

美国的学前教育管理。法国的学前教育管理。英国的学前教育管理。

第三节　学前教育管理的内容

（一）学前教育管理内容的依据

学前教育的法规与政策。学前教育的现状与规律。管理者的个人素质。

（二）学前教育管理的内容

学前教育法规、政策的制定。学前教育事业发展的规划。学前教育人事、经费、业务等的管理。对下级学前教育行政机构和所辖的学前教育机构的督导。

第四节　学习学前教育管理的意义

（一）有利于依法管理

（二）有利于科学管理

（三）有利于高效管理

三、考核知识点

（一）学前教育管理及其发展

（二）学前教育管理的内容

（三）学前教育管理的意义

四、考核要求

（一）学前教育管理及其发展

1. 识记：（1）学前教育和早期教育的含义；（2）学前教育管理和幼儿园管理的含义；（3）学前教育管理的特点。

2. 领会：（1）学前教育管理的对象；（2）我国和西方学前教育管理的发展。

3. 应用：试析学前教育管理体制的现状与改革。

（二）学前教育管理的内容

1. 识记：学前教育管理的主要内容。

2. 领会：学前教育管理内容的主要依据。

（三）学前教育管理的意义

1. 识记：（1）法对理的指导意义；（2）管理科学与高效管理的关系。

2. 领会：依法管理的世界性趋势。

3. 应用：联系实际思考如何依法对学前教育进行管理。

第二章 我国的学前教育体制

一、学习目的和要求

通过本章的学习，了解中西方学前教育体制，明确学前教育体制改革的必要性，掌握学前教育体制改革的内容。

二、课程内容

第一节 学前教育体制的历史考察

（一）体制和教育体制

体制。教育体制。我国学前教育体制。教育体制的结构。

（二）我国学前教育体制的发展

20世纪二三十年代的学前教育体制。40年代的学前教育体制。50—70年代的学前教育体制。80年代以来的学前教育体制。

（三）西方的学前教育体制

北美的学前教育体制（美国、加拿大学前教育体制）。西欧的学前教育体制（英国的学前教育体制、德国的学前教育体制、法国的学前教育体制）。

第二节 我国学前教育体制的改革

（一）学前教育体制改革的必要性

社会发展与学前教育体制的局限性。教育发展与学前教育体制的局限性。儿童发展与学前教育体制的局限性。现代化与学前教育体制的局限性。

（二）学前教育体制改革的内容

学前教育的学制改革。学前教育的办学形式改革。学前教育的课程改革。学前教育管理体制的改革。学前教育管理体制的层次。

（三）学前教育体制改革中应处理好的几个关系与几项重点工作

（四）学前教育体制改革的策略

观念的先导。实验性探索。多层次参与。

三、考核知识点

（一）教育体制及我国学前教育体制的发展

（二）西方学前教育体制

（三）我国学前教育体制的改革

四、考核要求

（一）教育体制

1. 识记：（1）教育体制的含义；（2）我国学前教育体制的结构。

2. 领会：我国学前教育体制的发展。

（二）西方学前教育体制

1. 识记：（1）英国学前教育体制；（2）法国的学前教育体制；（3）美国的学前教育体制。

2. 领会：中央集权和地方分权两种不同学前教育体制的成因与差异

（三）我国学前教育体制的改革

1. 识记：（1）我国学前教育管理体制；（2）学前教育体制改革的内容；（3）学前教育体制改革的策略。

2. 领会：学前教育体制改革的必要性。

3. 应用：如何处理好学前教育管理体制与教育体制、教育质量和教育需求的关系，推进我国学前教育体制的改革。

第三章 学前教育管理目标与任务

一、学习目的和要求

通过本章的学习，了解学前教育管理的目标与任务，理解学前教育目标管理的意义，掌握目标管理与管理目标的含义及学前教育目标管理的步骤。

二、课程内容

第一节 学前教育管理的目标

（一）学前教育的管理目标

目标。学前教育的管理目标。

（二）确定学前教育管理目标的依据

法规。政策。社会发展现状。学前教育需求。学前教育管理现状。

（三）学前教育管理的一般目标

学前教育管理的目标类型。学前教育管理的一般目标的意义。

（四）学前教育管理的特殊目标

特殊目标产生的背景。特殊目标与学前教育的发展。制定特殊目标的原则。

第二节 学前教育管理的任务

（一）学前教育管理目标与管理任务的关系

任务是目标的延伸。目标是任务的依据。

（二）学前教育管理任务的特点

任务的可能性。任务的具体性。任务的发展性。

（三）学前教育管理任务的范围

人的管理。总务管理。财务管理。物品管理。时空的管理。政策的管理。

第三节 学前教育的目标管理

（一）学前教育目标管理的界定

目标管理。学前教育目标管理。学前教育目标管理的特点。

（二）学前教育目标管理的意义

目标与成效。目标与努力。目标与措施。

（三）学前教育目标管理的步骤

目标体系。目标体系的制定。目标体系制定的原则。目标体系的实施。目标体系实施的策略。目标体系实施的检验。

三、考核知识点

（一）学前教育管理的目标

（二）学前教育管理的任务

（三）学前教育的目标管理

四、考核要求

（一）学前教育管理的目标

1. 识记：（1）目标；（2）学前教育的管理目标；（3）确定学前教育管理目标的依据。

2. 领会：学前教育管理的一般目标与特殊目标。

（二）学前教育管理的任务

1. 识记：（1）学前教育管理任务的特点；（2）学前教育管理任务内容。

2. 领会：学前教育管理的目标与管理任务的关系。

（三）学前教育的目标管理

1. 识记：（1）目标管理；（2）管理目标。

2. 领会：（1）学前教育目标管理的意义；（2）学前教育目标管理的步骤。

3. 应用：试用学前教育目标管理的原理，制订一份幼儿园某一目标管理方案。

第四章　学前教育管理过程

一、学习目的和要求

通过本章的学习，了解管理过程的特性、主要环节及其运行的基本规律，掌握幼儿园管理过程中的决策与计划、组织与实施、检查与调整、总结与评价的四个基本环节。

二、课程内容

第一节　学前教育管理过程的特性和环节学说

（一）管理过程的特性

管理过程是一种有目的、多层次的双边过程，是一种有程序可控制的过程，是一种开放又封闭的过程，是一种增值又消耗的过程。

（二）管理过程环节学说

三环学说。四环学说。五环学说。七环学说。

（三）管理环节的运行规律

程序性。整体性。相关性。循环性。封闭性。

第二节　幼儿园管理的决策计划

（一）决策计划的界定

决策。计划。决策与计划的关系。幼儿园管理的决策计划。

（二）幼儿园管理决策计划的意义

科学性。预示性。有序性。

（三）幼儿园管理的决策

决策的特点。决策的步骤。决策的类型。决策的方法。

（四）幼儿园管理的计划

计划的依据。计划制订的步骤。计划的类型。计划的表述。

第三节　幼儿园管理的组织实施

（一）组织实施的界定

（二）学前教育管理的组织内容

人员组织。资源组织。任务组织。时空组织。方法、形式、手段的组织。

（三）幼儿园实施阶段的管理活动

组织。指导。协调。教育和激励。

（四）幼儿园管理的实施原则

科学性与灵活性相结合的原则。严肃性与民主性相结合的原则。

第四节　幼儿园管理的检查调整

（一）检查调整的界定

检查。调整。检查与调整的关系。幼儿园管理的检查调整。

（二）幼儿园管理检查调整的必要性

督促和考核。信息反馈。学习研究。

（三）幼儿园管理的检查调整的方式方法

领导检查、群众互查和自我检查。全面检查和重点检查。经常性检查和阶段性检查。

（四）幼儿园管理检查调整应注意的问题

第五节　幼儿园管理的总结评价

（一）总结评价的界定

（二）总结评价的作用

（三）总结评价的种类

（四）总结评价应注意的问题

（五）总结评价的表述

三、考核知识点

（一）管理过程的特性和环节学说

（二）幼儿园管理的决策计划

（三）幼儿园管理的组织实施

（四）幼儿园管理的检查调整

（五）幼儿园管理的总结评价

四、考核要求

（一）管理过程的特性和环节学说

1.识记：（1）学前教育管理过程；（2）三环节说；（3）四环节说；（4）五环节说；（5）七环节说。

2.领会：（1）管理过程的特性；（2）管理过程的规律。

（二）幼儿园管理的决策计划

1.识记：（1）决策与计划的关系；（2）定性决策；（3）定量决策。

2.领会：（1）幼儿园管理决策计划的意义；（2）制订幼儿园管理计划的依据。

3.应用：联系实际编制一份幼儿园学期工作计划书。

（三）幼儿园管理的组织实施

1.识记：（1）幼儿园管理的组织内容；（2）幼儿园实施阶段的管理活动内容。

2.领会：幼儿管理的实施原则。

3.应用：在幼儿园管理过程中应如何合理组织人员。

（四）幼儿园管理的检查调整

1.识记：幼儿园管理过程中检查调整的方式方法。

2.领会：（1）幼儿园管理检查调整的必要性；（2）幼儿园管理检查调整中应注意的问题。

（五）幼儿园管理的总结评价

1.识记：（1）幼儿园管理过程中总结评价的作用；（2）总结评价的种类。

2.领会：幼儿园管理过程中总结评价应注意的问题。

3.应用：结合工作实际，写一份幼儿园管理工作的总结报告。

第五章 学前教育管理的方法

一、学习目的和要求

通过本章的学习，了解学前教育管理方法的主要特点，掌握各种管理方法的特性并能在实践中加以运用。

二、课程内容

第一节 管理方法及其特点

（一）管理方法的界定

（二）管理方法的特点

主观性。规范性。经济性。

第二节 管理方法的类型

（一）行政方法

行政方法的界定及其特点。行政方法的作用与必要性。行政方法的局限性。

（二）法律方法

法律方法的界定及其特点。法律方法的作用与必要性。法律方法的局限性。

（三）经济方法

经济方法的界定及其特点。经济方法的作用和必要性。经济方法的局限性。

（四）社会心理方法

社会心理方法的界定及其特点。社会心理方法的作用和必要性。社会心理方法的局限性。

（五）思想教育方法

思想教育方法的界定及其特点。思想教育方法的作用和必要性。思想教育方法的局限性。

三、考核知识点

（一）管理方法及其特点

（二）管理方法的类型

四、考核要求

管理方法特点及其类型

1. 识记：管理方法的特点。

2. 领会：各种管理方法的特点、作用、必要性和局限性。

3. 应用：在管理实践中综合运用各种管理方法，真正做到科学、高效地实施管理。

第六章　学前教育督导

一、学习目的和要求

通过本章学习，了解教育督导的性质、职能与原则，理解教育督导在教育管理中所发挥的重要作用，掌握教育督导的组织实施方法。

二、课程内容

第一节　学前教育督导概述

（一）督导与教育督导

督导。教育督导。教育督导的发展历史。

（二）学前教育督导

第二节　学前教育督导的性质、职能与原则

（一）学前教育督导的性质

体现国家意志。一种双向活动。

（二）教育督导职能

知情、监督、检查和评价。

（三）教育督导原则

方向性原则、客观性原则、系统性原则和民主性原则。

第三节　学前教育督导的组织

（一）学前教育督导的准备

督导对象的选择。督导思想准备。督导的物质准备。

（二）学前教育督导的计划

（三）学前教育督导的实施

实地观察、听取陈述、查阅材料、座谈和个别交流、通报。

（四）学前教育督导的总结和反馈

三、考核知识点

（一）学前教育督导概述

（二）学前教育督导性质、职能与原则

（三）学前教育督导的组织

四、考核要求

（一）学前教育督导的性质、职能与原则

1. 识记：（1）督导、教育督导与学前教育督导；（2）学前教育督导的性质；（3）学前教育督导的职能。

2. 领会：学前教育督导的原则。

3. 应用：在实施教育督导过程中如何把握教育督导的方向性原则。

（二）学前教育督导的组织

1. 识记：（1）学前教育督导的主要工作；（2）撰写督导报告的要领。

2. 领会：如何组织学前教育督导。

第七章 学前教育规划

一、学习目的和要求

通过本章的学习，了解学前教育规划的类型及影响因素，了解学前教育规划的基本要求，知道学前教育规划的内容范围，培养初步的制订学前教育规划的能力。

二、课程内容

第一节 学前教育发展规划的类型及影响因素

（一）前教育规划的界定

规划。教育规划。学前教育规划。学前教育规划的特点。

（二）学前教育规划的类型

宏观和微观的教育规划。长期、中期、短期教育规划。

（三）影响学前教育规划的因素

上级学前教育规划及本级教育整体规划。学前教育基础和现状。政治、经济因素：教育与政治、经济的关系。教育与国民经济的协调发展。教育资源的有效使用。人口因素：人口与教育的关系。人口状况与人口政策。我国人口的发展趋势。文化因素：人的价值观念。民俗。

第二节 学前教育规划的制订

（一）学前教育规划的原则

学前教育发展与国民教育整体发展相协调的原则。学前教育需要与社会经济发展相协调的原则。学前教育规模与质量相协调的原则。学前教育的近期发展与长远发展相协调的原则。

（二）学前教育规划的内容和基本形式

（三）学前教育规划的方法与步骤

经验型统计推测法。科学型系统模型预测法。调查法。社会需求法。

制订学前教育规划的一般步骤：对教育方针、指导思想的理解。了解现状，预测趋势。分析资料，提出目标假设。对假设进行可行性论证。书写报告，提请审批。

第三节　学前教育规划的实施

（一）实施的界定

实施。规划与实施的关系。实施的意义。

（二）实施的原则

导向性原则。全面性原则。系统性原则。反馈性原则。

（三）实施的主要步骤

准备与发动。组织与指挥。检查与落实。总结与提高。

三、考核知识点

（一）学前教育规划及其类型

（二）学前教育规划的制订及实施

四、考核要求

（一）学前教育规划及其类型

1. 识记：（1）规划、教育规划及学前教育规划的含义；（2）学前教育规划的特点。

2. 领会：（1）宏观和微观教育规划的含义及特点；（2）影响学前教育规划的各种因素。

（二）学前教育规划的制订及实施

1. 识记：（1）经验型统计推测法的含义及特点；（2）科学性系统模型预测法的含义及特点；（3）学前教育规划的内容和基本形式。

2. 领会：（1）学前教育规划的原则；（2）制订学前教育规划的一般步骤。

3. 应用：进行一次全面的或局部的学前教育规划实践。

第八章　学前教育法规与学前教育立法

一、学习目的和要求

通过本章的学习，了解我国教育法规体系及其结构，了解我国学前教育立法的任务，理解教育立法的意义，掌握我国学前教育法规概况、相关规章及学前教育法规的执行。

二、课程内容

第一节　教育立法概述

（一）教育法规和教育立法

法规。教育法规。教育立法。教育立法的意义。

（二）我国教育法规的体系

教育法规体系的横向构成：义务教育法。职业技术教育法。高等教育法。社会教育法。

成人教育法。学前教育法。特殊教育法。教师法。

教育法规体系的纵向构成：宪法。教育基本法。教育行政法规。地方性教育法规和教育行政规章。

（三）我国的教育立法程序及教育法制定的基本原则

我国教育立法的基本程序。我国教育法制定的基本原则。

第二节　我国的学前教育立法

（一）我国教育立法体系中的学前教育法规概况

宪法中关于幼儿教育的条款。教育法律中关于学前教育的条款。其他法律中关于学前教育的规定。幼儿教育行政法规。幼儿教育规章。

（二）学前教育法规及相关规章

《儿童权利公约》。《中华人民共和国未成年人保护法》。《幼儿园管理条例》。《幼儿园工作规程》。

（三）我国学前教育立法的任务

学前教育法规的完善。学前教育法规的建立。学前教育法规的体系化。

第三节　我国学前教育法规的执行

（一）学前教育法规执行的步骤

宣传和解释。学习和运用。对照和检查。处理和帮助。

（二）准确把握学前教育法规中的法律责任

法律责任及其特点。一般教育法规中的法律责任。学前教育法规中的法律责任。

（三）学前教育法规执行中应注意的几个问题

自觉执法。严格执法。公正执法。持续执法。

三、考核知识点

（一）教育立法概述

（二）我国的学前教育立法

（三）我国学前教育法规的执行

四、考核要求

（一）教育立法概述

1. 识记：（1）法规；（2）教育法规；（3）学前教育法。

2. 领会：（1）教育立法的意义；（2）教育法规体系的结构；（3）教育立法的程序与原则。

（二）我国的学前教育立法

1. 识记：（1）《幼儿园管理条例》；（2）《幼儿园工作规程》。

2. 领会：我国学前教育立法的任务。

（三）我国学前教育法规的执行

应用：在学前教育管理实践中应如何依法管理，促进学前教育事业健康发展。

第九章　学前教育的人事与经费管理

一、学习目的和要求

通过本章学习，了解学前教育人事与经费管理的特点、内容及原则，了解基层学前教育人事管理所涉及的内容，掌握学前教育经费筹措的途径及管理方法。

二、课程内容

第一节　学前教育人事管理

（一）学前教育人事管理及其特点

人事管理。学前教育人事管理。学前教育人事管理的特点：多层性、多样性、灵活性。

（二）学前教育人事管理的内容

选人。用人。培养人。建立和执行人事制度。进行人事规划。建立人事档案。人事统计。

（三）人事管理的原则

需要与择优相结合的原则。平等与尽才相结合的原则。普遍与优先相结合的原则。奖优与罚劣相结合的原则。

（四）基层学前教育人事管理

市（地区）级学前教育人事管理。县（市）级学前教育人事管理。乡（镇）级学前教育人事管理。

第二节　学前教育经费的管理

（一）学前教育经费管理的意义

教育经费。学前教育经费。学前教育经费管理。学前教育经费管理的意义：开源节流。保障教学。预防腐败。

（二）学前教育经费的筹措

学前教育办学方针与经费筹措。学前教育经费筹措中应注意的问题。

（三）学前教育经费的管理措施

建立、健全学前教育经费管理制度。学前教育经费收入管理。学前教育经费支出管理。学前教育经费结余及专用资金管理。学前教育经费管理中应注意的问题。

三、考核知识点

（一）学前教育人事管理

（二）学前教育经费管理

四、考核要求

（一）学前教育人事管理

1. 识记：（1）学前教育人事管理的含义；（2）学前教育人事管理的特点。

2. 领会：（1）学前教育人事管理的内容及原则；（2）基层各级学前教育人事管理内容。

3. 应用：运用所学管理理论，阐述人事管理在学前教育管理中的作用。

（二）学前教育经费管理

1. 识记：（1）教育经费附加；（2）经费预算与决算。

2. 领会：学前教育经费的筹措方法。

3. 应用：如何科学、合理地管理好学前教育经费。

第十章　学前教育评价

一、学习目的和要求

通过本章的学习，了解学前教育评价的作用及模式，掌握科学的评价方法，并能在实践中加以运用。

二、课程内容

第一节　学前教育评价的作用

（一）学前教育评价的界定

教育评价的含义。教育评价与教育测量、教育评价与教育评估。

（二）学前教育评价

学前教育评价的含义及类型。

（三）学前教育评价的作用

反馈作用。改进作用。导向作用。激励功能。

第二节　学前教育评价的理论模式

（一）鉴定性评价模式

鉴定性评价模式的定义、特点及过程。

（二）目标获得性评价模式

目标获得性评价模式的定义、特点及过程。

（三）CIPP 评价模式

CIPP 评价模式的定义、特点及过程。

（四）外貌模式

外貌模式的定义、特点及过程。

（五）无框架模式

无框架模式的特点及观点。

（六）目标游离模式

目标游离模式的定义、特点及过程。

（七）差距模式

差距模式的定义、特点及过程。

（八）应答模式

应答模式的定义、特点及过程。

第三节　学前教育评价方法

（一）绝对评价和相对评价

（二）定性评价和定量评价

（三）分解评价和综合评价

（四）自我评价和他人评价

（五）三角测量法

第四节　学前教育评价的内容

（一）幼儿发展评价

定义。评价目的。指标设计。实施手段。

（二）工作人员评价

定义。评价目的。指标设计。实施手段。

（三）课程评价

定义。评价目的。指标设计。实施手段。

（四）管理评价

定义。评价目的。指标设计。实施手段。

三、考核知识点

（一）学前教育评价的作用

（二）学前教育评价的理论模式

（三）学前教育评价的方法

四、考核要求

（一）学前教育评价的作用

1. 识记：（1）教育评价；（2）学前教育评价。

2. 领会：（1）教育评价与教育测量、教育评估的关系；（2）学前教育评价的类型。

（二）学前教育评价的理论模式

领会：各种教育评价理论模式的特点及其评价的方法。

（三）学前教育评价的方法

应用：设计一套课程评价方案。

第十一章　学前教育研究的管理

一、学习目的和要求

通过本章的学习，了解学前教育研究的含义及范畴，掌握学前教育研究的方法，并在实践中加以运用。

二、课程内容

第一节　学前教育研究范围和意义

（一）学前教育研究的内涵

教育研究。学前教育研究。学前教育研究的特点。

（二）学前教育研究的范围

学前教育科研与教研。学前教育的课程研究。学前教育的教学研究。学前教育的环境研究。学前教育的师资研究。学前教育的社会支持系统研究。学前教育的管理研究。

（三）学前教育研究的意义

学前教育研究的理论意义。学前教育研究的实践意义。

第二节　学前教育研究的步骤

（一）学前教育研究课题的确定

课题的来源。课题选择依据。

（二）学前教育研究方法的选择

研究方法的种类。研究方法选择依据。

（三）学前教育研究的组织

人员组织。知识、技术准备。时空安排。规章拟定。方案确定。

（四）学前教育研究的实施

客观、全面地收集资料。及时整理记录，不断检查和评价。

（五）学前教育研究的总结

全面评价。多层总结。研究报告。

三、考核知识点

（一）学前教育研究的范围和意义

（二）学前教育研究的步骤

四、考核要求

（一）学前教育研究的范围和意义

1. 识记：（1）教育研究；（2）学前教育研究；（3）学前教育研究的特点。

2. 领会：（1）学前教育研究的内容；（2）学前教育研究的意义。

（二）学前教育研究的步骤

应用：运用所学的学前教育研究管理的方法，进行学前教育实证研究。

Ⅲ 有关问题的说明与实施要求

一、关于课程内容和考核目标

为了使考试的要求具体化、考核要求标准化，本大纲在列出各章考试内容的同时，列出各章考核的知识点和考核的要求。这样，考生能明确考核的内容和要求，学习和应考更有针对性；考试命题人员可根据考核内容和要求，准确地把握考核的范围、层次和难易度。在本大纲的考核知识点中，按照识记、领会、简单应用、综合应用四个层次规定考核应达到的要求。这四个能力层次的含义如下：

识记：能知道有关的名词、概念及知识的含义，并能正确认识和表述。

领会：在识记的基础上，能全面把握基本概念、基本原理、基本方法，能准确掌握有关概念、原理及方法之间的关系。

简单应用：在领会的基础上，能运用基本概念、基本原理、基本方法中少量知识点分析和解决简单的理论问题和实际问题。

综合应用：在领会和简单应用的基础上，能运用所学过的多个知识点，综合分析和解决比较复杂的问题。

二、关于自学教材

全国自学考试委员会组织编写、虞永平主编的《学前教育管理》，北京大学出版社，2001年版。

推荐参考读物：

1. 孙葆森、刘惠容、王悦群：《幼儿教育法规与政策概论》，北京师范大学出版社，1998年版。

2. 张燕：《幼儿园管理》，北京师范大学出版社，1997年版。

三、自学方法指导

1. 考生首先要全面系统学习各章内容，掌握该课程的基本概念、基本理论和基本方法，同时要注意理解各个知识点之间的关系。其次，《学前教育管理》涉及的管理方面的基础知识、基本原理和基本方法等方面的内容，考生应在全面系统地学习的基础上，深入理解、掌握重点、结合实际、灵活应用。

2. 考生在学习该教材时，对于要求识记的基本概念和有关知识点，一定要仔细体会，在理解的基础上记忆。

3. 《学前教育管理》是一门应用性较强的学科，因此考生在学习的过程中一方面应重视对各个知识点的理解，注重融会贯通。另一方面要理论联系管理实际，注意运用所学的理论、原理去分析问题、解决问题。

四、对社会助学的要求

1. 社会助学者应根据本大纲规定的考试内容和考核目标，认真钻研指定教材，明确本课程的特点和学习要求，对考生进行切实有效的辅导。

2. 社会助学者应指导考生全面系统地学习教材，掌握全部考试内容和考核知识点，在此基础上突出重点，但要注意处理好重点与一般的关系。

3. 社会助学者指导考生时，应注意帮助考生理解各个知识点，以及各个知识点之间的内在联系，注重理论联系实践，努力提高考生分析问题和解决问题的能力。

五、关于命题考试的若干要求

1. 本课程的命题考试应根据本大纲所规定的考试内容和考核目标来确定考试范围和考核要求。考试命题要覆盖到各章，并适当突出重点章节。

2. 本课程在试题中对不同能力层次要求的分类比例一般为：识记占20%，领会占30%，简单应用占30%，综合应用占20%。

3. 每份试卷中，试题的难度可分为：易、较易、较难、难四个等级。各个等级的分数比例一般为：2∶3∶3∶2。

必须注意试题的难易度与能力层次不是一个概念。

4. 本课程考试命题的主要题型一般有名词解释、简答题、论述题和案例分析题等。

Ⅳ 题型举例

一、名词解释

1. 学前教育管理
2. 学前教育评价

二、简答题

1. 人事管理的原则
2. 幼儿教育的两项主要规章

三、论述题

1. 在学前教育管理实践中应如何依法管理，促进学前教育事业健康发展。
2. 在幼儿园管理过程中应如何合理组织人员。

四、案例分析题

举例略。

自学考试大纲后记

《学前教育管理自学考试大纲》是根据全国高等教育自学考试教育管理专业（本科）的考试计划的要求编写的。1999年5月教育类专业委员会召开审稿会议对本大纲进行了讨论评审，修改后，经主审复审定稿。

本大纲由南京师范大学虞永平副教授主持编写。参与本大纲审稿的专家有：原国家教委幼教处魏振高处长，北京市幼教研究会季魁华秘书长，天津市幼教研究会邓佐君秘书长，北京师范大学教育系张燕副教授。

本大纲最后由全国高等教育自学考试指导委员会审定。

全国高等教育自学考试指导委员会
教育类专业委员会
2001年3月

后　记

　　《学前教育管理》是根据全国高等教育自学考试教育管理专业（本科）考试计划的要求编写的。2001年1月教育类专业委员会召开审稿会议对本教材进行了讨论评审，修改后，经主审复审定稿。

　　本教材由南京师范大学虞永平副教授主持编写。分章节由以下人员编写：第一章：虞永平，第二章：刘华，第三章：杜常峨，第四章：戈柔，第五、六章：虞永平，第七章：王惠君，第八、九章：王媛娟，第十章：彭云、虞永平，第十一章：张春霞。此外，南京师范大学1999级硕士研究生田燕做了部分文稿整理工作。参与审稿的专家有：北京师范大学教育系张燕副教授，北京教育学院贺乐凡教授，以及原国家教委幼教处魏振高处长。

　　本教材最后由全国高等教育自学考试指导委员会审定。

全国高等教育自学考试指导委员会
教育类专业委员会
2001 年 3 月